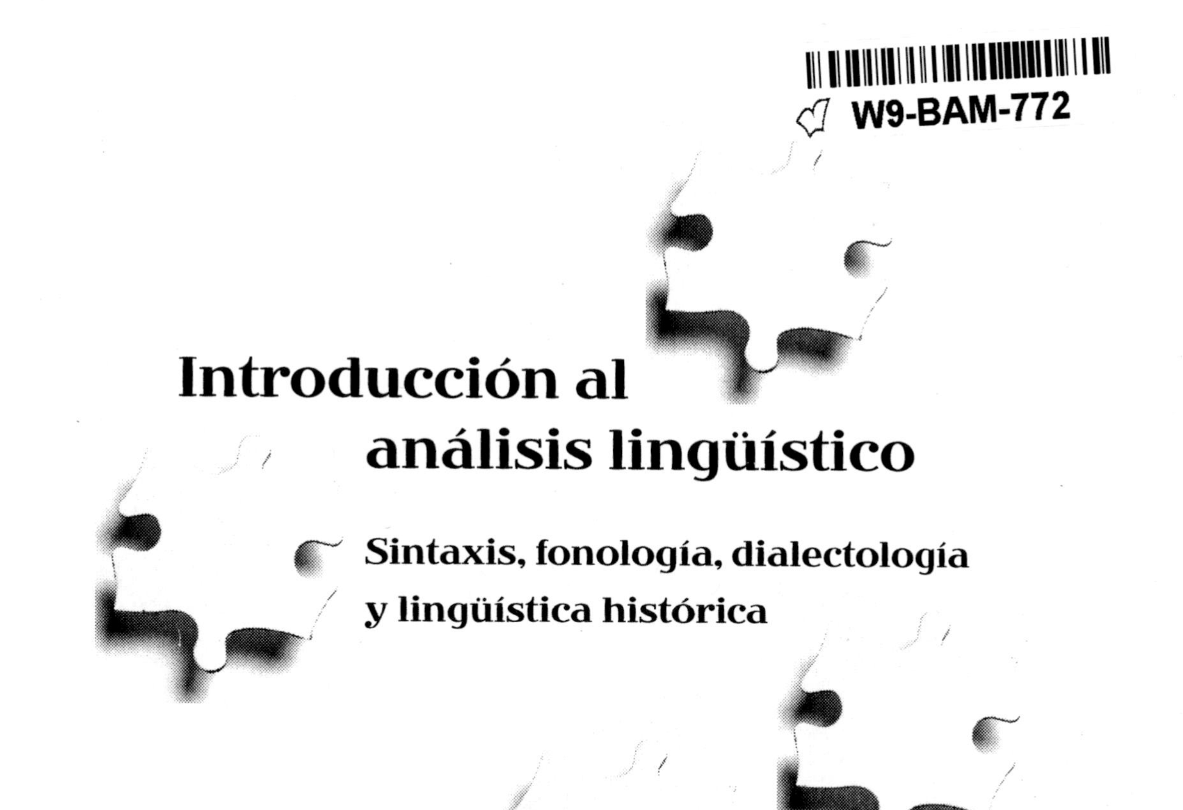

Introducción al análisis lingüístico

Sintaxis, fonología, dialectología y lingüística histórica

Dr. Carole Cloutier
Ohio University

Learning Solutions

Boston Burr Ridge, IL Dubuque, IA New York San Francisco St. Louis
Bangkok Bogotá Caracas Lisbon London Madrid Mexico City
Milan New Delhi Seoul Singapore Sydney Taipei Toronto

The McGraw·Hill Companies

Introducción al análisis lingüístico
Sintaxis, fonología, dialectología y lingüística histórica

5 6 7 8 9 0 OPM 13 12

ISBN-13: 978-0-07-338856-4
MHID: 0-07-338856-4

Learning Solutions Specialist: Sandra Hockenberry
Production Editor: Kathy Phelan
Cover Design: Maggie Lytle
Front Cover Photo: (c) Photodisc/Getty Images
Back Cover Photo: Lisa Zador/Getty Images
Printer/Binder: OPM Digital Services

INTRODUCCIÓN AL ANÁLISIS LINGÜÍSTICO – SINTAXIS, FONOLOGÍA, DIALECTOLOGÍA Y LINGÜÍSTICA HISTÓRICA

ÍNDICE

Quand j'étais petite, il y avait toujours de la neige durant ces belles journées d'hivers. Maintenant je suis presque orpheline, mais j'attends toujours qu'elle me revienne pour que je la sente crisser sous mes pieds. Pour me consoler.

À la douce mémoire de maman et papa.

INTRODUCCIÓN

Introducción al análisis lingüístico es un texto de suma utilidad para quienes buscan familiarizarse con el estudio de la lingüística hispana, en especial para los estudiantes cuyo campo de especialización es el español como lengua extranjera, para profesores de lengua y para cuantos tengan interés por la lingüística. Incluso al lingüista ya especializado le servirá como libro de referencia, ya que encontrará en él una gran fuente de ejemplos prácticos para ilustrar los varios procesos que se estudia en los diversos campos de la lingüística —la sintaxis, la fonología, la dialectología y la lingüística histórica.

Introducción al análisis lingüístico se divide en cuatro capítulos. En el primer capítulo, se investiga el subcomponente de la lingüística que estudia la composición estructural de los diferentes constituyentes de una oración —la sintaxis. Centramos nuestra atención en cómo se forma una oración a partir de ciertos principios muy básicos de la Teoría X'.

El capítulo siguiente se dedica a la fonología, empezando primero con una breve explicación de los concepto de fonema y de alófono, seguido de una clasificación de los sonidos consonánticos según su punto de articulación, su modo de articulación y su sonoridad. En el segundo capítulo se estudiarán las distintas realizaciones que llega a tener un sonido según su ubicación dentro de la palabra.

Uno de los aspectos que se debe tomar en cuenta al estudiar la lingüística es el fenómeno de la variación dialectal. Según el grado de formalidad de una situación se suele generar una variante más o menos estandarizada, que no corresponde necesariamente al dialecto de un individuo. Sin embargo, existen claras diferencias dialectales según la región. En el tercer capítulo se marca una distinción entre los dialectos del español peninsular y los dialectos hispanoamericanos.

Con el fin de proporcionarle al estudiante una base fundamental de la evolución de los sonidos desde el latín hasta el español moderno, el cuarto capítulo presenta una visión simplificada de la evolución histórica de los sonidos.

Cada sección va acompañada de unos ejercicios que sirven de práctica para repasar los varios conceptos presentados. Además, una actividad de repaso general cierra cada uno de los cuatro capítulos. Finalmente, el libro concluye con una amplia bibliografía que le ofrece al estudiante la posibilidad de llevar a cabo investigaciones más exhaustivas según el interés de uno.

CAPÍTULO 1 – LA SINTAXIS

1.1. EL ESTUDIO DE LA SINTAXIS

La sintaxis es el subcomponente de la lingüística que estudia las relaciones entre constituyentes y sintagmas en la formación de oraciones. Existen, según el enfoque particular de investigación, varios análisis de carácter sintáctico, entre ellos, la *sintaxis generativa*[1], cuyo objetivo principal es la elaboración de una descripción formal de la lengua capaz de explicar la generación de todas las lenguas del mundo.

Cómo ésta es una mera introducción al estudio de la sintaxis, vamos a centrar nuestra atención en cómo se genera una oración en español a partir de principios muy básicos de la *Teoría X'* [2], sin detenernos al cuidoso estudio de la teoría de los casos[3]. Analizaremos la estructura de los sintagmas de una oración a través del uso de corchetes y la elaboración de árboles sintáticos para reflejar la composición estructural de los diferentes constituyentes de una oración.

1.2. EL SINTAGMA

Podemos definir el *sintagma* como un conjunto de palabras que forman una unidad de función y significado. Existen diferentes clases de sintagmas (1-5), de acuerdo con los posibles tipos de núcleos —el *sintagma nominal* o SN (1), el *sintagma adjetival* o SADJ (2), el *sintagma preposicional* o SP (3), el *sintagma verbal* o SV (4) y el *sintagma adverbial* o SADV (5).

(1) [$_{SN}$ *el dolor* de cabeza]

(2) [$_{SADJ}$ *escarlata* de vergüenza]

(3) [$_{SP}$ *bajo* la mesa]

(4) [$_{SV}$ *chuparse* el dedo]

(5) [$_{SADV}$ muy *tímidamente*]

Por ejemplo, el sintagma nominal [$_{SN}$ *su osito*], cuyo núcleo es el sustantivo [$_{N}$ *osito*], comprende además el posesivo "*su*" que pertenece a la clase de los *determinantes* —[$_{DET}$ *su*], una

[1] Refiere al conjunto de marcos teóricos que tienen su origen en la teoría formulada por Noam Chomsky a principios de los 70. Chomsky, N. (1970). Remarks on nominalization. En Jacobs, R. & Rosenbaum, P. (eds.), *Readings in English Transformational Grammar*, Cambridge, Waltham.

[2] La teoría de la X con barra fue ampliada por Jackendoff (1972) a partir de estudios principiados por Chomsky. Jackendoff, R. (1972). *Semantic Interpretation in Generative Grammar*. Cambridge, Mass.: MIT Press.

[3] Belletti, A. (1987). Los inacusativos como asignadores de caso. En Demonte, V. & Fernández Lagunilla, M. (eds.), *Sintaxis de las lenguas románicas*, Arquero, Madrid, 167-230.

clase que incluye los artículos *"el"*, *"la"*, *"los"* y *"las"* y los posesivos *"mi"*, *"tu"*, *"su"*, *"nuestro"*, etc. La configuración de dicho sintagma nominal es la que aparece en (6).

(6)

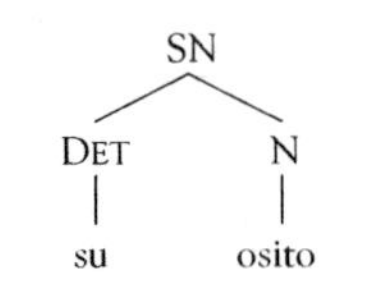

La configuración anterior recibe el nombre de *diagrama sintagmático* o, simplemente, *árbol sintáctico*, el cual muestra, con la ayuda de ramas, la *configuración jerárquica* en la que están organizados estructuralmente cada uno de los sintagmas.

Siguiendo con nuestro análisis, vemos que el sintagma preposicional [$_{SP}$ *con su osito*] en (7) se forma a partir de la unión de la preposición [$_{P}$ *con*] con el sintagma nominal [$_{SN}$ [$_{DET}$ *su* [$_{N}$ *osito*]]].

(7) [$_{SP}$ [$_{P}$ *con* [$_{SN}$ [$_{DET}$ *su* [$_{N}$ *osito*]]]]]

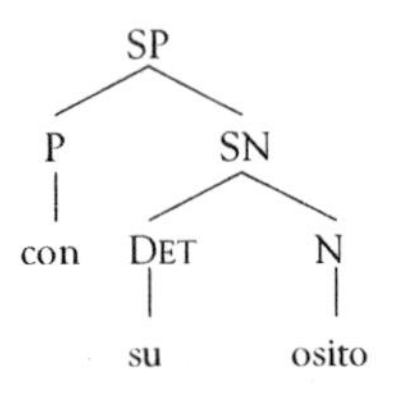

El sintagma preposicional, contrariamente a las demás categorías de sintagmas, no toma su nombre de la clase de palabra que actúa como núcleo, sino de la partícula con la cual va introduciendo otros sintagmas. Algunos ejemplos de sintagmas preposicionales aparecen en (8-9).

(8) [$_{SN}$ noche [$_{SP}$ [$_{P}$ *de* [$_{SN}$ amor]]]

(9) [$_{SP}$ [$_{P}$ *para* [$_{SADV}$ mañana]]]

En el ejemplo a continuación se analiza el sintagma nominal [$_{SN}$ *pan*] como siendo complemento del núcleo [$_{V}$ *comió*] del sintagma verbal [$_{SV}$ *comió pan*].

(10) [$_{SV}$ comió pan]

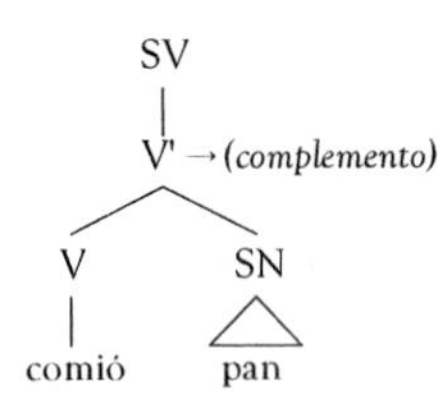

Del mismo modo, un constituyente cuyo núcleo es un adjetivo se denomina sintagma adjetival. Como el adjetivo no forma parte de la subcategorización de un sustantivo, no se ubicará en la posición de complemento, sino en la de adjunto[4].

(11) una suma [$_{SADJ}$ considerable]

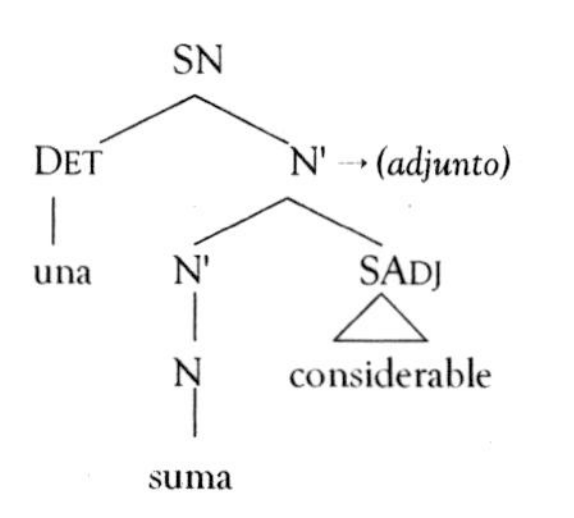

Paralelamente, como no cumple ningún requisito en la subcategorización de un verbo, el sintagma adverbial siempre ocupará la posición adjunta al verbo dentro de la estructura arbórea (12).

(12) [$_{SV}$ Se negó [$_{SADV}$ retundamente]].

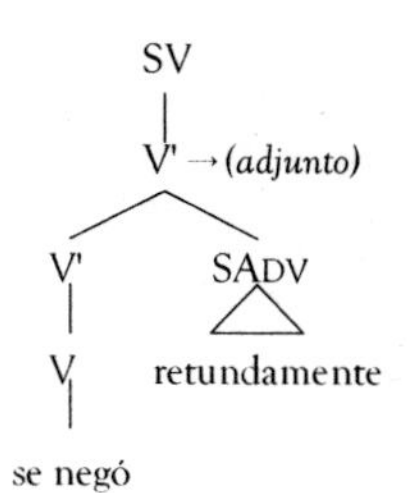

EN PAREJAS. Determinen a qué clase pertenen cada uno de los sintagmas que aparecen entre corchetes.

1. [*Mi fastidiosa cuñada*] volvió a aparecer.
2. Fabio llegó [*con un brillito nuevo en los ojos*].
3. Hugo lo hace [*maravillosamente bien*].
4. Kiara es [*increíblemente eficiente*].

---

[4] Se estudiará la cuestión de la subcategorización en la sección 1.5.

1.3. LAS REGLAS DE REESCRITURA SINTAGMÁTICAS

Las reglas a continuación son ejemplos de *reglas de reescritura sintagmática* para el español. La regla en (1), por ejemplo, indica que un sintagma nominal es el resultado de la unión de un determinante con un sustantivo —"*las playas*".

(1) SN → (DET) [$_{SN}$ [$_{DET}$ *las* [$_{N}$ *playas*]]]

Puesto que es posible decir "*las muchas playas lindas de Cuba*" podemos añadir a esta regla ciertos elementos opcionales[5], como se ve en la regla en (2), donde tenemos el cuantificador (CUANT) "*muchas*", el sintagma adjetival "*lindas*" y el sintagma preposicional "*de Cuba*".

(2) SN → (DET) (CUANT) N (SADJ) (SP) [$_{SN}$ [$_{DET}$ *las* [$_{CUANT}$ *muchas* [$_{N}$ *playas* [$_{SADJ}$ *lindas* [$_{SP}$ *de Cuba*]]]]]]

De igual modo, según la regla en (3), una *oración* (O) es el resultado de la combinación de un sintagma nominal y un sintagma verbal.

(3) O → SN SV [$_{O}$ [$_{SN}$ *Jaime* [$_{SV}$ *escribe* [$_{SN}$ *poesía*]]]]

Las reglas de reescritura sintagmáticas nos ofrecen un recurso para capturar la naturaleza recursiva del lenguaje, de manera que podemos volver a aplicar una regla tras otra para generar un sin fin de oraciones distintas (4-11).

(4) SP → P SN [$_{SP}$ [$_{P}$ *desde* [$_{SN}$ *la casa*]]]

(5) SADJ → (CUANT) ADJ (SP) [$_{SADJ}$ [$_{CUANT}$ *muy* [$_{ADJ}$ *fácil* [$_{SP}$ *de complacer*]]]]

(6) SADJ → (SADV) ADJ (SP) [$_{SADJ}$ [$_{SADV}$ *sorprendentemente* [$_{ADJ}$ *grande* [$_{SP}$ *por su edad*]]]]

(7) SV → V (SN) (SP) (SADV) [$_{SV}$ [$_{V}$ *le dio* [$_{SN}$ *un beso* [$_{SP}$ *en la frente* [$_{SADV}$ *cariñosamente*]]]]]

(8) SV → V ADJ [$_{SV}$ [$_{V}$ *es* [$_{SADJ}$ *canadiense*]]]

(9) SV → V SN [$_{SV}$ [$_{V}$ *es* [$_{SN}$ *lingüista*]]]

(10) SV → V SP [$_{SV}$ [$_{V}$ *es* [$_{SP}$ *de Montreal*]]]

(11) SADV → (CUANT) ADV [$_{SADV}$ [$_{CUANT}$ *muy* [$_{ADV}$ *pronto*]]]

---

[5] La opcionalidad se representa con el uso de las paréntesis.

El complementante (COMP) "*que*" nos ofrece la posibilidad de incrementar una oración para obtener una subordinada, que denominamos, en términos sintácticos, una *oración con barra* (O').

(12)	SP	→	P O'	[$_{SP}$ [$_{P}$ *sin* [$_{O'}$ [$_{COMP}$ *que* [$_{O}$ *te oiga*]]]]]
(13)	SV	→	V O'	[$_{SV}$ [$_{V}$ *quiero* [$_{O}$ [$_{COMP}$ *que* [$_{O'}$ *vengas*]]]]]
(14)	O'	→	COMP O	[$_{O'}$ [$_{COMP}$ *que* [$_{O}$ *estaba enferma*]]]
(15)	SN	→	N O'	[$_{SN}$ [$_{N}$ *la idea* [$_{O'}$ *que* [$_{O}$ *tienes*]]]]

(16) [$_{O}$ Maite cree [$_{O'}$ que [$_{O}$ el niño quiere más]]].

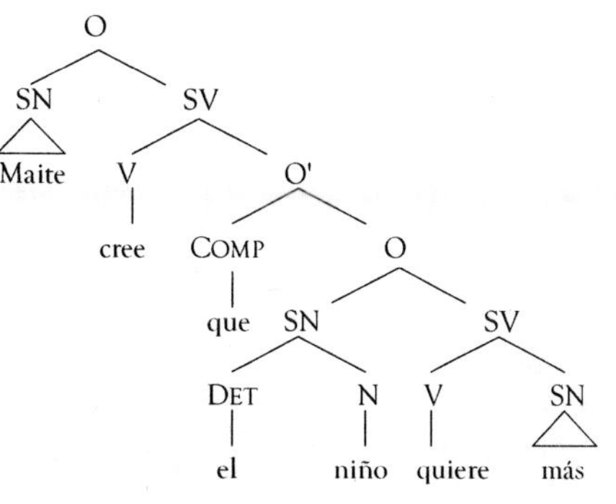

1.4. LAS PRUEBAS DE CONSTITUYENTE —LA SUSTITUCIÓN Y EL MOVIMIENTO

Existen pruebas para demostrar que un conjunto de palabras forma un constituyente sintáctico, entre ellas, la prueba de *sustitución* y la de *movimiento*. Si un conjunto de palabras puede ser sustituido por una *proforma*, ese conjunto forma un constituyente. Por ejemplo, el hecho de que el conjunto de palabras [$_{SN}$ *a su novio*] en (1) pueda ser sustituido por el pronombre *clítico* [$_{CL}$ *lo*] en (2) demuestra que éste forma un constituyente sintáctico.

(1) Camila vio [$_{SN}$ *a su novio*] con otra.

(2) Camila [$_{CL}$ *lo*] vio con otra.

Tenemos como evidencia adicional el que sólo puede moverse de su posición original un constituyente sintáctico. Puesto que podemos trasladar al sintagma nominal [$_{SN}$ *a su novio*] a la posición inicial de la oración demuestra su condición de constituyente (3). Por otra parte, trasladar "*su novio*", sin incluir la partícula "*a*", fragmentaría el constituyente, prueba más de que [$_{SN}$ *a su novio*] es un constituyente (4).

(3) [$_{SN}$ *A su novio*] vio con otra.

(4) * [*Su novio*] vio [*a*] con otra[6].

Paralelamente, mover el sintagma preposicional [$_{SP}$ *con otra*] a la posición inicial de la oración (5), y no sólo un fragmento del mismo (6), constituye prueba de que *"con otra"* es un constituyente.

(5) [$_{SP}$ *Con otra*] vio a su novio.

(6) * [*Otra*] vio a su novio [*con*].

> EN PAREJAS. ¿Forma la frase *"flores a Eloisa"* un solo constituyente o constituyentes distintos? ¿Qué evidencia tienen para apoyar su análisis?
>
> 1. Diego le regaló *flores a Eloisa*.

1.5. LA SUBCATEGORIZACIÓN

La *subcategorización* refiere a la especificación de cada uno de los constituyentes de un sintagma, atendiendo a los complementos que requieren o permiten. Por ejemplo, los verbos *"dormir"* y *"prometer"* tienen subcategorizaciones distintas –*"dormir"* no requiere ningún tipo de complemento (1), mientras que, por ser ditransitivo, el verbo *"prometer"* en (2) requiere tanto el sintagma nominal como el preposicional.

(1) El niño *duerme*.

(2) Le *prometió* [$_{SN}$ algo] [$_{SP}$ a Caterina].

Conforme a la gramática generativa, "los rasgos de subcategorización, que condicionan la buena formación de las oraciones, deben quedar especificados en las entradas de las unidades contenidas en el lexicón"[7]. Considen, por ejemplo, la agramaticalidad de las oraciones (3) y (4).

(3) * Santiago *puso* [$_{SN}$ el caso].

(4) * Santiago *puso* [$_{SP}$ entre las manos del abogado].

La agramaticalidad de las oraciones en (3) y (4) es debido a la naturaleza ditransitiva del verbo *"poner"*, para el cual se debe especificar no sólo el SN que *"se pone"*, sino también el SP dónde *"se pone"* (5).

---

[6] Un asterisco indica que la oración es agramatical.

[7] Alcaraz Varó, E. & Martínez Linares, M. (1997). *Diccionario de lingüística moderna*. Barcelona: Editorial Ariel, 535.

(5) $[_{O}\, [_{SN}$ Santiago $[_{SV}$ *puso* $[_{SN}$ el caso $[_{SP}$ entre las manos del abogado]]]]].

Una manera de capturar esta información es precisar en la subcategorización del verbo *"poner"* que éste selecciona semánticamente tanto el sintagma nominal como el preposicional (6).

(6) PONER, V [__ SN, SP]

EN PAREJAS. ¿Cuál es la naturaleza de la agramaticalidad de la oración a continuación?

1. **Tatiana llegó el tren.*

En el *componente léxico* se encuentra la subcategorización para cada verbo, adjetivo, sustantivo, adverbio y preposición de una lengua. Los ejemplos a continuación son una muestra de las posibles subcategorizaciones léxicas.

Según la subcategorización que aparece en (7), el verbo *"encontrar"* es transitivo y requiere, por lo tanto, un sintagma nominal, como lo evidencia la gramaticalidad de la oración en (8), así como la agramaticalidad de la oración en (9).

(7) ENCONTRAR, V [__ SN]

(8) Él *encontró* lo que buscaba.

(9) *Él *encontró* $[_{SN}$ Ø].

Con respecto a la subcategorización en (10), vemos que el verbo *"lamentar"* requiere o un sintagma nominal (11) o bien una oración subordinada (12).

(10) LAMENTAR, V [__ SN/O']

(11) *Lamento* $[_{SN}$ tu pérdida].

(12) *Lamento* $[_{O'}$ que $[_{O}$ no hayas llegado a tiempo]].

Como lo hemos visto en (6), los verbos ditransitivos requieren de ambos un sintagma nominal y uno preposicional. Tal es el caso para el verbo *"dar"* en (13) y (14).

(13) DAR, V [__ SN, SP]

(14) Le *dio* $[_{SADJ}$ un regalo] $[_{SP}$ a su madre].

El verbo *"llegar"*, por su parte, es intransitivo y no requiere de ningún complemento. Los sintagmas preposicional y adverbial en (15), como lo indican los paréntesis, son opcionales (15).

(15) LLEGAR, V [__ (SP), (SADV)]
(16) *Llegamos.*
(17) *Llegamos* [$_{SP}$ al aeropuerto] [$_{SADV}$ temprano].

Al sustantivo *"beso"* puede seguirle uno o más sintagmas, pero éstos también son opcionales (18).

(18) BESO, SN [__ (SADJ), (SP)]
(19) Le dio un *beso.*
(20) Le dio un *beso* [$_{SP}$ cariñoso] [$_{SP}$ en la mejilla].

Del mismo modo, según la subcategorización del adjetivo *"satisfecha"* (21), éste puede aparecer solo (22) o venir seguido de un sintagma preposicional (29).

(21) SATISFECHA, ADJ [__ (SP), (SP)]
(22) Se sintió *satisfecha.*
(23) Se sintió *satisfecha* ([$_{SP}$ de los resultados]) ([$_{SP}$ de las últimas competiciones]).

EN PAREJAS. Propongan la subcategorización de las unidades léxicas a continuación y den ejemplos que las ilustren.

1. *embajador*
2. *mandar*
3. *orgulloso*
4. *pensar*
5. *romper*
6. *salir*

1.6. LA TEORÍA X'

La relación que se establece entre el núcleo [$_{V}$ *rompió*] y el sintagma nominal [$_{SN}$ *la ventana*], no es la misma que la que se sostiene entre dicho núcleo y el sintagma preposicional [$_{SP}$ *con la pelota*], por lo que cambiarlos de orden no resultaría tan natural (2)[8].

(1) [$_{O}$ [$_{SN}$ Pascual [$_{SV}$ rompió [$_{SN}$ la ventana] [$_{SP}$ con la pelota]]]].
(2) ? [$_{O}$ [$_{SN}$ Pascual [$_{SV}$ rompió [$_{SP}$ con la pelota] [$_{SN}$ la ventana]]]].

[8] Un punto de interrogación al principio de una oración indica que no existe acuerdo con respecto al grado de aceptabilidad de una oración.

Desde el punto de vista semántico, la información que nos ofrece el sintagma preposicional *"con la pelota"* es en cierto modo adjunta (anexa o agregada), mientras que la actividad de *"romper"* implica necesariamente que se rompe algo, en este caso, *"la ventana"*. A esos constituyentes que no están subcategorizados por el núcleo verbal los denominamos *adjuntos* para distinguirlos de los *complementos*. En la oración (3), el sintagma nominal [$_{SN}$ *la ventana*] aparece en posición de complemento dentro del sintagma verbal [$_{SV}$ *rompió*]; el sintagma preposicional [$_{SP}$ *con una pelota*], por su parte, se ubica en posición de adjunto porque no está seleccionado semanticamente por el verbo *"romper"* —ROMPER, V [__ SN, (SP)].

(3)

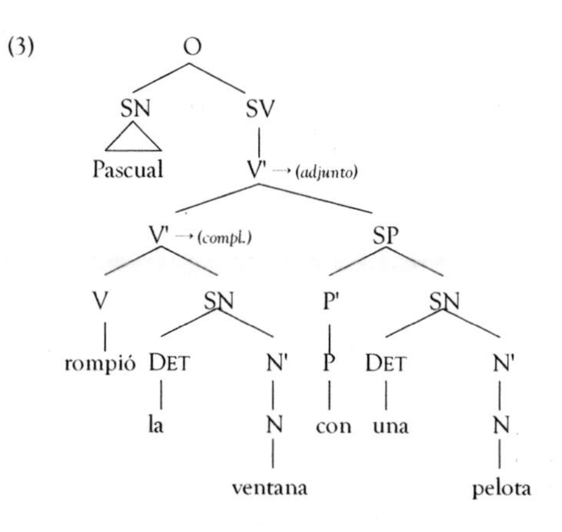

La teoría X' nos permite reducir el conjunto de reglas sintagmáticas que propusimos en la sección 1.3 a un solo esquema. Consideren la estructura sintagmática en (4), donde "SX" representa cualquier sintagma léxico —SN, SV, SP, SADJ, SADV, a cuyo núcleo "X" puede precederle un *especificador* (ESP) y seguirle un complemento y un adjunto.

(4)

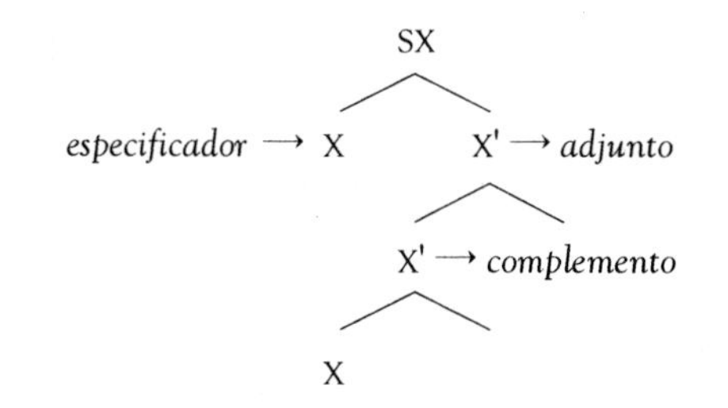

Es preciso señalar que puede haber un solo complemento en un núcleo dado, pero puede haber una posibilidad ilimitada de adjuntos. En la oración (5), ambos sintagmas preposicionales [$_{SP}$ *de lana*] y [$_{SP}$ *en el armario*] son adjuntos porque no están seleccionados semanticamente por el sintagma nominal [$_{SN}$ *la gorra*].

(5) [$_{SN}$ [$_{DET}$ la [$_{N'}$ [$_{N}$ gora [$_{SP}$ de lana [$_{SP}$ en el armario]]]]]].

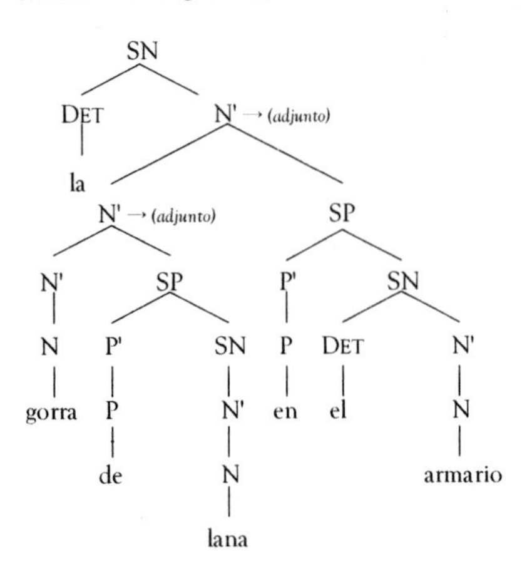

Como lo vimos en los ejemplos anteriores, los sintagmas preposicionales suelen ocupar la posición de adjunto dentro del sintagma verbal. Sin embargo, también existen casos donde un sintagma preposicional puede funcionar como complemento del verbo. En Zagona (2002)[9], se propone la prueba de sustitución con *"hacerlo"* para distinguir un SP complemento de un SP adjunto. La forma *"hacerlo"* puede sustituir a un SV (núcleo, complemento y adjunto) o a un V' (núcleo y complemento), pero no puede sustituir a un núcleo y adjunto, y dejar atrás al complemento. Si el sintagma preposicional [$_{SP}$ *con entusiasmo*] en (6) es un adjunto, será posible dejarlo atrás al realizar la prueba de sustitución con *"hacerlo"*. De lo contrario, se trata de un complemento si no se puede omitir. Del mismo modo, si [$_{SP}$ *de su cachorro*] es un complemento, no debería ser posible dejarlo atrás porque el complemento tiene que incluirse en la referencia de *"hacerlo"*.

(6) Gisela habla [$_{SP}$ de su cachorro] [$_{SP}$ con entusiasmo].

En las oraciones (7) y (8), se sustituye *"lo hace"* por el núcleo verbal y su complemento –[$_{SV}$ *habla* [$_{SP}$ *de su cachorro*]]. En (9), por otra parte, *"lo hace"* reemplaza el núcleo verbal junto con el complemento y el adjunto –[$_{SV}$ *habla* [$_{SP}$ *de su cachorro* [$_{SP}$ *con entusiasmo*]]]. Sin embargo, no se puede sustituir el verbo *"habla"* por *"lo hace"* sin que se incluya el *"lo"*, que corresponde al complemento, lo que explica la agramaticalidad de la oración en (10).

(7) Gisela [$_{SV}$ *habla* [$_{SP}$ *de su cachoro*]], pero Herta [$_{SV}$ no *lo hace*].

(8) Gisela [$_{SV}$ *habla* [$_{SP}$ *de su cachorro*] [$_{SP}$ con entusiasmo]], pero Herta [$_{SV}$ *lo hace* [$_{SP}$ con asco]].

(9) Gisela [$_{SV}$ *habla* [$_{SP}$ *de su cachorro*] [$_{SP}$ *con entusiasmo*]], pero Herta [$_{SV}$ no *lo hace*].

(10)* Gisela [$_{SV}$ *habla* [$_{SP}$ de su cachorro]], pero Herta [$_{SV}$ *lo hace* [$_{SP}$ *de su asno*]].

---

[9] Zagona, K. (2002). *The Syntax of Spanish*. Cambridge: Cambridge University Press, 131.

Consecuentemente, la prueba de "*hacerlo*" nos permite distinguir entre complementos y adjuntos en el caso de los sintagmas preposicionales. Las oraciones en (7-10) nos permite afirmar con seguridad que $[_{SP}$ *de su cachorro*$]$ es un complemento. En cambio, $[_{SP}$ *con entusiasmo*$]$ es un adjunto[10].

> ✎ EN PAREJAS. Basándose en el análisis en Zagona (2002), determinen si los sintagmas preposicionales en la oración a continuación son complementos o adjuntos. Luego, siguiendo el esquema de la teoría X', dibujen el árbol sintáctico correspondiente.
>
> 1. Flavia soñó $[_{SP}$ *con su novio*$]$ $[_{SP}$ *de nuevo*$]$.

1.7. LOS PRONOMBRES NULOS

El parámetro del *sujeto nulo* divide las lenguas en dos grupos distintos –las que permiten sujetos nulos y aquellas que requieren un pronombre de sujeto explícito[11/12]. El uso del sujeto no es obligatorio en español; el inglés, sin embargo, no permite su omisión (1). Dada la rica inflexión verbal del español que permite identificar la persona y el número del sujeto, éste puede, o no, aparecer de forma explícita. El sujeto de la oración en (2) es un *pronombre vacío* o *proforma* que lleva un subíndice (*pro*$_i$) que lo refiere al núcleo verbal $[_V$ *fuimos*$_i]$ con copia de los rasgos de concordancia (primera persona plural).

(1) * $[_O [_{SN}$ *pro*$_i$ $[_{SV}$ Went$_i$ $[_{SP}$ to the beach$]]]]$.

(2) $[_O [_{SN}$ *pro*$_i$ $[_{SV}$ Fuimos$_i$ $[_{SP}$ a la playa$]]]]$.

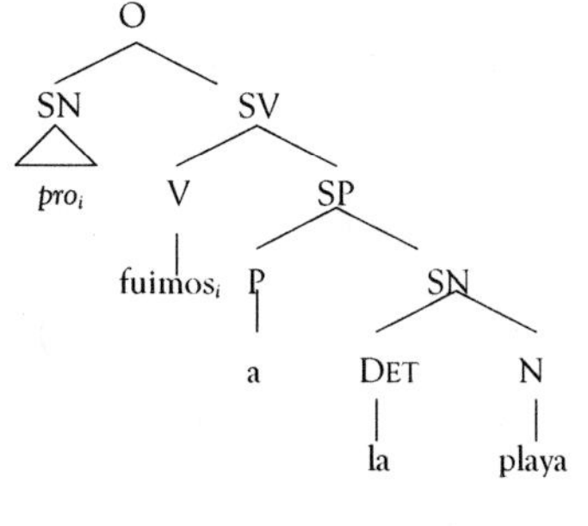

[10] Debido a que "*hacer*" es un verbo de acción, la prueba de la sustitución con "*hacerlo*" no funciona si el verbo es de estado. La oración "**Juan se parece a José y Pedrito lo hace también*" es agramatical debido a que no se puede sustituir un estado (parecerse) por un verbo de acción. Zagona, K., 2002. *The Syntax of Spanish*. Cambridge: Cambridge University Press, 131.

[11] Chomsky, N. (1981). *Lectures on government and binding*. Dordrecht, Reidel.

[12] Jaeggli, O. & Safir, K. (1989). *The null subject parameter*. Dordrecht, Kluwer Academic Publishers.

Existen dos tipos de pronombres nulos —*PRO grande* y *pro chico*[13]. La proforma *pro* chica se ubica en posición de sujeto de oraciones con verbos conjugados. En cambio, PRO grande aparece como sujeto de infinitivos (4). A diferencia del *pro* chico, PRO grande existe en inglés (3).

(3) $[_{O}$ $[_{SN}$ Paul $[_{SV}$ wants $[_{O'}$ $[_{SN}$ *PRO* $[_{SV}$ to ski $[_{SP}$ down to the bottom of the hill]]]]]].

(4) Quiero $[_{O'}$ $[_{O}$ $[_{SN}$ *PRO* $[_{SV}$ patinar]]]].

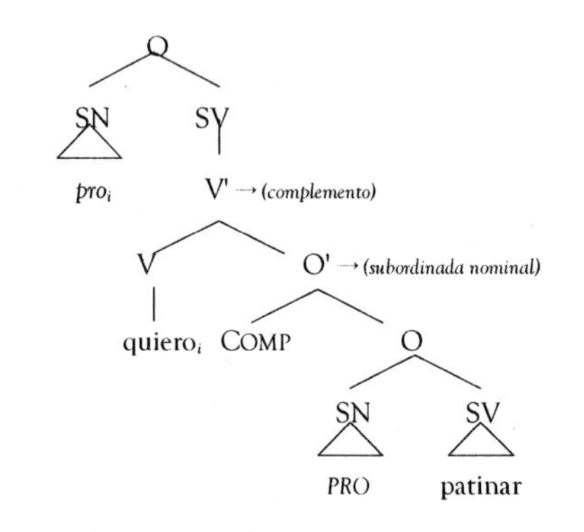

> ✎ EN PAREJAS. Analicen el sujeto nulo en las oraciones a continuación. Luego, siguiendo el esquema de la teoría X', dibujen el árbol sintáctico correspondiente a cada una.
>
> 1. *Mercedes quiere bailar tango con Manolo.*
> 2. *Roxana quiere que vaya a su casa.*

1.8. LOS CUANTIFICADORES

Es preciso distinguir entre determinantes y cuantificadores. Los *cuantificadores* (CUANT), igual que los determinantes, aparecen antes del sustantivo que modifican. A diferencia de ellos, los cuantificadores, como lo indican su nombre, se refieren a la

---

[13] Se parte del presupuesto que la diferencia mayor entre estas dos categorías vacías surge como consecuencia de la Teoría de Ligamiento. Dado que "PRO" grande no puede estar regido, sólo puede aparecer como sujeto de infinitivos y gerundios y en posición de COMP. Suñer, M. (1986). Los pronombres nulos. *Revista Argentina de Lingüística* 2: 151-166. Dentro del minimalismo de Chomsky & Lasnik (1993), la distribución de "*pro*" y "PRO" ha sido regulada de la siguiente manera: "*pro*" recibe caso nominativo, asignado por 'fexión' que tenga tiempo y concordancia, mientras que "PRO" recibe caso nulo, asignado por 'flexión' carente de rasgos de tiempo y concordancia. Chomsky, N. & Lasnik, H. (1993). The theory of principles and parameters. En Jabobs, J., Stechow, A., Sternefeld, W. & Vennemann, T. (eds.), *Syntax: An International Handbook of Contemporary Research*. Berlin: Walter de Gruyter, 506-569.

cuantidad de una entidad. La clase de cuantificadores incluyen: "*cada*", "*todo*", "*tanto*", "*mucho*", "*muy*", "*poco*", "*demasiado*", "*otro*", "*bastante*", "*algún*", "*ningún*", "*más*", "*menos*", "*varios*", "*dos*", "*tres*", etc.

(1) $[_{SN}$ $[_{CUANT}$ *varios* $[_{N}$ sitios $[_{SP}$ en la red]]]].

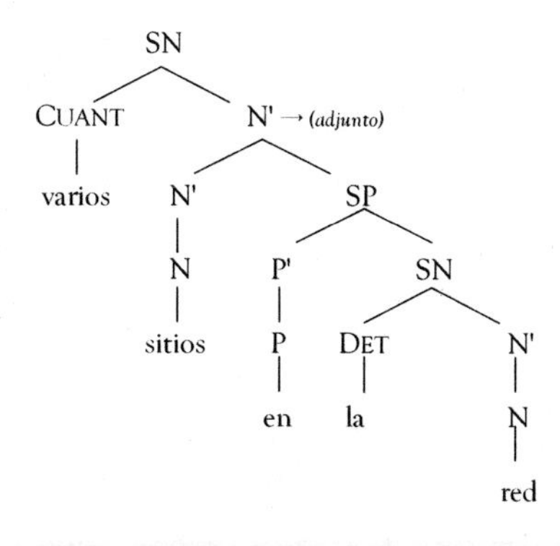

La presencia de un cuantificador junto a un determinante justifica la necesidad de proveer un análisis más detallado del sintagma determinante —SDET → DET' → DET, que hasta ahora no hemos todavía analizado.

(2) $[_{SN}$ $[_{SDET}$ $[_{DET'}$ $[_{DET}$ *sus* $[_{CUANT}$ *muchos* $[_{N}$ intereses]]]]]].

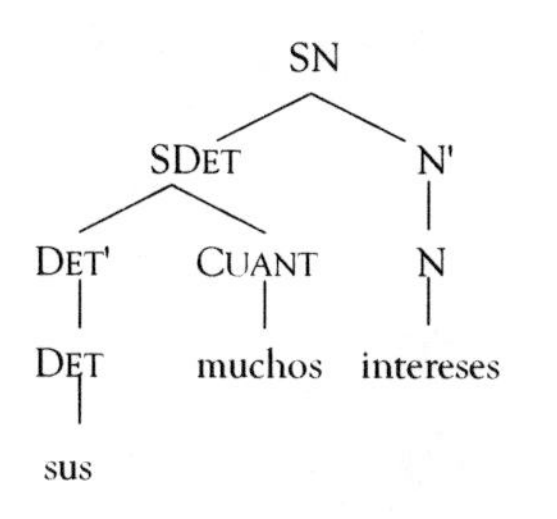

No todos los cuantificadores se comportan de la misma manera. Algunos pueden venir precedidos por un determinante (3), mientras que otros no (4) y, hasta existen casos de cuantificadores que requieren la presencia de un determinante (5).

(3) [$_{SN}$ [$_{SDET}$ [$_{DET'}$ [$_{DET}$ *los* [$_{CUANT}$ *dos* [$_{N}$ chicos]]]]] de Caracas

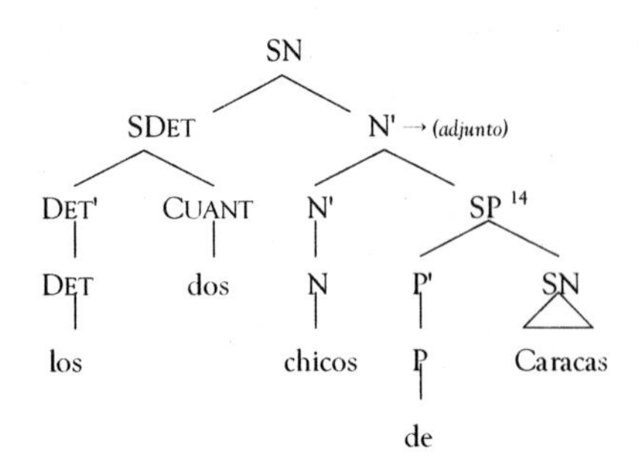

(4) * [$_{SN}$ [$_{SDET}$ [$_{DET'}$ [$_{DET}$ *la* [$_{CUANT}$ *cada* [$_{N}$ casa]]]]]

(5) [$_{SN}$ [$_{SDET}$ [$_{DET'}$ [$_{DET}$ *las* [$_{CUANT}$ *demás* [$_{N}$ personas]]]]]

También encontramos muestras de cuantificadores que se combinan entre sí (6). En este caso, ubicaremos el primer cuantificador bajo el nódulo de especificador del sintagma cuantificador.

(6) [$_{SN}$ [$_{SCUANT}$ [$_{ESP}$ [*cada* [$_{CUANT'}$ [$_{CUANT}$ *tres* [$_{N'}$ [$_{N}$ intereses]]]]]]]

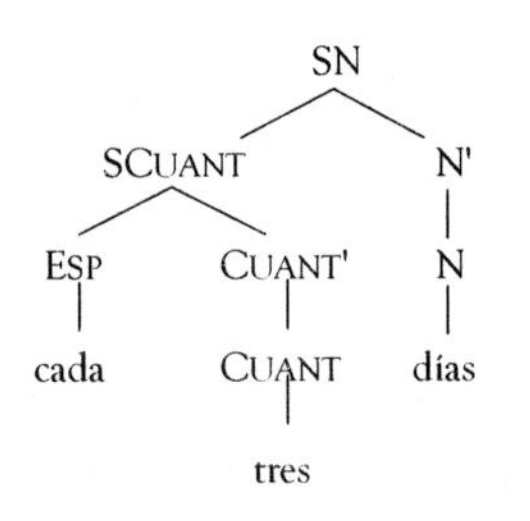

Los cuantificadores *"otro"* y *"primero"*, junto con otro cuantificador de tipo cardinal — *"dos"*, *"tres"*, etc., llegan a formar un sintagma determinante de tres componentes (7).

(7) [$_{SN}$ [$_{SDET}$ [$_{DET'}$ [$_{DET}$ *los* [$_{SCUANT}$ [$_{ESP}$ *dos* [$_{CUANT'}$ [$_{CUANT}$ *otros* [$_{N}$ casos]]]]]]]].

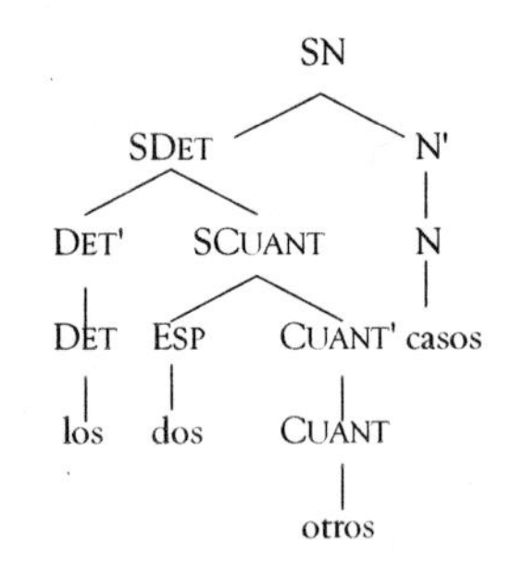

[14] El sintagma preposicional [$_{SP}$ *de Caracas*] es adjunto porque no está seleccionado semanticamente por el núcleo nominal [$_{N}$ *estudiantes*].

El cuantificador casi siempre se coloca antes del sustantivo al cual modifica. Cuando se pospone cambia de significado y se comporta más bien como adjetivo[15]. No obstante, también pueden posponerse ciertos cuantificadores como "*más*" y "*menos*" en combinación con un cardinal; por ejemplo, "*dos premios más*".

También puede aparecer un cuantificador en la posición de especificador de un sintagma adjetival, como se ve en la oración (8), donde el cuantificador "*muy*" ocupa la posición de especificador del sintagma adjectival —[$_{SADJ}$ [$_{CUANT}$ *muy*] *deliciosa*].

(8) [$_{O}$ [$_{SN}$ *pro$_i$* [$_{SV}$ preparó$_i$ [$_{SN}$ [$_{DET}$ una [$_{N'}$ [$_{N}$ torta [$_{CUANT}$ *muy* [$_{SADJ}$ deliciosa]]]]]]]]].

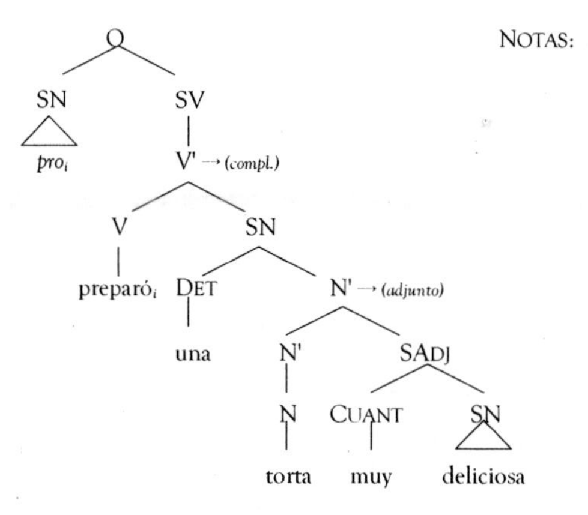

NOTAS: Mientras el sintagma nominal [$_{SN}$ *una torta*] ocupa la posición de complemento del núcleo verbal [$_{V}$ *preparó*], porque así lo requiere el verbo, el sintagma adjetival [$_{SADJ}$ *muy deliciosa*] se encuentra en posición de adjunto porque no está seleccionado semanticamente por el núcleo nominal [$_{N}$ *torta*].

EN PAREJAS. Analicen las oraciones con cuantificadores a continuación. Luego, siguiendo el esquema de la teoría X', dibujen el árbol sintáctico correspondiente a cada una.

1. *Dormí bastante bien.*
2. *Tiene suficiente dinero.*

1.9. LA AMBIGÜEDAD

Uno de los fenómenos de los cuales debe dar cuenta el análisis sintáctico es la estructura de oraciones que tienen más de una interpretación. Por ejemplo, la oración en

---

[15] Algunos cuantificadores, cuando aparecen después del sustantivo que modifican, funcionan como adjetivos. Hasta pueden cambiar de significado, según cumplen la función de cuantificador o de adjetivo, como se puede ver en las pares de oraciones en (1-2). Para un análisis más detallado, véanse Wheatley, K. (2006). *Sintaxis y morfología de la lengua española*. Prentice Hall, 112.

(1) Me quitó a la [$_{SN}$ [$_{CUANT}$ *única* [$_{N}$ *amiga*]]] que tenía.

(2) De verdad, fue una [$_{SN}$ [$_{N}$ *amiga* [$_{SADJ}$ *única*]]].

(1) es *ambigua* desde el punto de vista estructural porque podemos atribuirle dos estructuras distintas.

(1) Sonia quiere aretes y pulseras de oro blanco para navidades.

Podemos interpretar la frase [$_{SP}$ *de oro blanco*] como modificando al sintagma [$_{SN}$ *aretes y pulseras*], como en (2), o bien a [$_{SN}$ *pulseras*] solo, como en el análisis propuesto en (3). Esta ambigüedad puede expresarse mediante el uso de corchetes. En la representación (2), [$_{SN}$ *aretes y pulseras*] forman una unidad sintáctica, mientras que en (3), [$_{SN}$ *aretes*] y [$_{SN}$ *pulseras*] no forman parte del mismo constituyente.

(2) Sonia quiere [$_{SN}$ *aretes y pulseras* [$_{SP}$ *de oro blanco*]] para navidades.

(3) Sonia quiere [$_{SN}$ *aretes*] y [$_{SN}$ *pulseras de oro blanco*] para navidades.

EN PAREJAS. Expliquen la ambigüedad de la siguiente oración y ilustren mediante el uso de corchetes cada posible interpretación.

1. *Benito comió sopa con pan.*

Consideren ahora la oración en (3). El hecho de que esta oración sea estructuralmente ambigua nos permite asociarle dos interpretaciones.

(3) Anastasia ayuda a la gente con inexperiencia.

Un análisis sintáctico adecuado para la primera interpretación debe considerar la presencia de un sintagma verbal, desde el cual deriva, además del verbo, un sintagma nominal [$_{SN}$ *a la gente con inexperiencia*]. De este sintagma nominal, a su vez, derivan el artículo [$_{DET}$ *la*], el sustantivo [$_{N}$ *gente*], núcleo de este sintagma nominal, y el sintagma preposicional [$_{SP}$ *con inexperiencia*].

(4) [$_{O}$ [$_{SN}$ Anastasia [$_{SV}$ ayuda [$_{SN}$ *a la gente con inexperiencia*]]]].

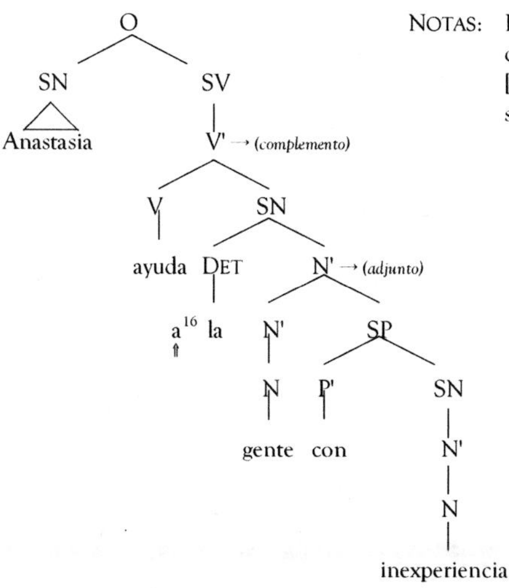

NOTAS: El sintagma nominal [$_{SP}$ *a la gente...*] queda en posición de complemento del núcleo verbal [$_{V}$ *ayuda*]. Por otra parte, el sintagma preposicional [$_{SP}$ *con inexperiencia*], por no estar requerido dentro de la subcategorización del sustantivo *"gente"*, funciona como adjunto de éste.

Un análisis sintáctico apropiado para la segunda interpretación (5), por otra parte, debe ubicar el sintagma preposicional [$_{SP}$ *con inexperiencia*] como derivando directamente del sintagma verbal [$_{SV}$ *ayuda*]. De esta manera se explica el que el sintagma preposicional no modifique al núcleo del sintagma nominal [$_{N}$ *gente*], como en la lectura anterior, sino al verbo [$_{V}$ *ayuda*]. Nótense que el sintagma nominal [$_{SN}$ *a la gente*] seguirá funcionando como complemento del núcleo del sintagma verbal, pero a diferencia del análisis anterior (4), el sintagma preposicional [$_{SP}$ *con inexperiencia*] ocupará la posición de adjunto del verbo *"ayuda"*, porque dicho sintagma preposicional no está seleccionado semanticamente por el verbo – AYUDAR, V [__ SN, (SP)].

(5) [$_{O}$ [$_{SN}$ Anastasia [$_{SV}$ ayuda [$_{SN}$ *a la gente* [$_{SP}$ *con inexperiencia*]]]]].

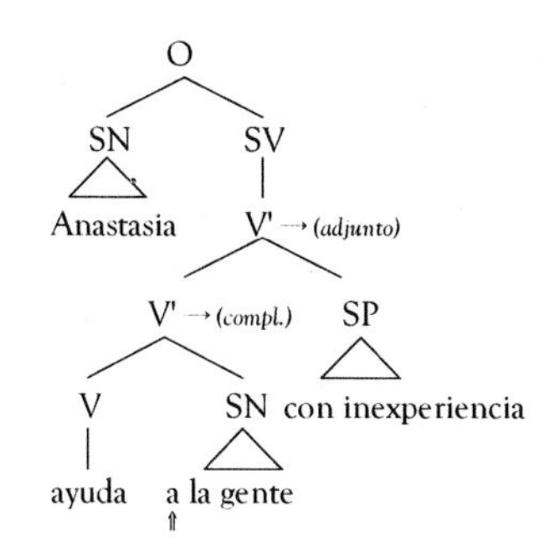

[16] Véanse la sección 1.10.1. para el análisis de la inserción de la *"a"* personal ante objeto directo [+HUM].

Las dos posibles interpretaciones se basan en el hecho de que [$_{SN}$ *a la gente con inexperiencia*] puede ser interpretado o bien como un constituyente (4) o bien como dos constituyentes distintos, [$_{SN}$ *a la gente*] por un lado y [$_{SP}$ *con inexperiencia*] por otro (5).

Para seguir con otro ejemplo de ambigüedad, el sintagma preposicional [$_{SP}$ *de Perú*] en (6) está dominado inmediatamente por el sintagma nominal [$_{SN}$ *un mapa*] y, por lo tanto, modifica al núcleo de este sintagma; es decir, el "*mapa*" en el cual se traza la geografía de Perú, podría estar hecho en cualquier parte. En (7), por otro lado, el mismo sintagma preposicional está dominado por el sintagma verbal. Esta vez el sintagma preposicional modifica al núcleo del sintagma que lo domina inmediatamente, es decir, al verbo "*trajo*". En esta interpretación, "*Maritza*", adquirió el mapa en un viaje a Perú —incluso, podría tratarse de un mapa de Canadá.

(6) Maritza [$_{SV}$ trajo [$_{SN}$ un mapa de Perú]].

(7) Maritza [$_{SV}$ trajo [$_{SN}$ un mapa] [$_{SP}$ de Perú]].

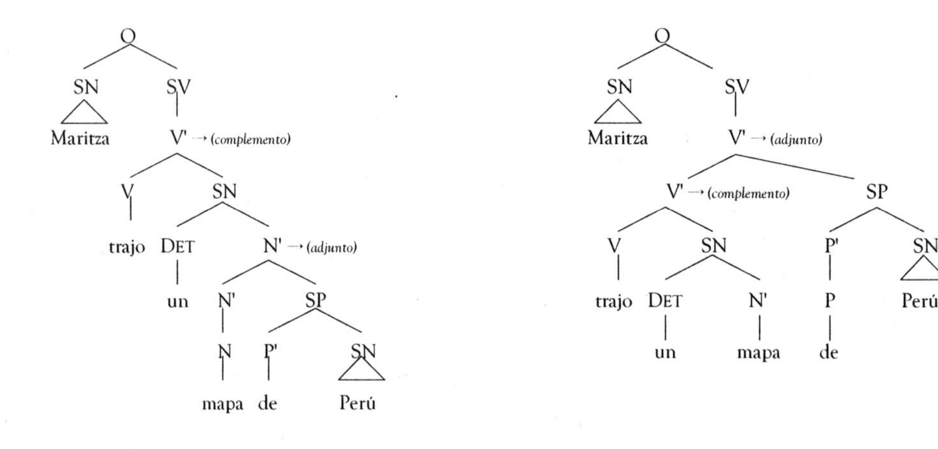

> EN PAREJAS. Expliquen la ambigüedad de la oración a continuación. Luego, siguiendo el esquema de la teoría X', dibujen el árbol sintáctico correspondiente a cada posible interpretación.
>
> 1. *Te veo con otra perspectiva.*

1.10. LAS TRANSFORMACIONES

1.10.1 LA INSERCIÓN DE LA PARTÍCULA "A"

Según la gramática normativa del español, se debe introducir la preposición *"a"* ante un objeto directo que refiera a persona, entidad personificada o forma determinada[17]. Con el fin de explicar la gramática del español desde la perspectiva de la teoría generativa, debe considerarse la partícula *"a"* ante complemento directo no como una preposición verdadera con carga semántica, sino como una expletiva que funciona como una marca de caso. Luján (1978) propone una regla transformacional de *inserción* para analizar el uso de la *"a"* de acusativo[18]. Usaremos el símbolo de la flecha (⇑) dentro de la estructura arbórea para resaltar el hecho de que se insertó la *"a"* personal.

(5) [$_O$ [$_{SN}$ *pro$_i$* [$_{SV}$ llevó$_i$ [$_{SN}$ *a la niña*] [$_{SP}$ *al dentista*]]]].

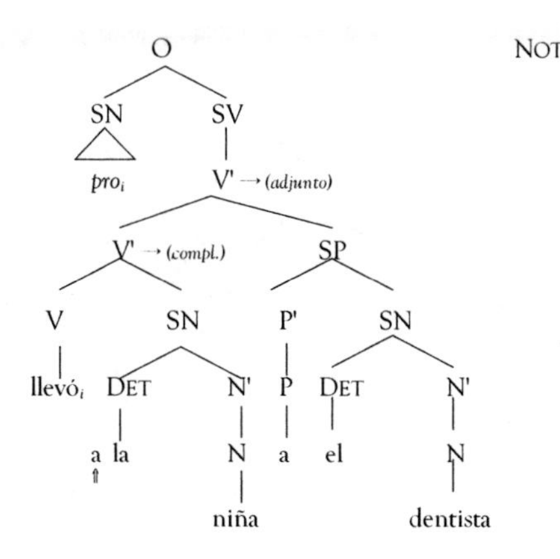

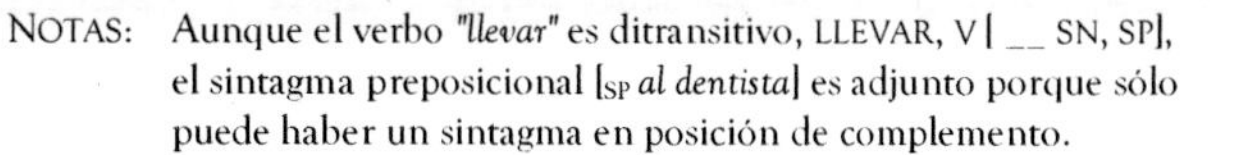
NOTAS: Aunque el verbo *"llevar"* es ditransitivo, LLEVAR, V [__ SN, SP], el sintagma preposicional [$_{SP}$ *al dentista*] es adjunto porque sólo puede haber un sintagma en posición de complemento.

En línea con la teoría generativa y su aplicación al español, se ha propuesto que se distinga la *"a"* de acusativo de la *"a"* de *régimen*. La preposición de régimen es aquella que acompaña invariablemente a ciertos verbos, como *"asistir"* + *"a"*, del mismo modo que los verbos *"contar"* y *"acordarse"* presiden de la preposición *"con"* y *"de"*, respectivamente[19]. Dichas preposiciones de régimen aparecen en la subcategorización de estos verbos[20].

---

[17] Véanse la reciente gramática oficial de la Real Academia. Alarcos Llorach (1994). *Gramática de la lengua española*. Madrid: Espasa-Calpe.

[18] Según Luján, las reglas establecidas por la gramática tradicional para dar cuenta del uso de la preposición *"a"* en objeto directo, son inadecuadas. Luján, M. (1978). Direct object nouns and the preposition *a* in Spanish. En Schmerling, S. & Smith, C. (eds.), *Texas Linguistic Forum* 10: 30-52.

[19] Ejemplos de verbos con complemento de régimen son: *sucumbir a, acostumbrarse a, creer en, insistir en, fijarse en, confiar en, comprometerse con, hablar de, jactarse de, asegurarse de, carecer de, olvidarse de, preocuparse por, preguntar por*. Morera Pérez, M. (1994). La función sintáctica "régimen preposicional". *Lingüística Española Actual*, XVI-2, 215-228.

[20] Volveremos a este tema en la sección sobre los verbos preposicionales (1.11.2).

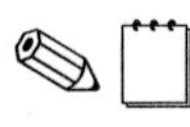

En parejas. Analicen el uso de la partícula "*a*" en la oración a continuación. Luego, siguiendo el esquema de la teoría X', dibujen el árbol sintáctico correspondiente.

1. *Encontraron al perrito perdido.*

1.10.2. La inversión de sujeto

A diferencia del inglés, una de las características del español es su orden menos rígido de los constituyentes dentro de una oración. Si tomamos, por ejemplo, la posición del sujeto, vemos que el español permite, entre otras, las posibilidades en (1-3).

(1) [$_{SN}$ *Anita*] ha ganado el concurso.
(2) Ha ganado [$_{SN}$ *Anita*] el concurso.
(3) Ha ganado el concurso [$_{SN}$ *Anita*].

Sin embargo, en ciertos contextos la posición del sujeto tiene que ser necesariamente posverbal. En el caso de las oraciones interrogativas, por ejemplo, el sujeto aparece en posición preverbal (4); de lo contrario, resultaría en una oración agramatical (5).

(4) ¿Qué ha ganado [$_{SN}$ *Anita*]?
(5) * ¿Qué [$_{SN}$ *Anita*] ha ganado?

La naturaleza del verbo también constituye una variable en la determinación de la posposición del sujeto. Como vemos en el caso de los *verbos psicológicos*, que han sido estudiados por Belletti y Rizzi (1987)[21], los verbos de tipo "*gustar*" tienen sujetos internos.

(6) Me molesta [$_{SN}$ *el humo*].
(7) Faltan [$_{SN}$ *dos días más*].

Con el propósito de simplificar nuestro análisis[22], vamos a suponer que el sujeto posverbal es producto de una *regla de movimiento* desde su posición original preverbal. El lugar original desde el cual se desplaza el sujeto no permanece vacío sino que está ocupado por una *huella*, una categoría sintáctica que no tiene realización fonética, pero que está presente en la estructura sintáctica de una oración interrogativa. Representamos la huella

[21] Belletti, A. & Rizzi, L. (1987). Los verbos psicológicos y la teoría temática. En Demonte, V. & Fernández Lagunilla, M. (eds.), *Sintaxis de las lenguas románicas*, Arquero, Madrid, 60-122.

[22] La inversión del sujeto ha sido explicado por muchos autores, entre ellos Zubizarreta, como resultando del desplazamiento del verbo a la posición adyacente al elemento antepuesto, con la consiguiente inversión del sujeto. Zubizarreta, M. (1992). El orden de palabras en español y el caso nominativo, *Nueva Revista de Filología Hispánica*.

del movimiento sintáctico mediante el símbolo "*h*" y la dotamos de un subíndice idéntico al del sujeto desplazado. Por ejemplo, el sujeto posverbal "*los suegros de mi hermana mayor*", en (8), lleva el subíndice que lo remite a "[h_i]" en su posición original de sujeto preverbal.

(8) [h_i] Llegaron [$_{SN}$ *los suegros de mi hermana mayor$_i$*].

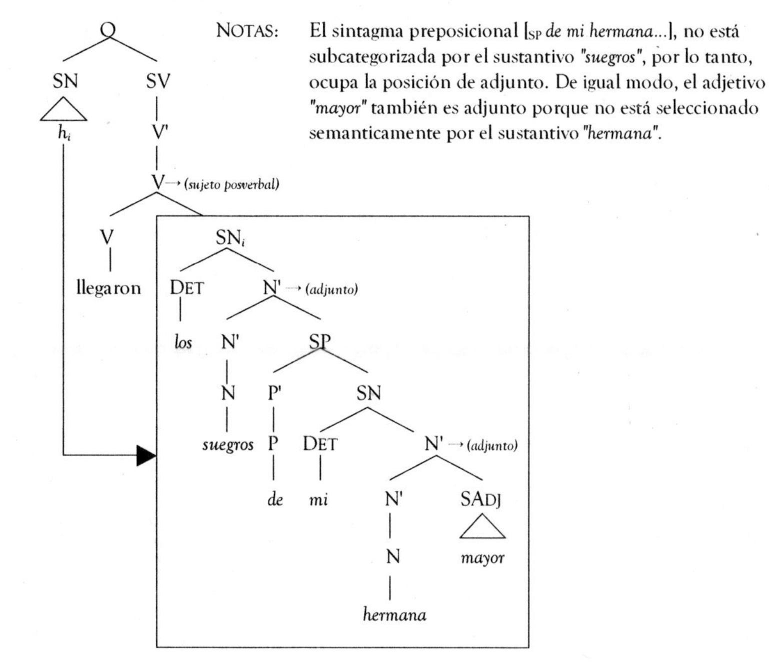

NOTAS: El sintagma preposicional [$_{SP}$ *de mi hermana...*], no está subcategorizada por el sustantivo "*suegros*", por lo tanto, ocupa la posición de adjunto. De igual modo, el adjetivo "*mayor*" también es adjunto porque no está seleccionado semanticamente por el sustantivo "*hermana*".

Por la misma regla de movimiento, el sujeto posverbal "*el fin de semana*" en (9) lleva un subíndice que lo relaciona a la huella que ha dejado en su posición initial.

(9) [h_i] Empezó [$_{SN}$ *el fin de semana$_i$*].

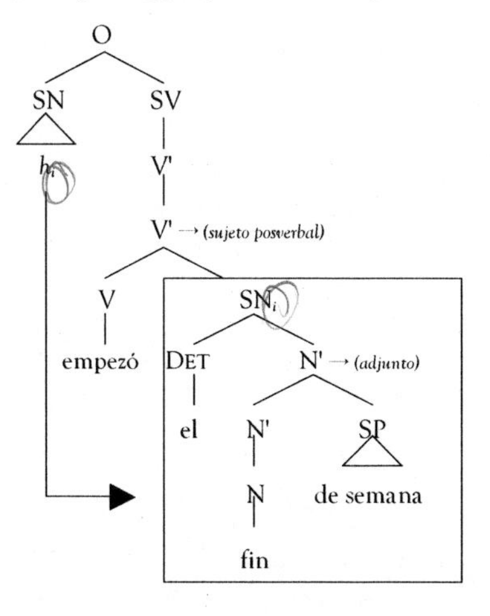

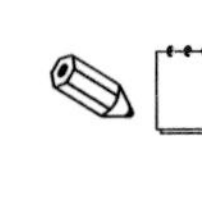

EN PAREJAS. Analicen la inversión del sujeto en la oración a continuación. Luego, siguiendo el esquema de la teoría X', dibujen el árbol sintáctico correspondiente.

1. *Nació mi hijo en el extranjero.*
2. *Siempre dice lo mismo Marisol.*

1.10.3. LAS ORACIONES NEGATIVAS

La *partícula negativa* ocupa, dentro de la estructura de la oración, la posición de especificador del sintagma verbal. Con la excepción de los clíticos[23] que pueden aparecer entre la partícula "*no*" y el verbo, ésta siempre aparece junto al verbo.

(1) $[_{O}$ $[_{SN}$ Carolina $[_{SV}$ $[_{NEG}$ *no* $[_{V}$ besó $[_{SN}$ a su novio $[_{SP}$ con mucho entusiasmo]]]]]].

(2) $[_{O}$ $[_{SN}$ Carolina $[_{SV}$ $[_{NEG}$ *no* $[_{CL}$ *lo*$_{i}$ $[_{V}$ besó $[_{SN}$ *h*$_{i}$] $_{SP}$ con mucho entusiasmo]]]]]].

(3)

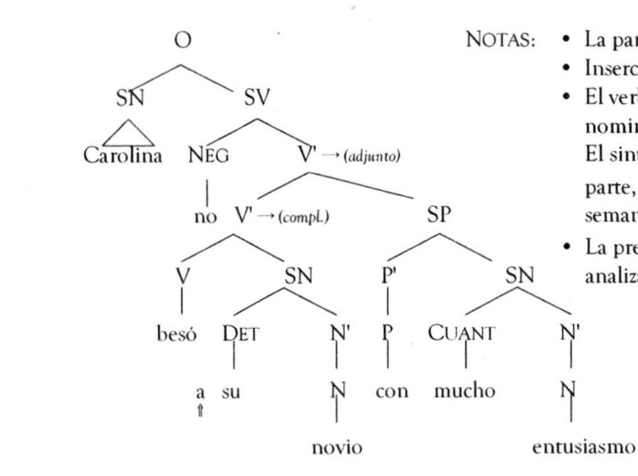

NOTAS:
- La partícula *negativa* ocupa la posición de especificador del SV.
- Inserción de "*a*" personal ante objeto directo [+HUM].
- El verbo "*besar*" es transitivo, por lo que requiere el sintagma nominal $[_{SN}$ *a su novio*] que ocupa la posición de complemento. El sintagma preposicional $[_{SP}$ *con mucho entusiasmo*], por otra parte, está en posición de adjunto porque no está seleccionado semanticamente por dicho verbo -BESAR, V [__ SN, (SP)].
- La presencia del cuantificador "*mucho*" justifica la necesidad de analizar más detenidamente el sintagma determinante.

Ciertas expresiones negativas como "*nada*", "*nadie*" y "*nunca*" (4-6) suelen coexistir con la partícula negativa, pero no forman parte del mismo constituyente. Mientras esta última aparece en posición preverbal bajo el especificador del sintagma verbal, las expresiones negativas ocupan el sintagma nominal en posición posverbal.

(4) $[_{O}$ $[_{SN}$ *pro*$_{i}$ $[_{SV}$ $[_{NEG}$ *No* $[_{V}$ entiendo$_{i}$ $[_{SN}$ nada]]]]]].

(5) $[_{O}$ $[_{SN}$ *h*$_{i}$ $[_{SV}$ $[_{NEG}$ *No* $[_{V}$ habla $[_{SN}$ nadie$_{i}$]]]]]].

(6) $[_{O}$ $[_{SN}$ *pro*$_{i}$ $[_{SV}$ $[_{NEG}$ *No* $[_{V}$ lloraré $[_{SADV}$ nunca$_{i}$]]]]]].

[23] Veremos adelante con más detalle lo que sucede con la posición del clítico "*lo*" en vista de esta propuesta.

Se analizan las palabras negativas preverbales como ocupando la posición de especificador de un SNEG (7).

(7) $[_{O}\ [_{SN}\ \mathit{pro}_i\ [_{SV}\ [_{SNEG}\ \mathit{Nunca}_{ii}\ [_{NEG'}\ [_{NEG}\ [_{V}\ \text{lloraré}_i\ [_{SADV}\ h_{ii}]]]]]]]]$.

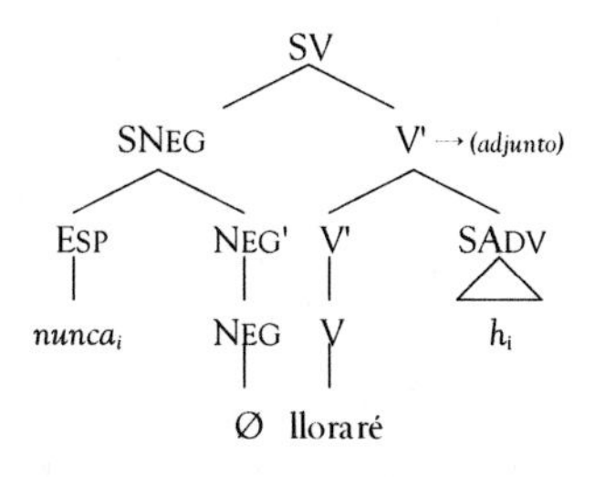

Compárense el ejemplo anterior (7), donde tenemos la palabra negativa *"nunca"* precediendo al verbo con la oración en (8), donde coexiste la palabra negativa *"nunca"* con la partícula *"no"*.

(8) $[_{O}\ [_{SN}\ \mathit{pro}_i\ [_{SV}\ [_{SNEG}\ [_{NEG'}\ [_{NEG}\ \text{No}\ [_{V}\ \text{lloraré}_i\ [_{SADV}\ \text{nunca}]]]]]]]]$.

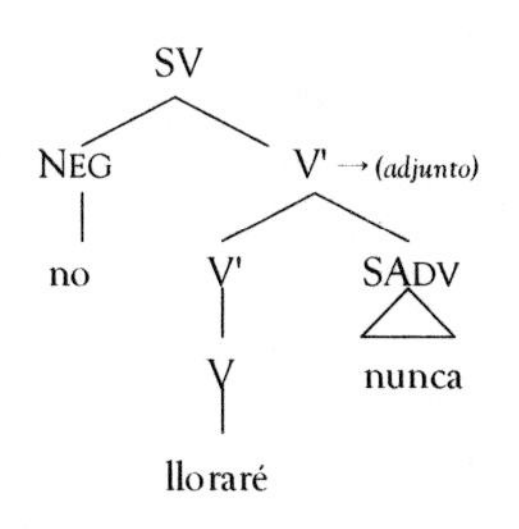

Como puede haber un solo constituyente negativo ocupando un mismo SNEG, tendremos o bien una partícula *"no"* ocupando su núcleo o bien una palabra negativa en posición de especificador, pero nunca los dos constituyentes a la vez, como lo confirma la agramaticalidad de la oración en (9).

(9) $^{*}[_{O}\ [_{SN}\ \mathit{pro}_i\ [_{SV}\ [_{SNEG}\ \text{Nunca}\ [_{NEG'}\ [_{NEG}\ \text{no}\ [_{V'}\ [_{V}\ \text{lloraré}_i\ ]]]]]]]]$.

Suñer (1995)[24] propone que la sintaxis de la negación se dé en términos de polaridad negativa[25]. Dentro de esa idea, un elemento [+NEG] posverbal sólo puede interpretarse adecuadamente en un contexto de concurrencia con otro elemento [+NEG]. La agramaticalidad de los ejemplos en (10) y (12) puede explicarse por el hecho de que los

---

[24] Suñer, M. 1995. Negative elements, island effects and resumptive no. *The Linguistic Review* 12: 233-273.

[25] Como alternativa a la propuesta de Suñer, Haegeman trata los elementos [+NEG] como cuantificadores. Haegeman, L. (1996). The Typology of Syntactic Positions. L-relatedness and the A/A-bar distinction. In Wernwe A. et alli. Eds. *Minimal ideas. Syntactic studies in the minimalist framework*. Philadelphia: John Benjamins.

elementos negativos "*nada*" y "*nadie*" en posición posverbal no mantienen ninguna relación de polaridad con otro elemento negativo preverbal. La partícula "*no*" tiene que aparecer necesariamente en posición preverbal, como lo demuestran los ejemplos en (11) y (13).

(10)* Lidia comió *nada*.	(11) Lidia *no* comió *nada*.
(12)* Cristián habló con *nadie*.	(13) Cristián *no* habló con *nadie*.

Existen diferencias en cuanto a la expresión de la negación entre variedades del español. Mientras (14) es representativo de la variedad peninsular, (15) es típica de la hispanoamericana.

(14) *No* he ido *nunca*.
(15) *Nunca* he ido.

La negación en (15), común en América, sin aparente polaridad negativa, se explica por el alzamiento del elemento negativo a la posición preverbal[26], como se puede observar al comparar las dos estructuras en (16-17)[27].

(16) $[_{SV}\ [_{SNEG}\ [_{NEG'}\ [_{NEG}\ \textit{No}\ [_{V'}\ [_{V}\ \text{he ido}\ [_{SADV}\ \textit{nunca}]]]]]]]$.

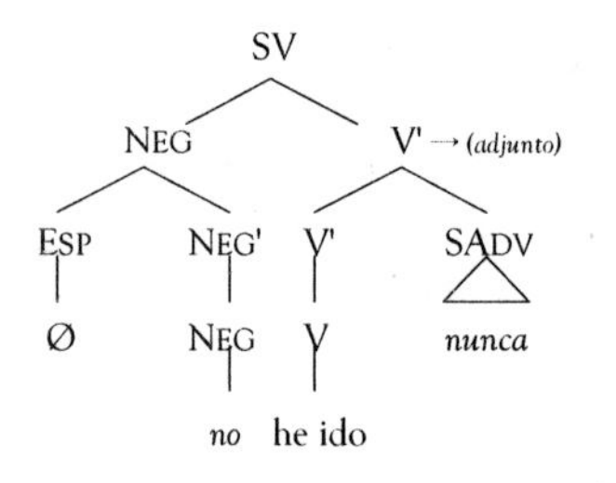

(17) $[_{SV}\ [_{SNEG}\ \textit{Nunca}_i\ [_{NEG'}\ [_{NEG}\ [_{V'}\ [_{V}\ \text{he ido}\ [_{SADV}\ h_i]]]]]]]$.

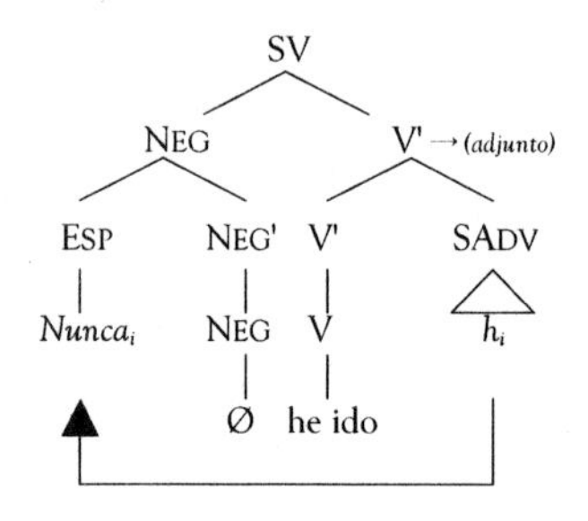

[26] De acuerdo con Suñer (1995), en el caso del español, el núcleo NEG está ubicado entre [TP] y [AGRP].
[27] Véanse la sección 1.10.4 para un análisis más detallado del movimiento de los adverbios a la posición preverbal.

EN PAREJAS. Analicen las oraciones negativas a continuación. Luego, siguiendo el esquema de la teoría X', dibujen el árbol sintáctico correspondiente a cada una.

1. *Gertrudis nunca guarda rencor.*
2. *No hizo nada para su prima en Boston.*

1.10.4. LOS ADVERBIOS PREVERBALES

Cuando un adverbio aparece en posición posverbal, el análisis es sencillo. Por ejemplo, en la oración "*El niño duerme ya*", el adverbio "*ya*" ocupa la posición de adjunto[28]. Pero, ¿qué pasa cuando el adverbio aparece en posición preverbal? El ejemplo en (1) presenta una posible opción para explicar la derivación del orden 'verbo-adjunto-complemento'.

(1) Recupero lentamente el tiempo perdido.

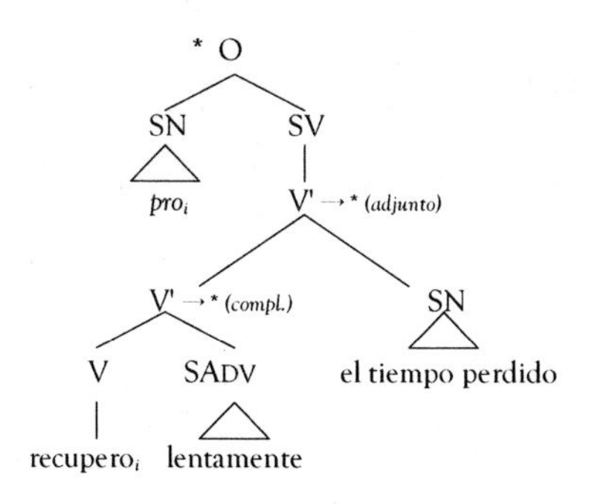

Aunque la estructura sintáctica en (1) respecta la restricción de la ramificación binaria, muestra de manera equivocada (*) la distinción entre complementos y adjuntos. Otra propuesta es que los adverbios preverbales son productos de una regla de movimiento[29]. Vamos a suponer que el adjunto en (2) se genera en posición posverbal y que luego se mueve a la posición adyacente al verbo, sin perderse por tanto la relación de hermandad entre el complemento y el verbo.

[28] Algunos verbos, como por ejemplo "*sentirse*", tienen adverbios en posición de complemento, y no de adjunto: "*sentirse mal/bien*".
[29] Nos referimos a las 'reglas' de movimiento en sintaxis porque la posibilidad de movimiento de los constituyentes sintácticos está regida por reglas estrictas cuya aplicación es universal. Por ejemplo, es imposible extraer un constituyente para formar una oración interrogativa si en dicho proceso de movimiento tenemos que cruzar dos o más nudos cíclicos. En español, los nudos cíclicos son el SN y la O'. Por eso, es imposible formar una oración interrogativa mediante la extracción del constituyente interrogativo que equivaldría a "*el concepto de nudos cíclicos*" en (1), porque para hacerlo tendríamos que atravesar el SN y la O' (dos nudos cíclicos). Por tanto, la oración (2) es agramatical. Hualde, J., Olarrea, A. & Escobar, A. (2004). *Introducción a la lingüística hispánica*. N.Y.: Cambridge, 230.

(2) Recupero [$_{SAdv}$ *lentamente$_i$*] el tiempo perdido [h_i].

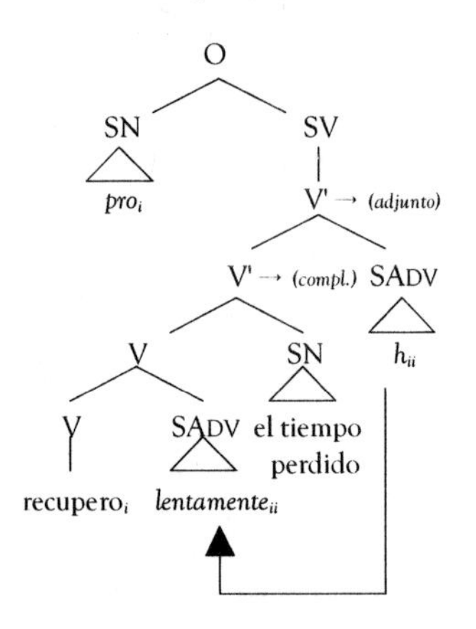

Con el análisis de movimiento en (3) y (4), en cambio, se propone la generación de un adverbio en posición posverbal que luego se desplaza a la posición de especificador del sintagma verbal.

(3) [$_{SAdv}$ *Lentamente$_i$*] recupero el tiempo perdido [h_i].

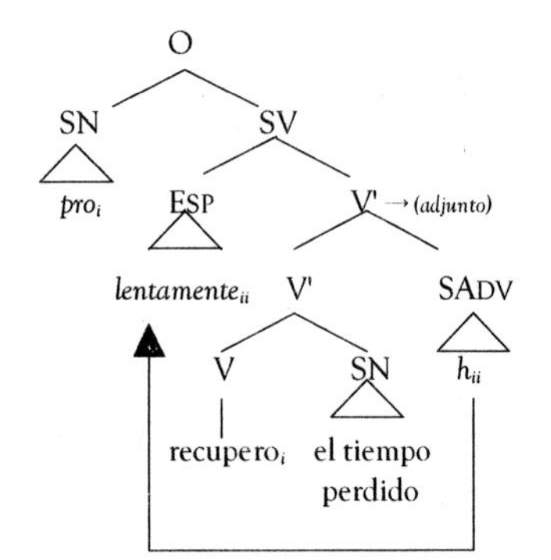

(4) El niño [$_{SAdv}$ *ya$_i$*] duerme [h_i].

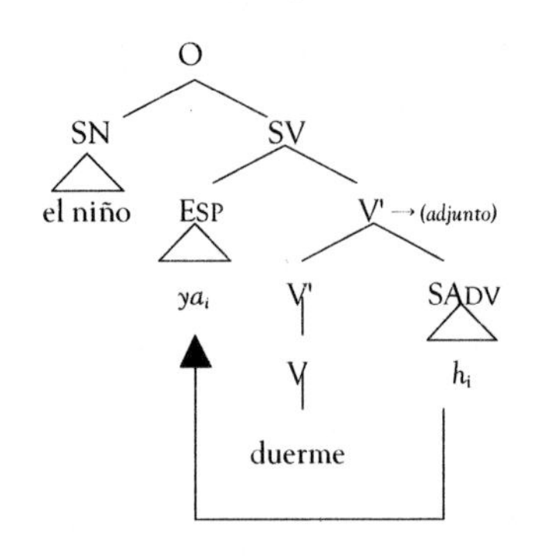

EN PAREJAS. Analicen el movimiento del adverbio en la oración a continuación. Luego, siguiendo el esquema de la teoría X', dibujen el árbol sintáctico correspondiente.

1. *Muy pronto llegará la primavera.*

1.10.5. LAS ORACIONES INTERROGATIVAS

A parte de aquellas que se pueden contestar con un simple *sí* o *no*, las *oraciones interrogativas* se inician con una palabra interrogativa como *"qué"*, *"cómo"*, *"dónde"*, *"cuándo"*, *"cuánto"*, *"por qué"*.

(1) ¿*Dónde* pusiste las llaves?

Aunque la oración anterior es perfectamente aceptable en español, supone, sin embargo, un problema para nuestra teoría. Según la subcategorización del verbo *"poner"*, éste exige que vaya seguido no sólo por un sintagma nominal, como lo vemos en (2), sino que además, tiene que venir con un sintagma preposicional. El sintagma preposicional requerido por el verbo *"poner"* está, de hecho, presente en la forma de *"dónde"*.

(2) ¿Pusiste [$_{SN}$ las llaves] [$_{SP}$ *dónde*]?

La oración en (1) es por tanto el resultado de un proceso que ha trasladado la palabra interrogativa desde su posición original inicial de la oración a la posición de *complementante* (COMP) que discutimos anteriormente. Como las oraciones interrogativas se podrían interpretarse como oraciones subordinadas (3), las analizamos como oraciones con barra (O').

(3) Le preguntó [$_{O'}$ *dónde* [$_{O}$ había puesto las llaves]].

El lugar original desde el cual se desplaza la palabra interrogativa no permanece vacío sino que está ocupado por una huella. El árbol sintáctico correspondiente a la oración interrogativa (1) aparece en (4).

(4) [¿*Dónde*$_i$] pusiste las llaves [$_{SP}$ h_i]?

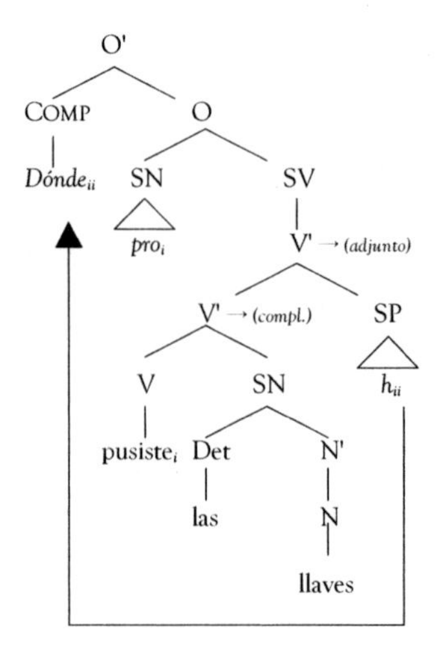

Como lo hemos comprobado en la sección anterior, en el caso de una oración interrogativa, el sujeto tiene que trasladarse a la posición posverbal. Nuestro análisis también da cuenta del movimiento simultáneo de ambos elementos, una palabra interrogativa y un sujeto posverbal, como se ve en (4).

(4) [¿*Adónde*$_i$] fue Celia [$_{SP}$ h_i]?

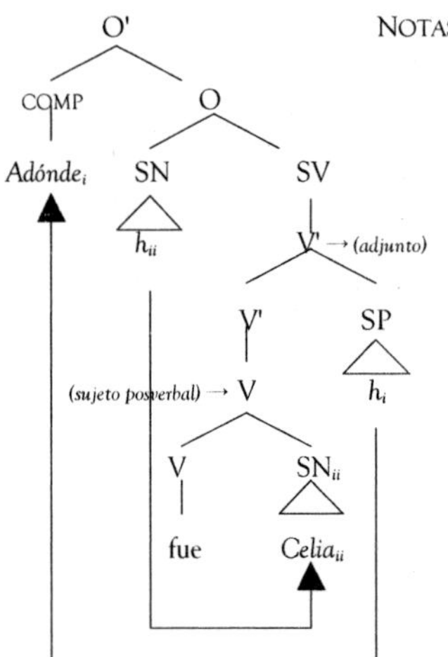

NOTAS:

- El sujeto posverbal "*Celia*" lleva un subíndice que lo remite a la huella que está en su posición original de sujeto de la subordinada, producto de una regla de movimiento.
- Se ha trasladado la palabra interrogativa desde su posición de adjunto a su nueva posición bajo el complementante de la O'.

Toda oración interrogativa de este tipo es el resultado de una *transformación* o *regla de movimiento* que cambia la posición de un constituyente, trasladándole a la posición de complementante.

(5) ¿[$_{COMP}$ *Cuándo*$_i$] viste esta película [$_{SADJ}$ *h*$_i$]?

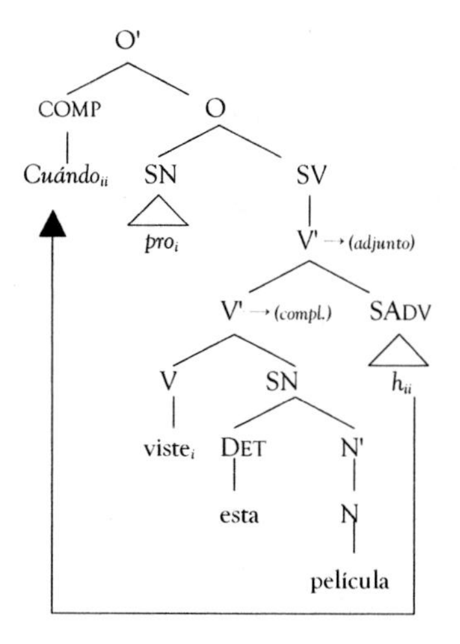

Este proceso de transformación explica también la ambigüedad de ciertas oraciones interrogativas en español. La pregunta en (6) tiene dos interpretaciones, como lo demuestra el hecho de que se pueda contestar de dos maneras (7-8).

(6) ¿Cuándo dijo Uriel que venía Viviana?

(7) Uriel lo dijo ayer.

(8) Viviana viene el próximo viernes.

El motivo de dicha ambigüedad radica en la posibilidad de que la palabra interrogativa "*cuándo*" modifique al verbo principal "*dijo*" (7) o al verbo subordinado "*venía*" (8). En otras palabras, las respectivas interpretaciones dependen de que si la huella resultando del movimiento de la palabra interrogativa aparezca en el sintagma verbal cuyo núcleo es "*dijo*" (9) o en el sintagma verbal cuyo núcleo es "*venía*" (10).

(9) ¿*Cuándo*$_i$ [$_{SV}$ dijo [$_{SADV}$ *h*$_i$]] Uriel que venía Viviana?

(10) ¿*Cuándo*$_i$ dijo Uriel que [$_{SV}$ venía [$_{SADV}$ *h*$_i$]] Viviana?

EN PAREJAS. Analicen el movimiento de la palabra interrogativa en las oraciones a continuación. Luego, siguiendo el esquema de la teoría X', dibujen el árbol sintáctico correspondiente.

1. *¿Cuántos cuentos cuentan?*
2. *¿Qué dice Dulce?*
3. *¿A quién viste?*
4. *¿Cómo sabes eso?*

1.10.6. El movimiento de clíticos

Vamos ahora a considerar otro tipo de movimiento sintáctico muy característico del español *—el movimiento de clíticos.* Los *clíticos* son los pronombres de complemento directo e indirecto que suelen aparecer en posición preverbal junto con un verbo conjugado. Las estructuras a continuación muestran el contraste entre la posición preverbal del clítico (1) y la posición posverbal del sintagma completo (2).

(1) [$_{CL}$ *Lo*] saludó desde el balcón.

(2) Saludó [$_{SN}$ *al chico*] desde el balcón.

Según la propuesta de movimiento, una oración como (1) tiene la estructura profunda que se muestra en (3).

(3) *Saludó [$_{CL}$ *lo*] desde el balcón.

Desde aquella posición en (3), se traslada el clítico *"lo"* a la posición preverbal en (4). Dicho de otra manera, el pronombre clítico se genera en posición posverbal y luego se desplaza en la estructura arbórea hacia su nódulo CL en posición preverbal.

(4) [$_{CL}$ *Lo_i*] saludó [*h_i*] desde el balcón.

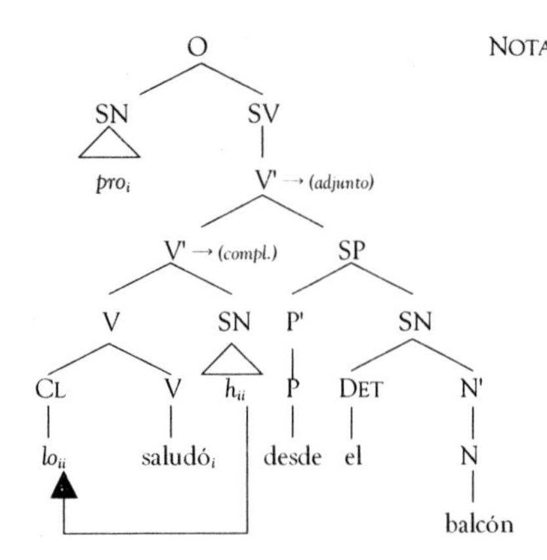

NOTAS:
- El sujeto es un pronombre vacío *pro_i* que lleva un subíndice que lo refiere al núcleo [$_V$ *saludó$_i$*] del SV con copia de los rasgos de concordancia correspondientes.
- El clítico [$_{CL}$ *lo_{ii}*] lleva un subíndice que lo refiere al SN [$_{SN}$ *h_{ii}*], como resultado de una regla de movimiento. Ha dejado una huella en su posición original.
- El sintagma nominal [$_{SN}$ *h_{ii}*] es complemento del núcleo [$_V$ *saludó*] del SV, mientras que el sintagma preposicional [$_{SP}$ *desde el balcón*] ocupa la posición de adjunto.

Vemos en el ejemplo previo y el a continuacíon cómo brota una huella en el sitio donde se inició el movimiento del pronombre clítico, donde *"lo"* y *"la"* se interpretan como complementos de los verbos *"saludar"* y *"llamar"*, respectivamente. El pronombre clítico tiene una relación de concordancia de persona y número con el sintagma a que refiere, lo que se indica con un índice.

(5) $[_{CL}$ *La*$_i]$ lamó $[h_i]$ desde Cuenca otra vez.

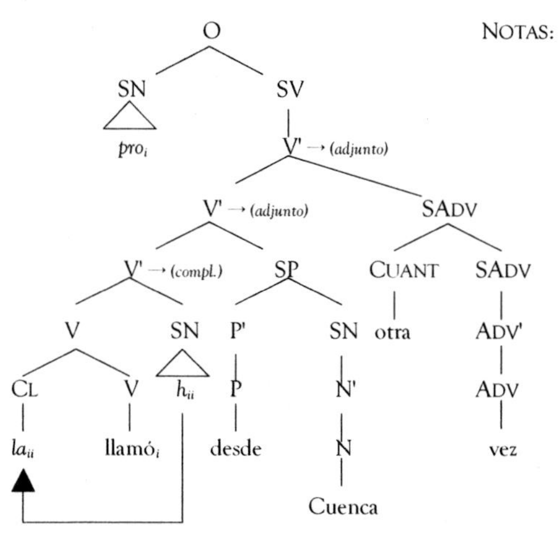

NOTAS:

- El sujeto es un *pro*$_i$ que lleva un subíndice que lo remite al verbo $[_{SV}$ *dijo*$_i]$ con copia de los rasgos de concordancia.
- El clítico $[_{CL}$ *la*$_{ii}]$ lleva un subíndice que lo refiere al SN $[_{SN}$ $h_{ii}]$, como resultado de una regla de movimiento; ha dejado una huella en su posición original, en posición de complemento, porque así lo requiere la subcategorización del verbo *"llamar"*.
- Los sintagmas preposicional $[_{SP}$ *desde Cuenca*$]$ y adverbial $[_{SADV}$ *otra vez*$]$, por otra parte, son adjuntos porque no están especificados en dicha subcategorización –LLAMAR, V [__ SN, (SP), (SADV)]).
- El cuantificador *"otra"* ocupa la posición de especificador del sintagma adverbial –$[_{SADV}$ $[_{CUANT}$ *otra*$]$ *vez*$]$.

Del mismo modo podemos explicar los pronombres de clíticos indirectos con la propuesta del movimiento. En las oraciones a continuación (4-5), la subcategorización de un verbo ditransitivo, como *"decir"* o *"regalar"* nos exige que esté seguido a la vez de un sintagma nominal y de un sintagma preposicional —DECIR/REGALAR, V [__ SN, SP]. El sintagma nominal representa la posición del complemento directo y el sintagma preposicional la del indirecto adjunto al verbo.

(4) $[_{CL}$ *Les*$_i]$ dije la verdad $[h_i]$.

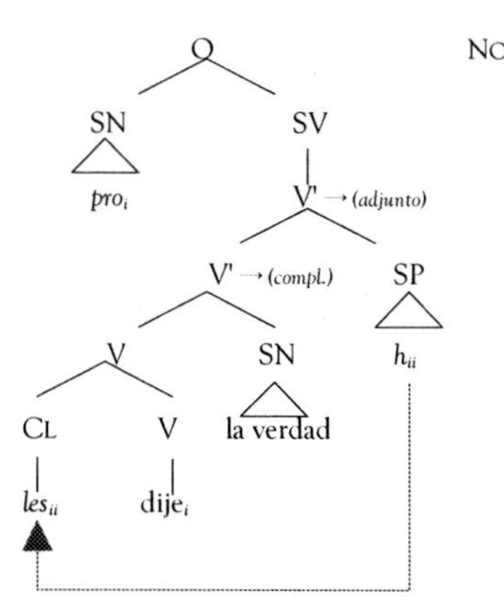

NOTAS:

- El sujeto es un pronombre vacío *pro*$_i$ que lleva un subíndice que lo refiere al verbo $[_{SV}$ *dijo*$_i]$ con copia de los rasgos de concordancia.
- El clítico $[_{CL}$ *les*$_{ii}]$ lleva un subíndice que lo refiere al SP $[_{SP}$ $h_{ii}]$, como resultado de una regla de movimiento y ha dejado una huella en su posición original.
- El sintagma nominal $[_{SN}$ *la verdad*$]$ es complemento del núcleo del SV, porque así lo requiere la subcategorización del verbo *"decir"*. El sintagma preposicional $[_{SP}$ $h_{ii}]$, a pesar de aparecer en la subcategorización de dicho verbo, DECIR, V [__ SN, SP], ocupará la posición de adjunto porque no se admite, dentro de la estructura arbórea de la teoría X', más de un complemento.

En ambas estructuras arbóreas, el complemento indirecto se ha trasladado a la posición preverbal dejando una huella en su posición original.

(5) $[_{Cl}\ Le_i]$ regaló una bici $[h_i]$.

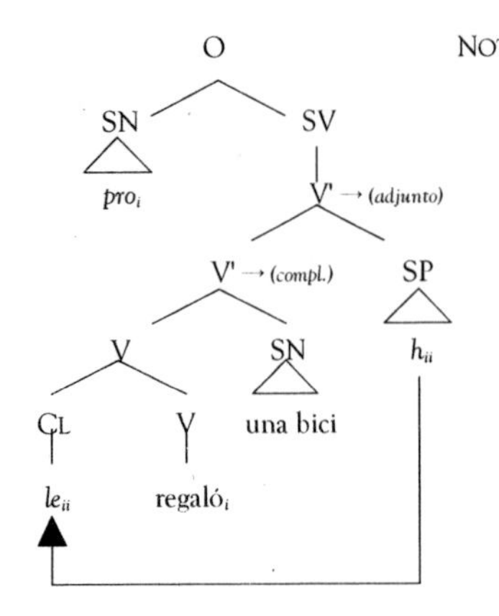

NOTAS:

- El sujeto es un pronombre vacío *pro*$_i$ que lleva un subíndice que lo refiere al verbo $[_{SV}$ *regaló*$_i]$ con copia de los rasgos de concordancia.
- El clítico $[_{CL}\ le_{ii}]$ lleva un subíndice que lo refiere al SP $[_{SP}\ h_{ii}]$, como resultado de una regla de movimiento y ha dejado una huella en su posición original.
- El sintagma nominal $[_{SN}$ *una bici*$]$ es complemento del núcleo del SV, porque así lo requiere la subcategorización del verbo *"regalar"*. El sintagma preposicional $[_{SP}\ h_{ii}]$, a pesar de aparecer en la subcategorización de dicho verbo, REGALAR, V [__ SN, SP], ocupará la posición de adjunto porque no se admite, dentro de la estructura arbórea de la teoría X', más de un complemento.

Este análisis también explica el posible movimiento de dos pronombres clíticos dentro de una misma oración. Como los pronombres de complemento directo e indirecto se generan a partir de dos núcleos distintos, pueden moverse independientemente el uno del otro.

(6) $[_{CL}\ Le_i]$ mandé una carta [*a Justina*$_i$].

(7) $[_{CL}\ Le_i]$ mandé una carta $[h_i]$.

(8) $[_{CL}\ Se_{ii}]$ $[_{Cl}\ la_i]$ mandé $[h_i]$ $[h_{ii}]$.

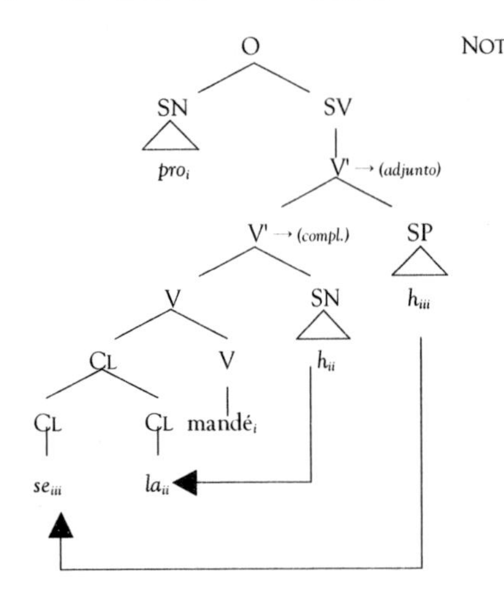

NOTAS:

- El sujeto es un pronombre vacío *pro*$_i$ que lleva un subíndice que lo refiere al verbo $[_{SV}$ *mandé*$_i]$ con copia de los rasgos de concordancia.
- El clítico $[_{CL}\ la_{ii}]$ lleva un subíndice que lo refiere al SN $[_{SP}\ h_{ii}]$ en posición de complemento. Éste se ha trasladado a la posición preverbal por una regla de movimiento, dejando una huella en su posición posverbal.
- El clítico $[_{CL}\ se_{iii}]$ lleva un subíndice que lo remite a la huella $[_{SP}\ h_{iii}]$ que ha dejado en posición de adjunto dentro del SV.
- El sintagma nominal $[_{SN}\ h_{ii}]$ es complemento del núcleo del SV, porque así lo requiere la subcategorización del verbo *"mandar"*. El sintagma preposicional $[_{SP}\ h_{iii}]$, a pesar de aparecer en la subcategorización de dicho verbo, MANDAR, V [__ SN, SP], ocupará la posición de adjunto porque no se admite, dentro de la estructura arbórea de la teoría X', más de un complemento.

> ✎ EN PAREJAS. Analicen el movimiento del (de los) pronombre(s) clítico(s) en las oraciones a continuación. Luego, siguiendo el esquema de la teoría X', dibujen el árbol sintáctico correspondiente.
>
> 1. *Le prometieron una respuesta para lunes.*
> 2. *Se lo dieron una semana más tarde.*
> 3. *Nunca le perdonó el engaño.*

1.10.7. LA DUPLICACIÓN DE CLÍTICOS

En los ejemplos anteriores analizamos la estructura de una oración que contiene un pronombre clítico y un complemento nulo. El análisis de movimiento nos causa ciertos problemas con respecto a la reiteración de pronombres clíticos. Cuando se considera el ejemplo en (1), vemos que si tenemos un pronombre clítico *"le"* originándose en la posición posverbal de adjunto, entonces, ¿de dónde surge el sintagma completo *"a Soledad"*? La solución es bastante sencilla. La *duplicación de clíticos* en español corresponde a la aparición de elementos correferentes, el clítico y su sintagma completo correspondiente.

(1) [$_{CL}$ *Le*$_i$] dieron el premio [$_{SP}$ *a Soledad*$_i$].

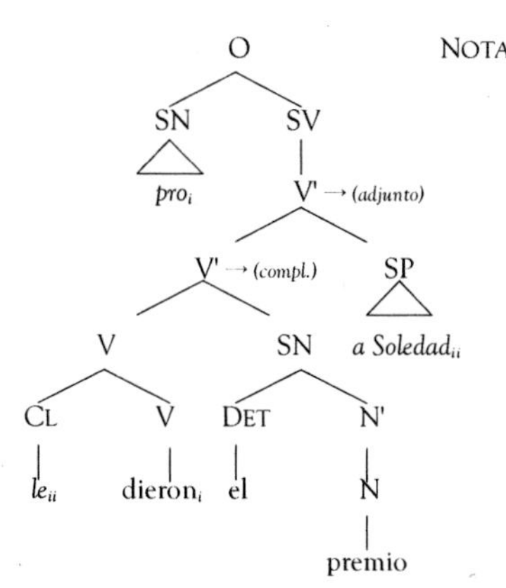

NOTAS:

- El sujeto es un SN cuyo núcleo es un pronombre vacío *pro*$_i$ que lleva un subíndice que lo refiere al SV [$_{SV}$ *dio*$_i$] con copia de los rasgos de concordancia correspondientes.
- El clítico [$_{CL}$ *le*$_{ii}$] lleva un subíndice que lo refiere al SP [$_{SP}$ *a Soledad*$_{ii}$], un caso de duplicación con copia de los rasgos de concordancia.
- El sintagma nominal [$_{SN}$ *el premio*] está en posición de complemento del SV, porque así lo requiere la subcategorización del verbo *"dar"*. El sintagma preposicional [$_{SP}$ *a Soledad*], aunque aparece en la subcategorización de dicho verbo, DAR, V [__ SN, SP], ocupará la posición de adjunto porque no se admite, dentro de la estructura arbórea de la teoría X', más de un complemento.

En el caso de duplicación anterior, el sintagma preposicional posverbal *"a Soledad"* se encuentra adjunto al verbo *"dar"* mientras que el clítico *"le"* correspondiente se halla en posición preverbal. Semejantemente, no se puede hablar de movimiento en el caso a continuación (2), sino de duplicación de clítico con copia de los rasgos de concordancia. Es decir, el pronombre clítico *"les"*, que concuerda con el adjunto *"a sus padres"* en posición posverbal, aparece dentro del núcleo del sintagma verbal bajo el nódulo "CL".

(2) Sasha [$_{CL}$ *les*$_i$] pidió el coche [$_{SP}$ *a sus padres*$_i$].

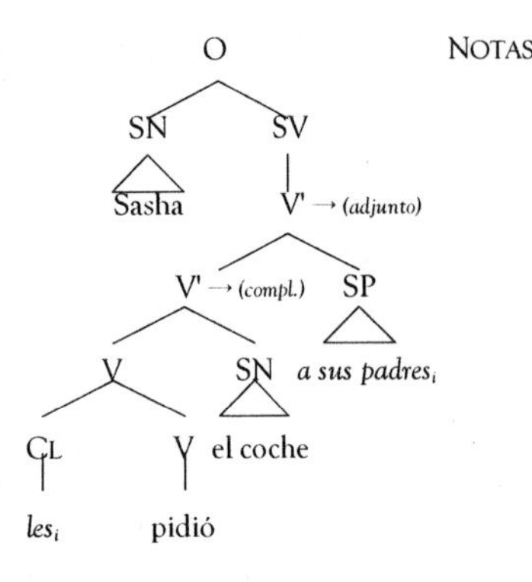

NOTAS:
- El clítico [$_{Cl}$ *le*$_{ii}$] lleva un subíndice que lo refiere al SP [$_{SP}$ *a sus padres*$_i$], un caso de duplicación con copia de los rasgos de concordancia.
- El sintagma nominal [$_{SN}$ *el coche*] queda en posición de complemento porque así lo requiere la subcategorización del verbo "*pedir*". El sintagma preposicional [$_{SP}$ *a sus padres*], aunque aparece en la subcategorización de dicho verbo, DAR, V [__ SN, SP], ocupará la posición de adjunto porque no se admite, dentro de la estructura arbórea de la teoría X', más de un complemento.

Por otro lado, la duplicación de clíticos con pronombres de objeto directo no es tan común en el español estándar y más bien se vincula a la *focalización* del sintagma nominal[30]. Con el propósito de no dificultarnos las cosas, podemos proponer el siguiente análisis para la oración en (4).

(4) [$_{SN}$ *La idea*]$_i$ [$_{CL}$ *la*]$_i$ tuvo Alexi.

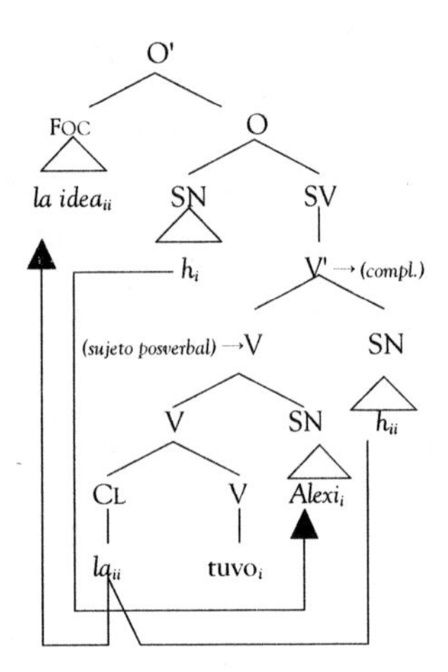

[30] Kiss, K. (1998). Identificational focus versus information focus. *Language* 74(2): 245-273.

EN PAREJAS. Analicen el caso de duplicación del pronombre clítico en las oraciones a continuación. Luego, siguiendo el esquema de la teoría X', dibujen el árbol sintáctico correspondiente a cada una.

1. *Se lo aconsejó a su hermano menor.*
2. *No le regaló nada a su papá para la fiesta de los padres.*

1.11. LA CLASIFICACIÓN DE VERBOS

1.11.1. LOS VERBOS TRANSITIVOS, INTRANSITIVOS Y DITRANSITIVOS

Los verbos *intransitivos* son aquellos que no requieren de ningún complemento, aunque pueden aparecer con uno o más adjuntos (1-3).

(1)	*Estuvo durmiendo* Delfina toda la tarde.	DORMIR, V [__ (SADV)]
(2)	Eusebio *vive* muy cerca de aquí.	VIVIR, V [__ (SP)]
(3)	*Llegó* temprano Olivia.	LLEGAR, V [__ (SADV)]

Los verbos TRANSITIVOS, por otra parte, requieren de un complemento. Dado su subcategorización como verbo transitivo, el verbo *"escuchar"* requiere un complemento —en este caso *"la radio"*. El sintagma preposicional *"por la mañana"*, por su parte, no es más que un adjunto.

(4)	Lupe escucha *la radio* por la mañana.	ESCUCHAR, V [__ SN, (SADV)]

La manera de distinguir el complemento directo del indirecto es que el directo puede ser sustituido por el correspondiente pronombre átono *"lo"*, *"la"*, *"los"* o *"las"*.

(5) *La* escucha por la mañana.

Los verbos como *"dar"*, *"regalar"*, *"mandar"* y *"enseñar"* son *ditransitivos* y requieren de un complemento indirecto que puede ser duplicado y/o sustituido por un pronombre átono *"me"*, *"te"*, *"le"*, *"nos"*, *"les"* o *"se"*.

(6)	*Le* dio la mala noticia *a Adán*.	DAR, V [__ SN, SP]
(7)	*Se* la dio.	

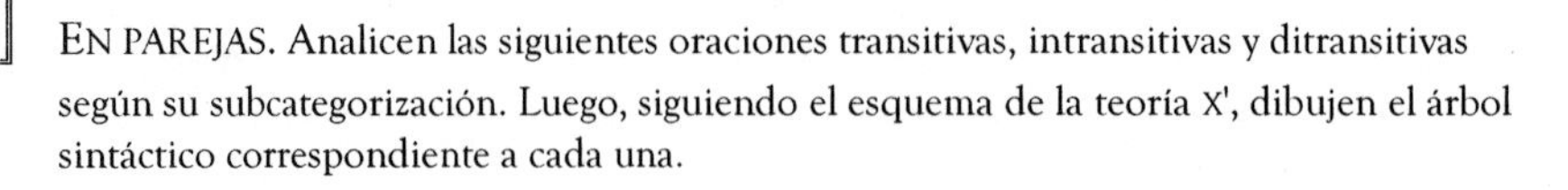

EN PAREJAS. Analicen las siguientes oraciones transitivas, intransitivas y ditransitivas según su subcategorización. Luego, siguiendo el esquema de la teoría X', dibujen el árbol sintáctico correspondiente a cada una.

1. *Encontró un paquete en la puerta.*
2. *Te presento a Federico.*
3. *Paseaban por el sendero los enamorados.*

1.11.2. LOS VERBOS PREPOSICIONALES

Existen verbos como "*asistir a*", "*carecer de*", "*consistir en*" y "*soñar con*" cuyo complemento preposicional no es opcional, sino que tiene que aparecer en la oración.

(1a) Noemía *carece de* voluntad.
(2a) El espectáculo *consiste en* obras de Mozart.
(3a) Marta *se olvidó de* llamarlo.
(4a) Su personalidad *choca con* la de Rubén.
(5a) Alicia *se animó a* participar en la discusión.
(6a) Rosario y Teresa *soñaron con* tener hijos.

(1b)* Noemia *carece* [Ø] voluntad.
(2b)* El espectáculo *consiste* [Ø] obras de Mozart.
(3b)* Marta *se olvidó* [Ø] llamarlo.
(4b)* Su personalidad *choca* [Ø] la de Rubén.
(5b)* Alicia *se animó* [Ø] participar en la discusión.
(6b)* Rosario y Teresa *soñaron* [Ø] tener hijos.

Para explicar la presencia de la preposición en verbos de este tipo, Demonte (1991) plantea la existencia de *verbos preposicionales* para el español[31]. Según esta autora, dichos verbos tienen dos argumentos internos, los cuales forman una cláusula mínima con sujeto derivado. En Álvarez (1994), por otra parte, se propone un mecanismo sintáctico que permite transformar los objetos indirectos en objetos directos a través de la incorporación de la preposición al verbo[32].

Para nuestro propósito introductorio, vamos a decir que, en el caso de los verbos preposicionales, la preposición se incorpora al verbo al nivel del léxico, formando así una sola unidad en la estructura arbórea (5).

---

[31] Demonte, V. (1991). La realización sintáctica de los argumentos: el caso de los verbos preposicionales. En: Demonte, V. (ed.), *Detrás de la palabra. Estudios de gramática española.* Madrid: Alianza Universidad, 69-115.

[32] Álvarez, J. (1994). *Estudios de Lingüística Guajira.* Maracaibo: Ediciones Astro Data.

(5) Noemía *carece de* voluntad.

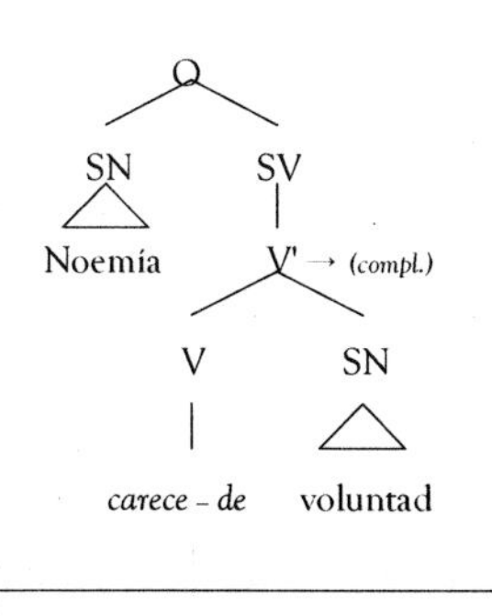

EN PAREJAS. Analicen las oraciones con verbo preposicional a continuación. Luego, siguiendo el esquema de la teoría X', dibujen el árbol sintáctico correspondiente a cada una.

1. *Olga no confía en Patricio.*
2. *Damián votó por el mejor candidato.*
3. *Esperanza asistirá al taller de este lunes.*

1.11.3. LAS PERÍFRASIS VERBALES

Existen oraciones que aparentan tener más de un verbo pero que en realidad se consideran oraciones simples, por ejemplo, las oraciones con verbos *auxiliares* como "*estar*" o "*haber*". Las oraciones en (1-2) constan de un solo predicado y por lo tanto, forman una sola entidad sintáctica con el verbo.

(1) Ximena [$_{SV}$ [$_{V}$ *está mirando*]] un DVD en su despacho.

(2) Yalena [$_{SV}$ le [$_{V}$ *ha comprado*]] un regalo para su cumpleaños.

También forman una sola unidad sintáctica los verbos *modales* tales como "*deber*", "*poder*" y "*soler*" (3).

(3) Eva [$_{SV}$ [$_{V}$ *suele venir*]] por la tarde.

Las oraciones en (1-3) son perífrasis verbales. Una perífrasis verbal va compuesta de por lo menos dos formas verbales, la primera funcionando como auxiliar y la segunda, ya sea como infinitivo, gerundio o participio, actuando como núcleo del sintagma verbal. Las perífrasis pueden venir con los nexo "*a*", "*de*" y "*que*" (4-7), o sin nexo (8-10). En todos los casos de *perífrasis verbales* (1-10), tanto el auxiliar como el infinitivo, gerundio o participio aparecen bajo un mismo sintagma verbal.

(4) Mateo [$_{SV}$ [$_{V}$ *va a tirar*]] esos zapatos viejos a la basura.

(5) Sabina [$_{SV}$ [$_{V}$ *acaba de romper*]] su compromiso con Ricardo.

(6) Virginia [$_{SV}$ [$_{V}$ *tiene que pagar*]] otra vez.

(7) Nacho [$_{SV}$ [$_{V}$ *debe de* tomar] su medicina.

(8) Gloria [$_{SV}$ [$_{V}$ *ha descargado*]] la canción.

(9) Lucas [$_{SV}$ [$_{V}$ *debe saber*]] algo.

(10) Beatriz [$_{SV}$ siempre [$_{V}$ *se está quejando*]] de todo.

A veces resulta difícil distinguir entre una perífrasis verbal y una combinación de dos elementos verbales que, en realidad, pertenecen a una oración compuesta. En el caso de un verbo como "*tener*", sabemos con seguridad que forma parte de una perífrasis verbal si éste ha perdido algo de su significado original[33]. Por ejemplo, en la oración "*tengo que decirte algo*", el verbo "*tener*" ya no se puede interpretar en el sentido de 'posesión'. Otra manera de comprobar su pertenencia al grupo de las construcciones perisfrásticas es asegurarse de que el segundo elemento verbal no pueda funcionar como complemento directo del primero. En el caso de "*debo hacerlo*", la forma "*hacerlo*" no desempeña la función de complemento de "*deber*", por lo que podemos comprobar su estatus de perífrasis verbal. En una oración como "*quiero bailar*", por otro lado, el verbo "*bailar*" actúa como complemento directo de la forma "*quiero*" y, tenemos en este caso una oración subordinada[34].

EN PAREJAS. Analicen las oraciones con perífrasis verbal a continuación. Luego, siguiendo el esquema de la teoría X', dibujen el árbol sintáctico correspondiente a cada una.

1. *Lo hemos hecho.*
2. *Nunca debes callar la verdad.*
3. *Consuelo ya no puede esperar.*

1.11.4. LOS VERBOS COPULATIVOS

Sintácticamente, las oraciones copulativas, cuyo núcleo contienen verbos como "*ser*", "*estar*" y "*parecer*", no tienen la misma estructura que los verbos que hemos estudiado hasta ahora. Desde el punto de vista semántico, decimos que un verbo copulativo sirve de vincule entre el sujeto y su atributo –función sintáctica que desempeña normalmente un

[33] www.asmadrid.org/spanish/gram/perifras.htm

[34] Véanse a Fernández de Castro para una clasificación de las distintas perífrasis verbales. Fernández de Castro, F. (1990). *Las perífrasis verbales en español*. Universidad de Oviedo, Departamento de Filología Española.

adjetivo o un sustantivo que, a través del verbo copulativo, le atribuye una cualidad o estado[35]. El verbo copulativo permite que dicho atributo pueda ser sustituido por el pronombre neutro "*lo*".

(1) *Fue un día maravilloso.* Eso sí, *lo fue.*

(2) Zoe ya *está harta.* De verdad, *lo está.*

(3) Esta niña *parece caprichosa.* Bueno, *lo pareció* ayer en la fiesta.

Una oración copulativa no admite nunca un complemento directo. Para no confundir el atributo con el complemento directo, se debe recordar que el complemento directo admite sustitución por los pronombres "*lo*", "*la*", "*los*" y "*las*", mientras que el atributo sólo puede hacerlo por el pronombre "*lo*".

(4) $[_{O}\ [_{SN}\ \textit{Victoria}_i]\ [_{SV}\ \text{parece}\ [_{CR}\ [_{SN}\ [h_i]\ [_{SADJ}\ \text{sensata}]]]]]$.

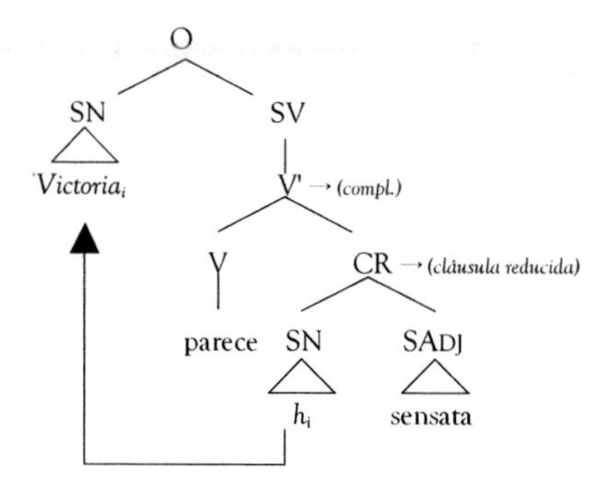

Nótense la posición del sujeto en la oración copulativa en (4), donde éste se ha desplazado desde su ubicación dentro de la cláusula reducida.

EN PAREJAS. Analicen las oraciones copulativas a continuación. Luego, siguiendo el esquema de la teoría X', dibujen el árbol sintáctico correspondiente a cada una.

1. *Verónica es la vecina de Graciela.*
2. *Carmen estaba embarazada.*

[35] Gómez Torrego, L. (2004). *Análisis sintáctico. Teoría y práctica.* Madrid: Ediciones SM, sección 6.3.

1.12. Los diferentes usos de "*se*"

El pronombre átono "*se*" desempeña distintas funciones según su estructura: "*se*" reflexivo, "*se*" recíproco, "*se*" léxico, "*se*" pasivo, "*se*" impersonal, "*se*" de dativo y "*se*" de objeto indirecto. Puesto que se asocian varias funciones sintácticas al uso del pronombre "*se*", puede resultar difícil distinguir con claridad entre algunas de ellas y a menudo se produce ambigüedad entre diferentes posibles interpretaciones. Ilustramos en esta sección las propiedades de cada una de estas funciones, así que las características sintácticas que las distinguen.

1.12.1. El "*se*" reflexivo

En el ejemplo "*Nicolás se afeitó*", la acción del verbo "*afeitar*" la produce y la recibe a la vez el sujeto "*Nicolás*". A este tipo de "*se*" se lo denominamos "*se*" *reflexivo*. Desempeña la misma función de pronombre de objeto directo o indirecto que lo haría un sustantivo en una oración transitiva equivalente no reflexiva. En las reflexivas, "*se*" suele ir acompañado del refuerzo "*a sí mismo*". Semánticamente, estas estructuras constan de un agente, que en este caso es "*Nicolás*", y un experimentador "*se*", idénticos en referencia.

(1) $[_{O}[_{SN}$ Nicolás $[_{SV}[_{CL}$ *se*$_i]$ afeitó $[_{SN}$ *h*$_i]]]]$.

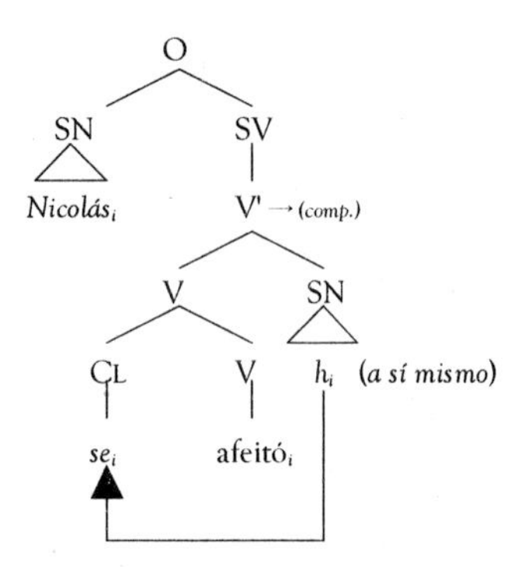

De lo contrario, si hay otro sintagma nominal dentro de la oración que cumpla la función de complemento directo el "*se*" ocupa la posición adjunta de complemento indirecto. Semánticamente, la estructura en (2) contiene un agente, que en este caso es "*Alejandra*", un objetivo "*las manos*" y un dativo "*se*", idénticos el agente y el dativo en su referencia.

(2) $[_{O} [_{SN}$ *Alejandra*$_i$ $[_{SV} [_{CL}$ *se*$_i$ $[_{V}$ lava $[_{SN}$ *h*$_i$ $[_{SN}$ las manos$]]]]]]]$.

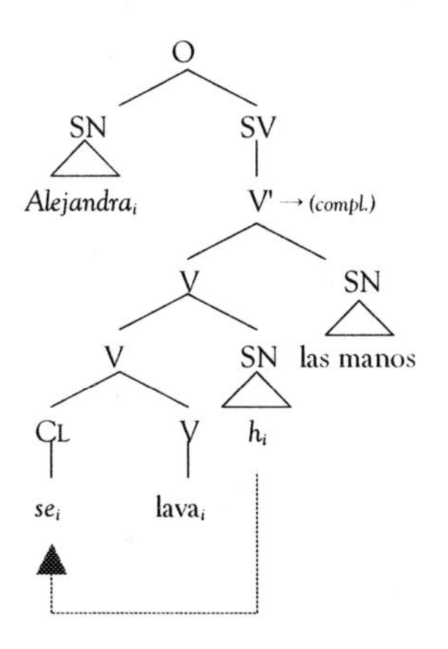

1.12.2. El "se" recíproco

Como en el caso del *"se"* reflexivo, el sujeto del *"se" recíproco* es al mismo tiempo agente y paciente, ambos realizando y recibiendo la acción mutuamente. A diferencia de las oraciones reflexivas, a las recíprocas les podemos añadir el sintagma preposicional *"el uno al otro"*, *"el uno con el otro"*, etc.

(1) El narcisista siempre *se mira* (a sí mismo) en el espejo. → *se* reflexivo

(2) Trinidad y Úrsula *se admiran* mucho (la una a la otra). → *se* recíproco

Como en el caso de las reflexivas, las construcciones recíprocas constan de un agente, que en este caso es *"Trinidad y Úrsula"* y un experimentador *"se"*, idénticos en cuanto a su referencia. Sin embargo, se diferencian por su sujeto coordinado o plural. También es preciso notar que el constituyente $[_{SN}$*Trinidad y Úrsula*$]$ está invertido en $[_{SN}$ *se*$]$: *"Trinidad y Úrsula"* → *"Úrsula y Trinidad"*. Dicho de otra manera, *"Trinidad admira a Úrsula"* —y no a sí misma, y vice versa.

(3) [$_{O}$ [$_{SN}$ *Trinidad y Úrsula*$_i$ [$_{SV}$ [$_{CL}$ *se*$_i$ [$_{V}$ admiran [$_{SN}$ *h*$_i$ [$_{SADV}$ mucho]]]]]].

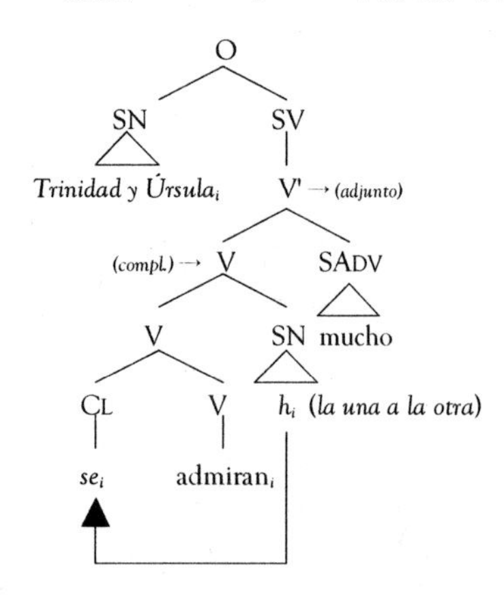

La oración en (4) es ambigua. Para dar cuenta de la ambigüedad analizaremos la oración en (5) como una construcción reflexiva donde se puede desdoblar el reflexivo con la forma "*a sí mismos*", mientras que en (6), por tratarse de una construcción recíproca, el desdoblamiento se realiza mediante la forma "*el uno al otro*" o el adverbio "*mutuamente*"[36].

(4) Héctor y Hilda *se calmaron*.

(5) Se calmaron *a sí mismos*.

(6) Se calmaron *mutualmente*.

(7) [$_{O}$ [$_{SN}$ *Héctor y Hilda*$_i$ [$_{SV}$ [$_{CL}$ *se*$_i$ [$_{V}$ calmaron [$_{SN}$ *h*$_i$]]]]]].

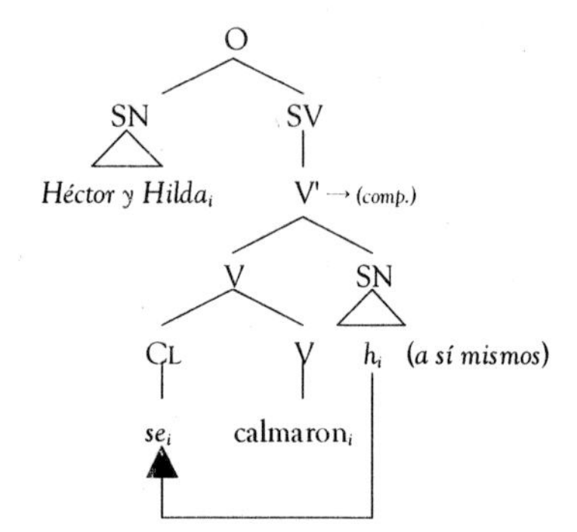

[36] Bobes Naves, M. (1974). Construcciones castellanas con "se". Análisis transformacional. *Revista Española de Lingüística* 4: 124.

(8) $[_O [_{SN}$ *Héctor y Hilda*$_i$ $[_{SV} [_{CL}$ *se*$_i$ $[_V$ calmaron $[_{SN}$ *h*$_i$$]]]]]]$.

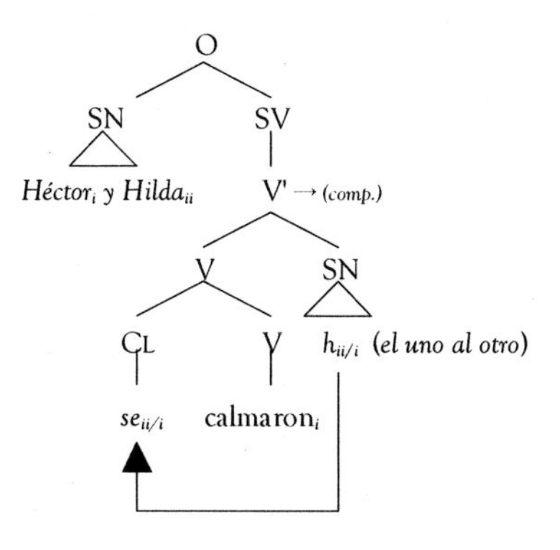

1.12.3. EL "SE" LÉXICO

Debemos distinguir también entre aquellos verbos que pueden usarse de forma reflexiva (1) o no reflexiva (2) —*"bañar/bañarse"*, *"levantar/levantarse"*, *"mirar/mirarse"*, *"separar/separarse"*, etc., y los que sólo existen en su forma reflexiva (3) —*"arrepentirse"*, *"jactarse"*, *"quejarse"*, etc. El *"se"* de estas últimas construcciones se denomina *"se" léxico* para diferenciarlo de los anteriores.

(1) Rosalinda *se bañó* primero.

(2) Luego *bañó* al niño.

(3) Guillermo *se quejó* del montón de tarea que tenía.

Un fenómeno que lo diferencia de las forma reflexivas, es que el *"se"* léxico sólo es permutable con los pronombres *"me"*, *"te"*, *"se"* y *"nos"* (4), pero no con las formas *"lo"* y *"la"* (5) que encontramos en las formas reflexivas (6)[37].

(4) *Se arrepiente* Lisa.

(5) **Lo arrepiente* Lisa.

(6) *Lo bañó*.

Los verbos que no conocen otra forma que la reflexiva corresponden más bien a unidades léxicas, lo cual sugiere que el pronombre podría pertenecer al lexema verbal como unidad morfémica. De hecho, el que no existan formas verbales como *"arrepentir"*, *"jactar"* o *"quejar"* (7) nos incita a pensar que podría tratarse de un morfema[38].

(7) *Francisca nunca *queja*.

---

[37] Alarcos Llorach (1994). *Gramática de la lengua española*. Madrid: Espasa-Calpe, 221.

[38] Contreras, L. (1966). Significados y funciones de "se". *Zeitschrift für Romanische Philologie* 82: 302.

Otra característica de las construcciones con *"se"* léxico es que suelen estar accompañado de un complemento sintagma preposicional como se puede apreciar en (8).

(8) $[_{O}[_{SN}$ Javier $[_{SV}$ *se* quejó $[_{SP}$ de Anabela]]]].

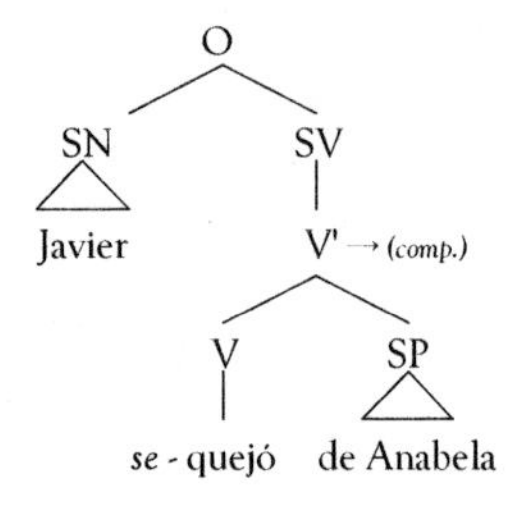

1.12.4. EL *"SE"* PASIVO

En una oración activa (1), el sujeto es agente, mientras que en una oración pasiva (2) éste es paciente. En otras palabras, una oración pasiva tiene un sujeto paciente, que en vez de realizar la acción del verbo, la recibe.

(1) La piscina abre hoy.

(2) Hoy *se* abre la piscina.

El elemento más destacable para reconocer el *"se" pasivo* es la concordancia que se establece entre el sujeto paciente y el verbo. Cuando la concordancia se da en plural, no hay ninguna duda –se trata de una construcción pasiva. Sin embargo, si la concordancia se da en singular, habrá que tenerse en cuenta el contexto general de la oración porque podría también tratarse de una oración impersonal.

(3)	Se *habla* francés en Canadá.	→	*se* impersonal	*One speaks French in Canada.*
		→	*se* pasivo	*French is spoken in Canada.*
(4)	Se *habla* francés e inglés en Canadá.	→	*se* impersonal	*One speaks French in Canada.*
(5)	Se *hablan* francés e inglés en Canadá.	→	*se* pasivo	*French and English are spoken in Canada.*

El *"se"* que aparece en oraciones pasivas (6) puede ser expresado por medio de un sintagma preposicional con núcleo *"por"* (7).

(6) Hoy *se firmó* la paz.

(7) Hoy *se firmó* la paz por los embajadores.

No tomando en cuenta, de momento, al adverbio *"hoy"*, una oración pasiva como la de (2) tiene la estructura en (8), donde el pronombre *"se"* se desplaza a la posición que le corresponde normalmente al sujeto[39]. El hecho de que el sintagma nominal [$_{SN}$ *la piscina*] pueda aparecer en posición posverbal se explica, como lo hemos visto en la sección 1.10.2., por la regla de libre inversión de sujeto–verbo, típica del español[40].

(2) [$_{O}$ [$_{SN}$ h_i [$_{SV}$ [$_{CL}$ h_{ii} Se_i abre [$_{SN}$ *la piscina*$_i$ [h_{ii}]]]]]].

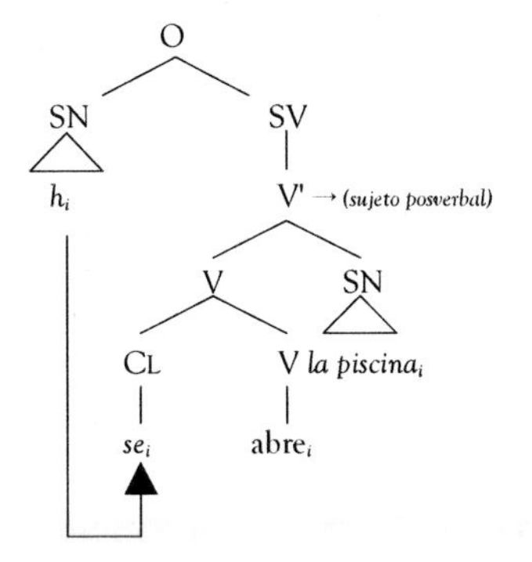

1.12.5. EL "SE" IMPERSONAL

A diferencia de las oraciones pasivas, las impersonales no admiten plural (2).

(1) *Se* invitó al Presidente de la universidad.

(2) *Se* invitó a todos los estudiantes graduados.

No obstante, como hemos visto en la sección anterior, el *"se" impersonal* puede fácilmente confundirse con el *"se"* pasivo cuando el referente toma la forma del singular (3).

(3)	*Se* vende vino local aquí.	→ se impersonal	*One sells white wine here.*
		→ se pasivo	*White wine is sold here.*

A la hora de analizar las oraciones impersonales suponemos que su sujeto es un elemento pronominal vacío, pero que a diferencia del que analizamos anteriormente, se trata de un *pro expletivo* (4)[41].

---

[39] La propuesta, tal como la formula Belletti (1982) para el italiano, es que *"se"* recibe el papel temático de agente que le corresponde normalmente a la posición de sujeto y absorbe el caso acusativo del verbo dejando a [$_{SN}$ *la paz*] sin caso, por lo cual el SN tiene que desplazarse a la posición sujeto para recibirlo.

[40] La inversión sujeto-verbo es una de las propiedades del parámetro del sujeto nulo. Chomsky, N. (1981). *Lectures on government and binding*. Dordrecht, Reidel.

[41] Véanse de Miguel y Fernández Soriano para una propuesta de que el *"se"* impersonal crea oraciones ergativas en español. De Miguel, E. & Fernández Soriano, O. (1988). Proceso-acción y ergatividdad: las construcciones impersonales en castellano. En *Actas del 111 Congreso de Lenguajes Naturales y Lenguajes Formales*, Universidad de Barcelona, 643-651.

(4) [$_{O}$ [$_{SN}$ *pro expletivo* [$_{SV}$ [$_{CL}$ *Se* vive [$_{SADV}$ *bien*].

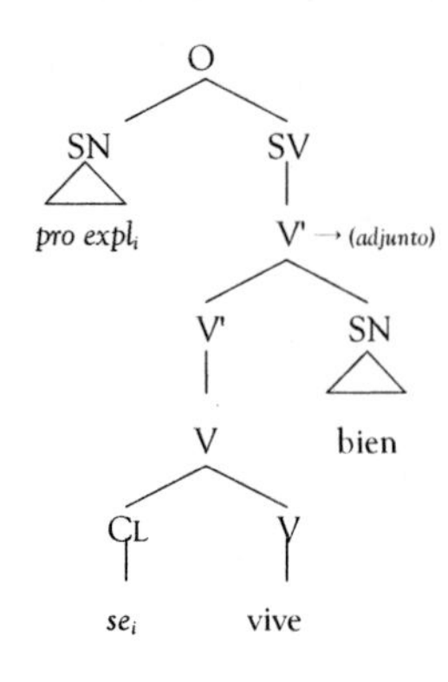

1.12.6. El "*se*" dativo de interés

Como vemos en (1) y (3) las construcciones con *"se" dativo* cumple una función afectiva o enfática y, como se puede constatar en los ejemplos (2) y (4), es totalmente opcional desde el punto de vista gramatical[42].

(1) Evangelina *se comió* una ensalada riquísima.

(2) Evangelina *comió* una ensalada riquísima.

(3) Maxim *se bebió* toda la botella.

(4) Maxim *bebió* toda la botella.

A diferencia de las reflexivas, las oraciones de este tipo no permiten el refuerzo reflexivo (3-4).

(3) Luz *se comió* todo el pastel.

(4) * Luz *se comió* [a sí misma] todo el pastel.

Por no tratarse de una estructura reflexiva, tampoco puede aparecer el refuerzo reflexivo en una estructura como la de (5).

[42] Este *"se"* es interpretado como benefactivo según la teoría de los casos de Fillmore. Fillmore, C. (1968). The case of case. *Universals in Linguistics Theory*. New York: Holt, Richart and Winston, 30.

(5) $[_{O} [_{SN}$ *Luz*$_i$ $[_{SV} [_{CL}$ *se*$_i$ $[_{V}$ comió $[_{SN}$ *h*$_i$ $[_{SN}$ el pastel$]]]]]]]$.

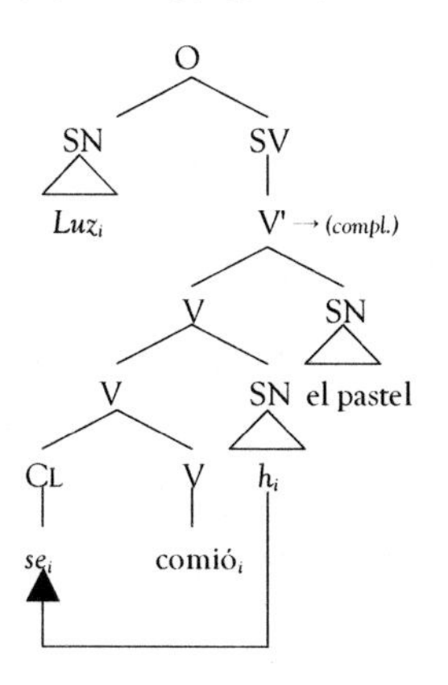

El tipo de construcción que se ofrecen en (1-3) y (5-6) tienen un sintagma nominal experimentador —"*Evangelina*", "*Maxim*", "*Luz*", "*Cristóbal*"; un sintagma nominal objetivo —"*una ensalada riquísima*", "*toda la botella*", "*el pastel*", "*la clavícula*", etc.; y un sintagma dativo "*se*". El SN experimentador y el "*se*" de dativo tienen la misma referencia.

(6) Cristóbal *se rompió* la clavícula.

(7) * Cristóbal *se rompió* la clavícula [a sí mismo].

1.12.7. EL "SE" DE OBJETO INDIRECTO

Otro tipo de "*se*", que recibe el nombre de "*se*" *de objeto indirecto*, corresponde al pronombre "*le*" o "*les*" que aparece junto al pronombre de complemento directo de tercera persona "*lo*", "*la*", "*los*" y "*las*". Cuando concurren dos pronombres personales de tercera persona, uno directo, el otro indirecto, este último se muta en el alomorfo "*se*", como vemos en los casos a continuación, donde tenemos "*se lo di*" en lugar de *"*le lo di*" y "*se lo devolvió*" en lugar de *"*les lo devolvió*".

(1a)	Le di un regalo.	(1b)* Le lo di.	→	*Se* lo di.
(2a)	Les devolví el dinero prestado a mis padres.	(2b)* Les lo devolví.	→	*Se* lo devolví.

De cierto modo, se podría considerar el "*se*" de objeto indirecto como una anomalía, ya que en los casos anteriores, "*se*" tiene como función la de remitir al sujeto del verbo, como por ejemplo en "*Nicolás se afeitó*", mientras que el pronombre "*le*" en (5) se asocia con el destinatario. La estructura arbórea para "*Se lo devolvió*", como hemos visto en la sección sobre los clíticos, sería la siguiente (6).

(5) Le devolvió el dinero a sus padres.

(6) $[_{SN}\ pro_i\ [_{SV}\ [_{CL}\ Se_{iii}\ [_{Cl}\ lo_{ii}\ [_{V}\ \text{devolvió}_i\ [_{SN}\ h_{ii}\ [_{SP}\ h_{iii}]]]]]]]$.

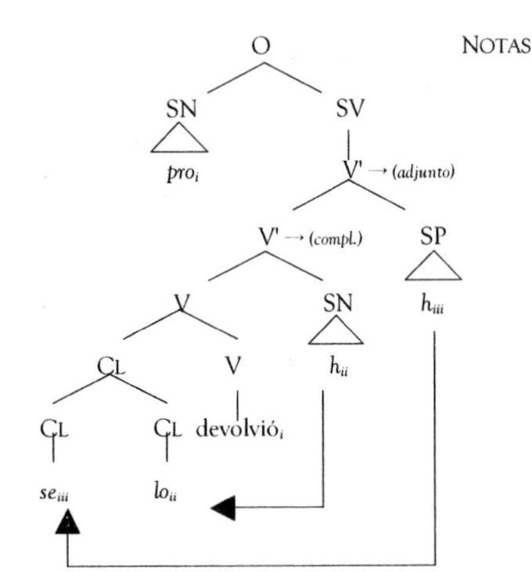

NOTAS:

- El sujeto es un pronombre vacío pro_i que lleva un subíndice que lo refiere al verbo $[_{SV}$ *devolvió*$_i]$ con copia de los rasgos de concordancia.
- El clítico $[_{CL}\ lo_{ii}]$ lleva un subíndice que lo refiere al SN $[_{SP}\ h_{ii}]$ en posición de complemento. Éste se ha trasladado a la posición preverbal por una regla de movimiento, dejando una huella en su posición posverbal.
- El clítico $[_{CL}\ se_{iii}]$ lleva un subíndice que lo remite a la huella $[_{SP}\ h_{iii}]$ que ha dejado en posición de adjunto dentro del SV.
- El sintagma nominal $[_{SN}\ h_{ii}]$ es complemento del núcleo del SV, porque así lo requiere la subcategorización del verbo *"devolver"*. El sintagma preposicional $[_{SP}\ h_{iii}]$, a pesar de aparecer en la subcategorización de dicho verbo, DEVOLVER, V [__ SN, SP], ocupará la posición de adjunto porque no se admite, dentro de la estructura arbórea de la teoría X', más de un omplemento.

EN PAREJAS. Clasifiquen los usos de *"se"* en las oraciones a continuación según su función sintáctica. Luego, siguiendo el esquema de la teoría X', dibujen el árbol sintáctico correspondiente a cada una.

1. *Se venden muebles baratos.*
2. *Se lo voy a decir.*
3. *Nunca se jactan de ser los mejores.*
4. *Se hizo daño.*
5. *Se come muy bien en este restaurante.*
6. *Rafael se tomó un café calentito.*
7. *Marina y Mónica se pelearon.*

1.13. LA ORACIÓN COORDINADA

Aunque la oración en (1) tiene un *sujeto coordinado*, debemos considerarla como simple porque ésta consta de un solo predicado.

(1) [$_{O}$ [$_{SN}$ [$_{SN}$ Maribel] y [$_{SN}$ Adrián]] [$_{SV}$ leyeron [$_{SN}$ [$_{SDET}$ [$_{CUANT}$ *todos* [$_{DET'}$ [$_{DET}$ *los* [$_{N}$ libros [$_{SP}$ de la lista]]]]]]]]].

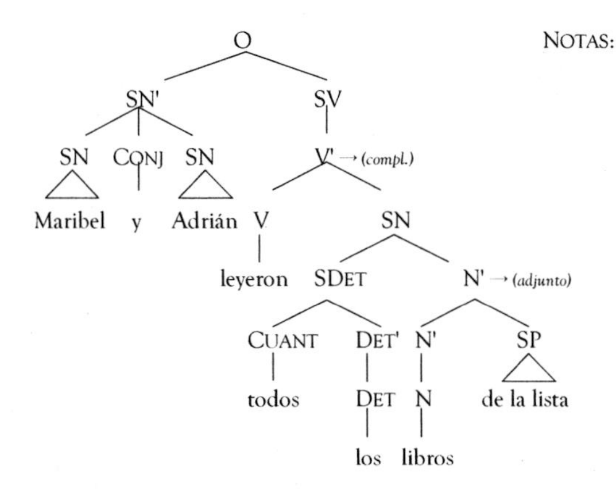

NOTAS:

- El sintagma nominal [$_{SN}$ *Maribel y Adrián*] está compuesto de dos sintagmas coordinados que van unidos por la conjunción copulativa "*y*", que introduce una relación semántica de adición entre ellas.
- La naturaleza transitiva del verbo "*leer*" requiere de un complemento –LEER, V [__ SN].
- La presencia del cuantificador "*todos*" justifica la necesidad de proveer un análisis más detallado del sintagma determinante –SDET → DET' → DET.
- El sintagma preposicional [$_{SP}$ *de la lista*] es adjunto del sintagma nominal [$_{SN}$ *los libros*] porque no está subcategorizada por el sustantivo "*libros*" –LIBROS, N [__ (SP)].

Las verdaderas oraciones *coordinadas* son el resultado de la unión de dos o más oraciones independientes a través de un nexo de tipo "*y*" u "*o*". Las oraciones coordinadas se clasifican en diferentes grupos, según su elemento conjuntivo: las copulativas, las disyuntivas, las adversativas y las yuxtapuestas. Las *coordinadas copulativas* aparecen con las conjunciones "*y*" o "*ni*" (2).

(2) [$_{O'}$ [$_{O}$ Gustavo lavó la ropa] y [$_{O}$ Matilda la planchó]].

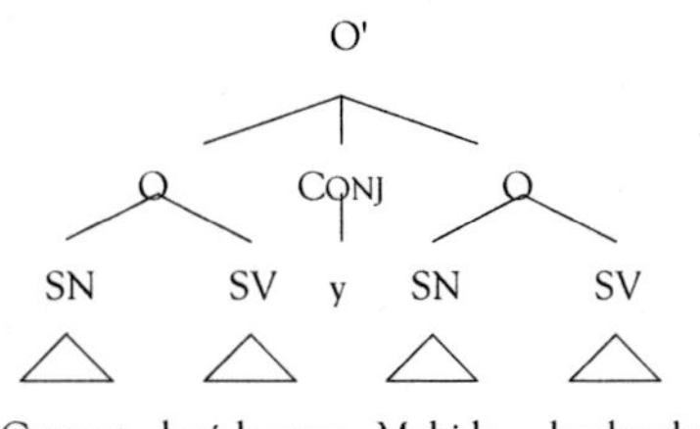

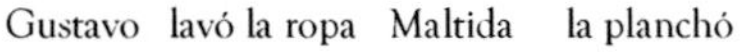

El nexo conjuntivo con que se asocia con las *coordinadas disyuntivas* es "*o*" y la estructura sintáctica de una oración coordinada disyuntiva es la que aparece en (3).

(3) [$_{O'}$ [$_{O}$ *pro*$_{i}$ Nadaré$_{i}$] *o* [$_{O}$ *pro*$_{i}$ bucearé$_{i}$]].

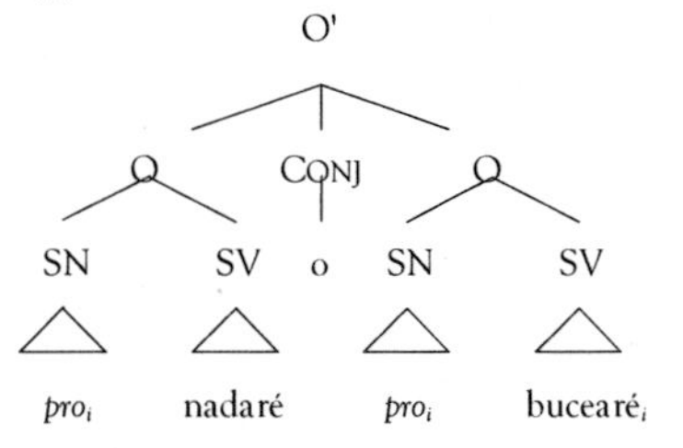

Las *coordinadas adversativas*, por su parte, son el resultado de la unión de dos o más oraciones mediante los nexos "*pero*", "*sino que*", "*sin embargo*", etc. (4).

(4) [$_{O'}$ [$_{O}$ *pro*$_i$ [$_{SV}$ *Lo*$_{ii}$ sé$_i$ [$_{SN}$ *h*$_{ii}$]]]] *pero* [$_{O}$ *pro*$_i$ [$_{SV}$ no *los*$_{iii}$ quiero$_i$ [$_{SN}$ *h*$_{iii}$]]]].

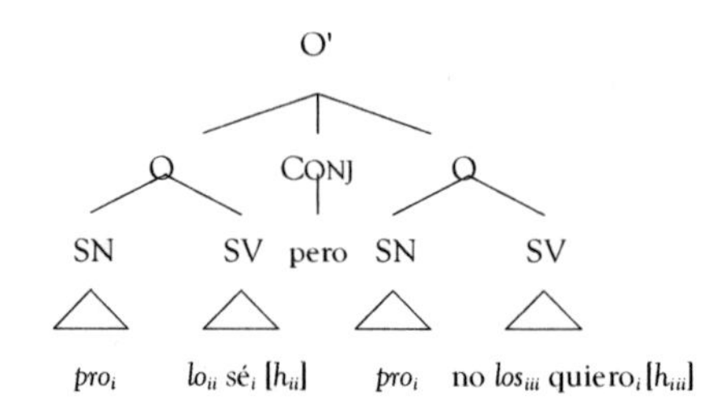

Con el fin de repasar lo que hemos visto hasta ahora, consideramos la oración en (5). Ésta tiene una estructura coordinada adversativa cuyas oraciones van unidas por una conjunción coordinada adversativa —[$_{O'}$ [$_{O}$ ...] *sin embargo* [$_{O}$ ...]]. La subordinada nominal, que ocupa la misma posición que lo haría un sustantivo en una oración sencilla —*creer* [$_{SN}$ *algo*], está en posición de complemento porque está seleccionado semanticamente por el verbo "*creer*" —CREER, V [__ SN /O']. La conjunción "*que*", bajo el complementante (COMP), está en posición de especificador de la oración con barra. El sujeto de la subordinada, cuyo núcleo es una proforma vacía *pro*$_i$, corresponde al sujeto, tanto de la forma verbal "*aprobará*" como el de los verbos "*cree*" y "*sacará*" de la oración principal y lleve, por consiguiente, un subíndice que lo remite a "*Lolita*". Como el verbo "*sacar*" es transitivo, requiere del sintagma nominal [$_{SN}$ *una* (*mala*) *nota*] que ocupa la posición de complemento dentro de la estructura X '. El adjetivo "*mala*", por su parte, está en posición de adjunto porque no está seleccionado semanticamente por el sustantivo "*nota*", como tampoco lo es el sintagma preposicional [$_{SP}$ *en sintaxis*], que no está subcategorizada por el verbo "*sacar*" y, por lo tanto, es adjunto. La naturaleza transitiva del núcleo del sintagma verbal [$_{V}$ *aprobará*] demanda un complemento — APROBAR, V [__ SN]. El sintagma preposicional [$_{SP}$ *sin problema*], sin embargo, es un adjunto porque no está especificado en la subcategorización de dicho verbo.

(5) [$_{O'}$ [$_{O}$ Lolita cree que sacará una mala nota en sintaxis] *sin embargo* [$_{O}$ aprobará sin problema]].

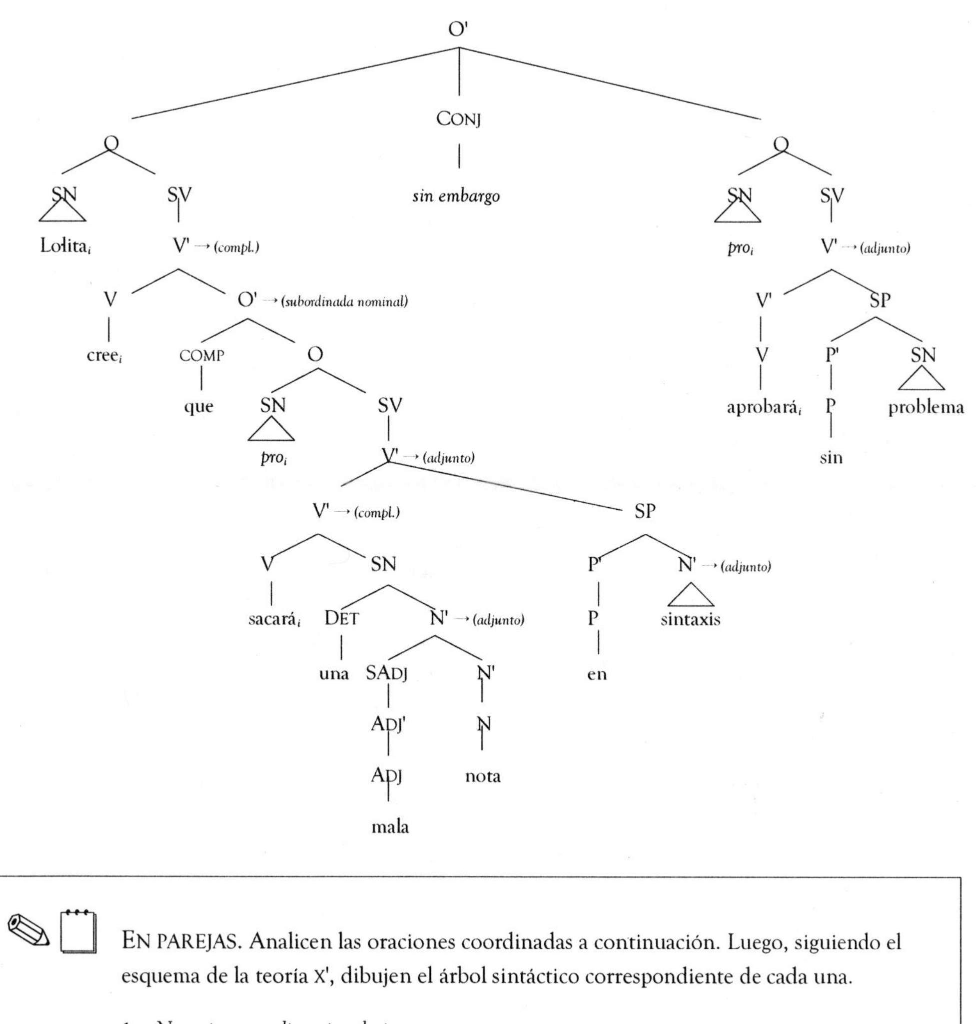

EN PAREJAS. Analicen las oraciones coordinadas a continuación. Luego, siguiendo el esquema de la teoría X', dibujen el árbol sintáctico correspondiente de cada una.

1. *No quiero estudiar ni trabajar.*
2. *No lo besó sino que le dio la mano.*

1.14. LA ORACIÓN SUBORDINADA

Las oraciones *subordinadas* dependen sintácticamente de otra oración, que denominamos *oración principal*. Las oraciones subordinadas son O', oraciones con barra, y suelen estar precedidas por un complementante. Hay tres tipos de oraciones subordinadas, dependiendo de su función: las sustantivas (1), las adjetivas (2) y las adverbiales (3).

(1) Leticia insistió en [$_{O'}$ que [$_{O}$ fuéramos al cine]].

(2) El niño [$_{O'}$ *que* [$_{O}$ *está allí*]] tiene gemelo.

(3) Jacinto nos llamó [$_{O'}$ *cuando* [$_{O}$ *estábamos en Roma*]].

1.14.1 LAS SUBORDINADAS NOMINALES

Las *subordinadas nominales* ocupan la misma posición que un sustantivo dentro de una oración sencilla. Como se puede comprobar en el ejemplo a continuación, el sustantivo, que se halla en posición de complemento (2), puede ser sustituido por una oración con barra que ocupa la misma posición (1).

(1) Quiero [$_{O'}$ *que* [$_{O}$ vengas]]. (2) Quiero [$_{SN}$ chocolate].

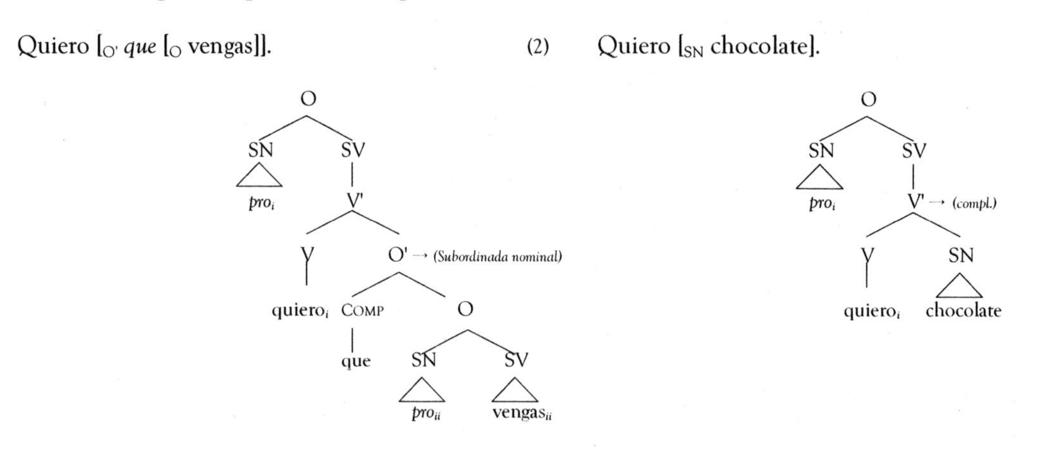

Las subordinadas sustantivas van encabezadas por un elemento distinto de "*que*" cuando son interrogativas (3-4).

(3) Paloma pegunt ó [$_{O'}$ *si* [$_{O}$ habíamos visto a Sebastián]].

(4) Tomasina quería saber [$_{O'}$ *con quién* [$_{O}$ había ido de viaje]].

Puesto que las subordinadas sustantivas ocupan la posición característica de un sustantivo, las subordinadas en (5) y (6) surgen como complemento del núcleo del sintagma verbal, con la conjunción "*que*" bajo el complementante en posición de especificador de la oración con barra.

(5) $[_{O}[_{SN}$ Pilar $[_{SV}$ sabe $[_{O'}$ que $[_{O}[_{SN}$ *pro*$_i$ $[_{SV}[_{CL}$ *la*$_{ii}$ $[_{V}$ amas$_i$ $[_{SN}$ *h*$_{ii}$ $[_{SP}$ con un amor profundo.]]]]]]]]]]

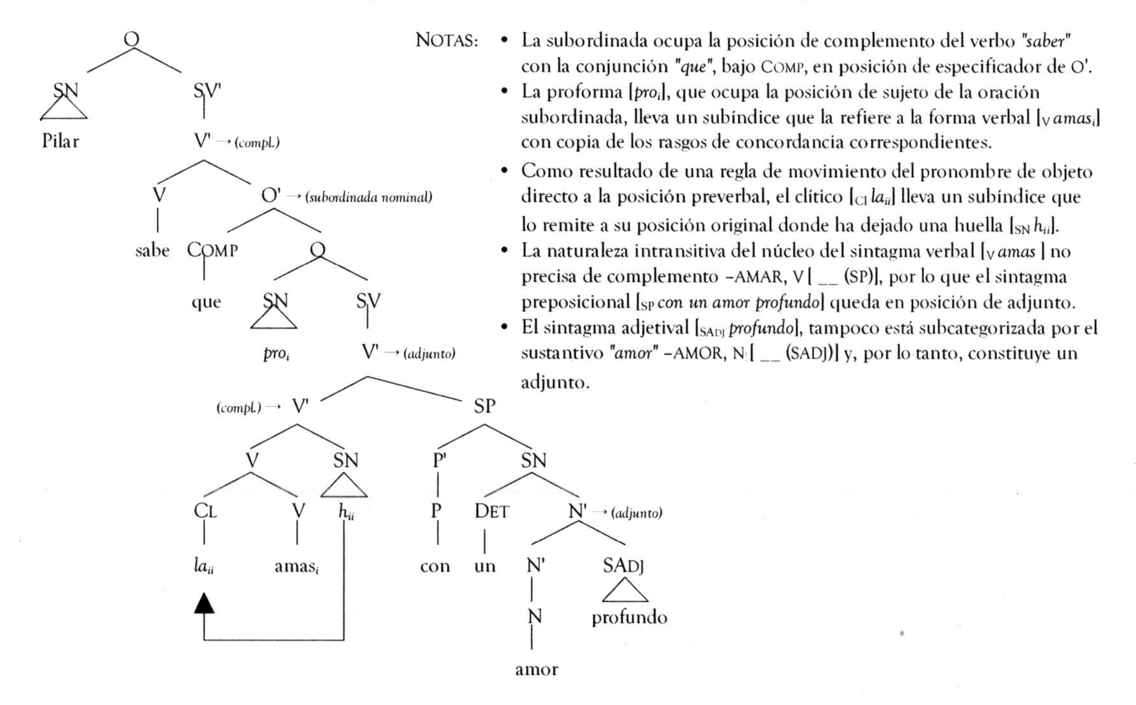

NOTAS:

- La subordinada ocupa la posición de complemento del verbo *"saber"* con la conjunción *"que"*, bajo COMP, en posición de especificador de O'.
- La proforma [*pro*$_i$], que ocupa la posición de sujeto de la oración subordinada, lleva un subíndice que la refiere a la forma verbal $[_{V}$ *amas*$_i$] con copia de los rasgos de concordancia correspondientes.
- Como resultado de una regla de movimiento del pronombre de objeto directo a la posición preverbal, el clítico $[_{CL}$ *la*$_{ii}$] lleva un subíndice que lo remite a su posición original donde ha dejado una huella $[_{SN}$ *h*$_{ii}$].
- La naturaleza intransitiva del núcleo del sintagma verbal $[_{V}$ *amas*] no precisa de complemento –AMAR, V [__ (SP)], por lo que el sintagma preposicional $[_{SP}$ *con un amor profundo*] queda en posición de adjunto.
- El sintagma adjetival $[_{SADJ}$ *profundo*], tampoco está subcategorizada por el sustantivo *"amor"* –AMOR, N [__ (SADJ)] y, por lo tanto, constituye un adjunto.

(6) $[_{O}[_{SN}$ Genoveva $[_{SV}$ soñó $[_{O'}$ que $[_{O}[_{SN}$ *h*$_i$ $[_{SV}$ llegaba $[_{SN}$ *su príncipe azul*$_i$]]]]]]]].

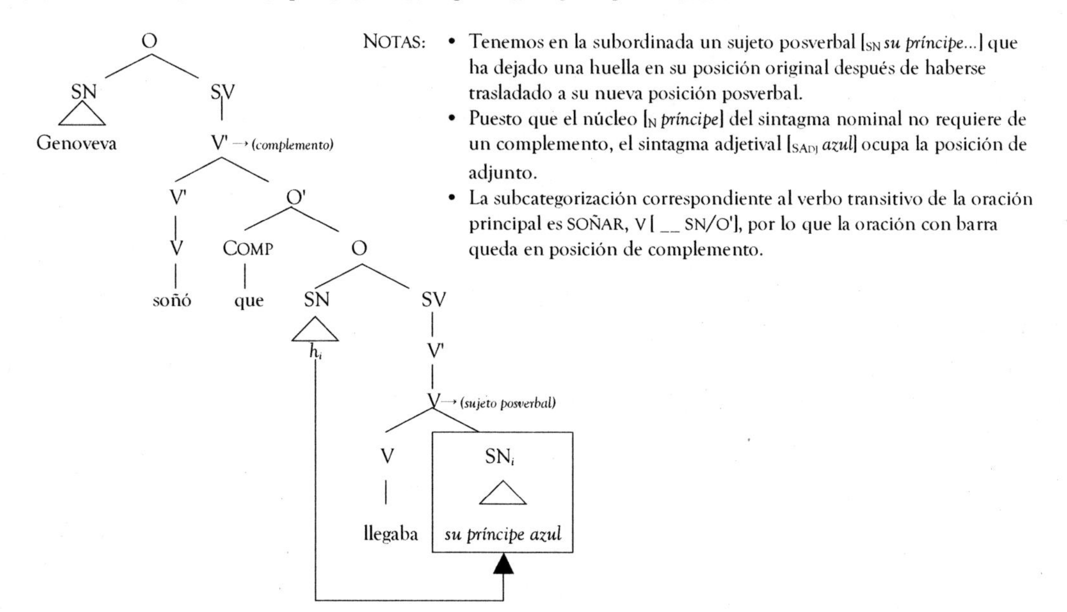

NOTAS:

- Tenemos en la subordinada un sujeto posverbal $[_{SN}$ *su príncipe...*] que ha dejado una huella en su posición original después de haberse trasladado a su nueva posición posverbal.
- Puesto que el núcleo $[_{N}$ *príncipe*] del sintagma nominal no requiere de un complemento, el sintagma adjetival $[_{SADJ}$ *azul*] ocupa la posición de adjunto.
- La subcategorización correspondiente al verbo transitivo de la oración principal es SOÑAR, V [__ SN/O'], por lo que la oración con barra queda en posición de complemento.

(7) $[_{O}\, [_{SN}$ Magdalena $[_{SV}$ mira $[_{O'}\, [_{O}\, [_{SN}$ h_i $[_{SV}$ correr $[_{SN}$ *al chico guapo*$_i$] $[_{SP}$ desde la ventana]]]]]]].

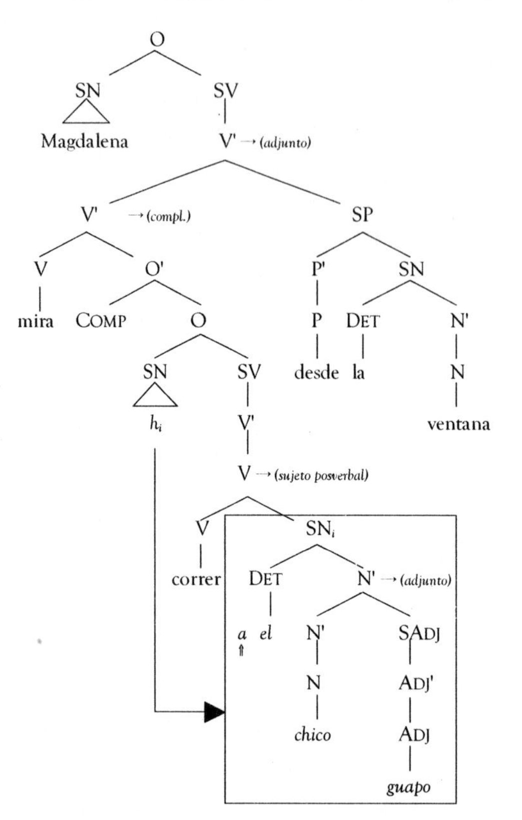

Les invitamos ahora a que provean su propio análisis de la oración subordinada nominal anterior (7).

EN PAREJAS. Analicen las siguientes oraciones subordinadas nominales. Luego, siguiendo el esquema de la teoría X', dibujen el árbol sintáctico correspondiente a cada una.

1. *Soñé que llegabas.*
2. *Miraba caer la lluvia.*
3. *Sé que la quieres.*

1.14.2. LAS SUBORDINADAS ADJETIVALES

Las *subordinadas adjetivales*[43] desempeñan la misma función sintáctica que un adjetivo en una oración sencilla, como se puede apreciar en los ejemplos a continuación, donde el adjetivo (1) puede ser sustituido por una oración con barra (2) que ocupa la misma posición.

(1) Yazmín necesita un trabajo [$_{SADJ}$ lucrativo].

(2) Busca un trabajo [$_{O'}$ que [$_{O}$ pague bien]].

Las subordinadas adjetivales van introducidas por un relativo de tipo *"que"*, *"el cual"*, *"quien"*, *"cuyo"*, etc., a través del cual se establece una relación entre la subordinada y su *antecedente*. Puesto que ocupa la misma posición que un adjetivo en una oración simple, la subordinada [$_{O'}$ *que* [$_{O}$ *ofrezca beneficios*]] en (3) funciona como modificador de dicho antecedente, en este caso, el sintagma nominal [$_{SN}$ *un trabajo*]. Ya que el adjetivo se considera un adjunto, la subordinada adjetival se ubicará naturalmente en posición de adjunto. El relativo *"que"*, que está en posición de complementante, dejará una huella en su posición original, como resultado de una regla de movimiento.

(3) Vicente prefiere [$_{SN}$ un trabajo [$_{O'}$ que [$_{O}$ ofrezca beneficios]]].

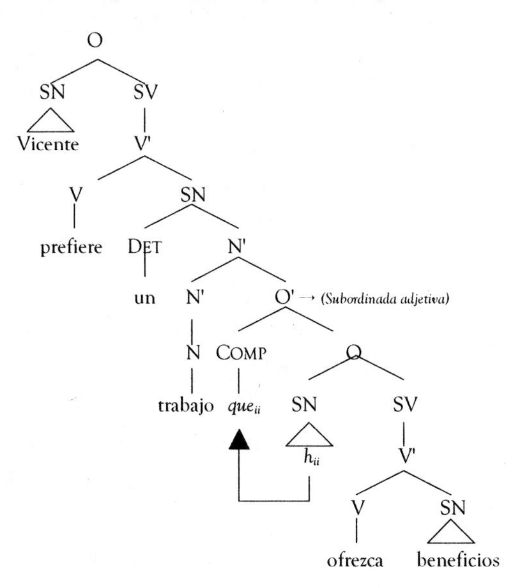

Como el relativo y el antecedente se refieren a la misma entidad, está relación se manifiesta mediante la concordancia entre el antecedente y el relativo. Los rasgos de

[43] Las oraciones subordinadas adjetivales también se denominan subordinadas de relativo.

concordancia de *"que"* están especificados cuando van precedidos del artículo *"el"*, *"la"*, *"los"* y *"las"*, como en el ejemplo a continuación (4).

(4) [$_{SN}$ las personas [$_{O'}$ a las que [$_{O}$ conocí]]]

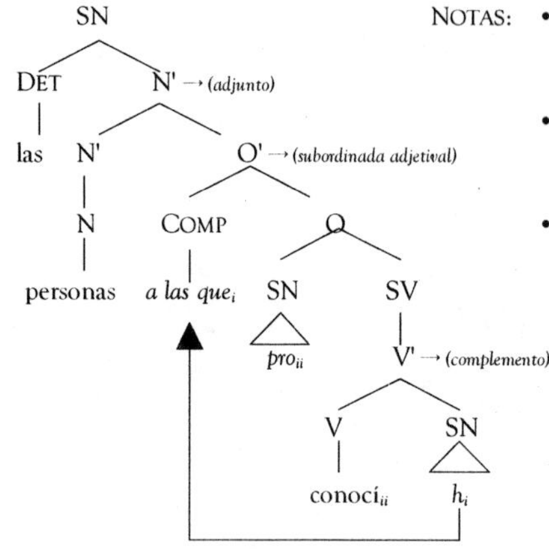

NOTAS:

- El sujeto de la oración subordinada, cuyo núcleo es una proforma vacía *pro*$_{ii}$, lleva un subíndice que lo refiere al núcleo del sintagma verbal [$_{SV}$ *conocí*$_{ii}$] con copia de los rasgos de concordancia.
- El relativo *"a las que"*, que se ubica en posición COMP como resultado de una regla de movimiento, ha dejado una huella en su posición original de complemento del núcleo del sintagma verbal [$_{V}$ *conocí*].
- Por no ser subcategorizada por el sustantivo *"personas"*, la subordinada adjetival [$_{O'}$ *a las que conocí*] queda en posición de adjunto dentro del sintagma nominal [$_{SN}$ *las personas*].

EN PAREJAS. Analicen las oraciones subordinadas adjetivales a continuación y, siguiendo el esquema de la teoría X', dibujen el árbol sintáctico correspondiente a cada una.

1. *Aquel chico que vocifera ha bebido mucho.*
2. *Van a arreglar las calles que tienen huecos.*
3. *La fiesta donde me llevó Andrés estuvo muy aburrida.*

1.14.3. LAS SUBORDINADAS ADVERBIALES

Las *subordinadas adverbiales* se clasifican en locativas, temporales, modales, causales, finales, condicionales, concesivas, comparativas y consecutivas. Las oraciones *subordinadas adverbiales locativas* van introducidas por el adverbio *"donde"* y otras formas derivadas como *"adonde"*, *"por donde"*, *"de donde"*, *"hasta donde"*, etc. Una oración subordinada adverbial como el ejemplo en (2), ocupa la misma posición que un adverbio dentro de una oración simple (1), donde un adverbio como [$_{SADV}$ *allá*] puede ser sustituido por la oración con barra [$_{O'}$ *adonde* [$_{O}$ *quieras*]] que ocupa la misma posición. Puesto que las subordinadas adverbiales ocupan el mismo lugar que un adverbio, son adjuntos; es decir, no están seleccionadas semánticamente por el verbo.

(1) Vamos [$_{SADV}$ allá].

(2) Vamos [$_{O'}$ *adonde* [$_{O}$ quieras]].

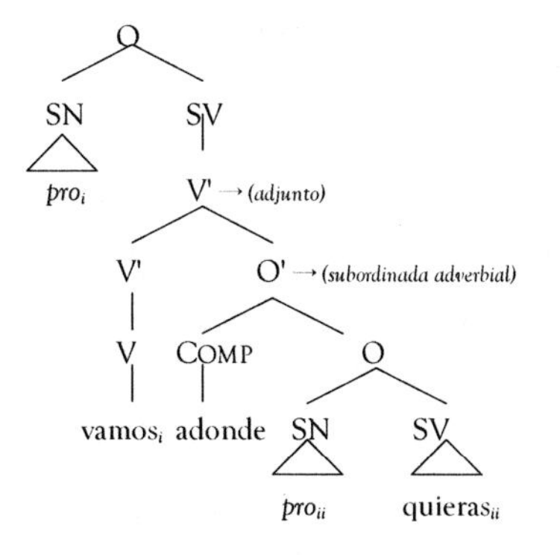

Las *subordinadas adverbiales temporales*, por su parte, se introducen con *"cuando"*, *"mientras (que)"*, *"antes (de) que"*, *"después (de) que"*, *"desde que"* y *"hasta que"*. El nexo *"antes de que"*, obviamente, anuncia una subordinada adverbial temporal en (3). Dicho nexo está en posición de especificador bajo el complementante de la oración con barra. La subordinada adverbial, que ocupa la misma posición que un adverbio en una oración sencilla –por ejemplo, *"asistiré al partido* [$_{SAdv}$ *mañana*]", no está subcategorizada por el verbo preposicional *"asistir a"* de la oración principal y, por lo tanto, ocupa la posición de adjunto. Este verbo, por otra parte, requiere del complemento [$_{SN}$ *un partido*]. Nótense la presencia de un sujeto posverbal –[$_{SN}$ *el trimestre*], el cual se indica con el subíndice que lo relaciona a su posición original de sujeto de la subordinada.

(3) Felipe asistirá a un partido de fútbol americano [$_{O'}$ *antes de que* [$_{O}$ termine el trimestre]].

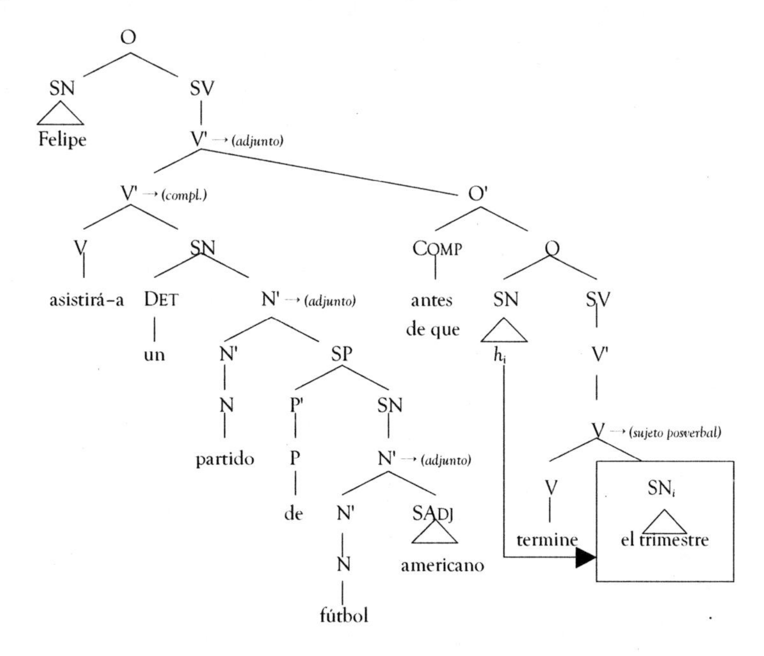

Las *subordinadas adverbiales modales*, por otro lado, indican el modo en que se realiza la acción expresado por el verbo de la oración principal. Van encabezadas por los adverbios "*como*" y "*según*" y sus derivados —"*como que*", "*según que*", "*como si*", etc. Ya que no está seleccionada semanticamente por el verbo "*aceptar*" —ACEPTAR, V [__ SN (SADV/O')], la subordinada adverbial modal en (4) se ubica en posición de adjunto, introducida por el adverbio "*como*", que se halla en posición de especificador del sintagma verbal de la principal.

(4) Grisela acepta las cosas $[_{O''}$ *como* $[_{O}$ vienen]].

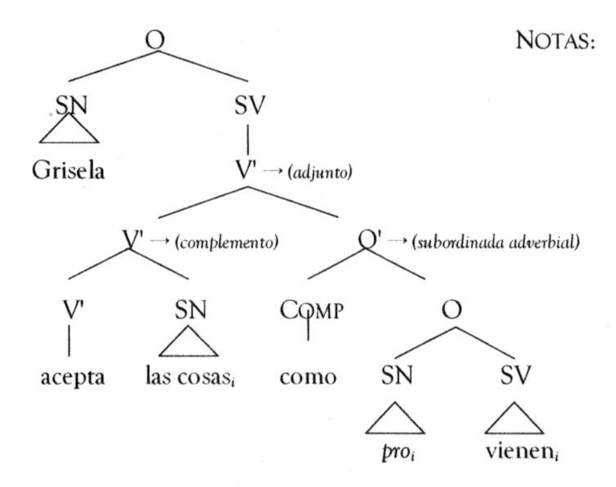

NOTAS:

- El sujeto de la oración subordinada, cuyo núcleo es una proforma vacía *pro*$_i$, lleva un subíndice que lo refiere al núcleo del sintagma verbal $[_{V}$ *vienen*$_i$] con copia de los rasgos de concordancia.
- Puesto que el núcleo de este sintagma verbal, $[_{V}$ *aceptar*], es un verbo transitivo que requiere de un complemento, el sintagma nominal $[_{SN}$ *las cosas*] satisface dicho requisito.

Otra clase de oración subordinada adverbial son las *causales* (5) que indican el motivo de la acción expresado en la oración principal. Los nexos que suelen usarse en oraciones de tipo causal son "*porque*", "*puesto que*", "*ya que*", "*que*" y "*como*".

(5) Carole viajó a Moscú [$_{O'}$ *porque* [$_{O}$ tenía una competición de patinaje artístico]].

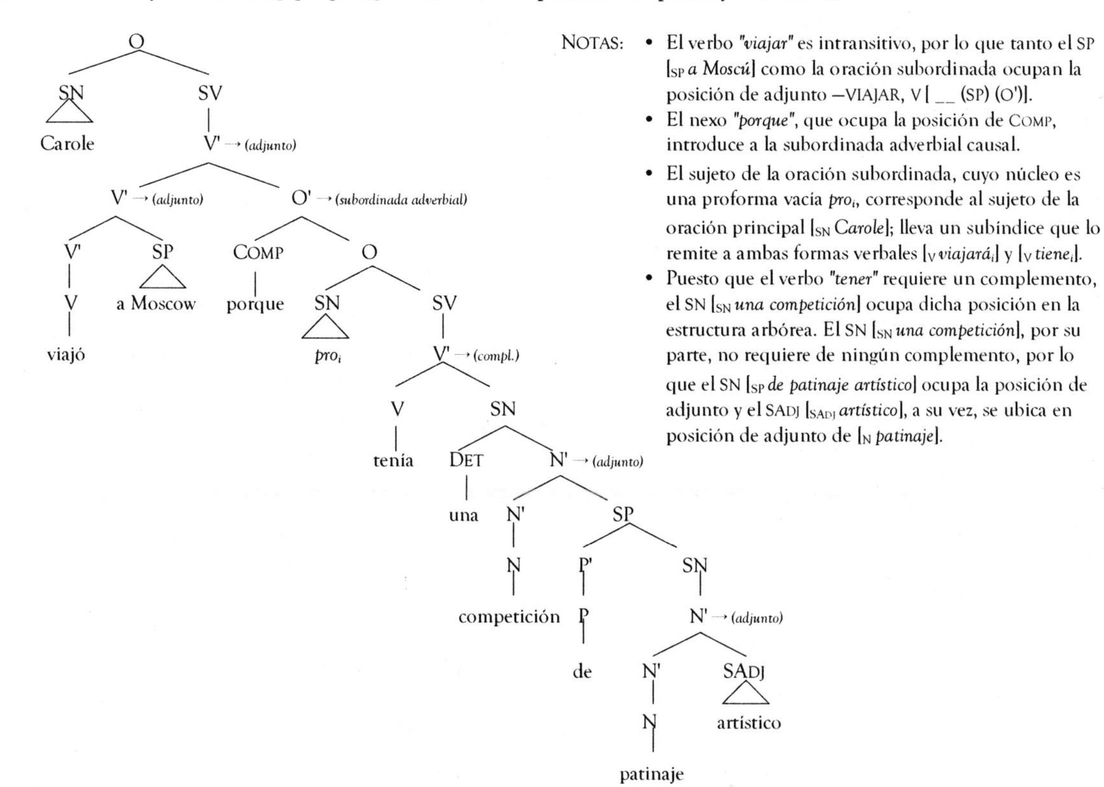

Las oraciones *subordinadas adverbiales finales*, como la que encontramos en (6), indican el propósito de la acción expresado por el verbo de la oración principal y van introducidas por nexos como "*para que*", "*a fin de que*", "*con el fin de que*", etc.

(6) Josua le prestó el coche a Delia [$_{O'}$ *para que* [$_{O}$ recogiera a su madre en el aeropuerto]].

Según la subcategorización del verbo de la oración principal en el ejemplo anterior –PRESTAR, V [__ SN, SP], éste requiere de un complemento, por lo que [$_{SN}$ *el coche*] cumple con dicho requisito. La subordinada, por su parte, ocupará la posición de adjunto como cualquier oración adverbial. A pesar de que el sintagma preposicional [$_{SP}$ *a Delia*] forma parte de la subcategorización del verbo "*prestar*", éste tendrá que ubicarse en posición de adjunto, ya que sólo se admite un complemento en la estructura del árbol sintáctico según la teoría X'.

Como lo indica su nombre, una oración *subordinada adverbial condicional* (7) expresa una condición para que se realice la acción expresada en la oración principal. Las adverbiales condicionales van introducidas por nexos de tipo "*si*", "*con tal de que*", "*a condición de que*", etc.

(7) [$_{O'}$ *Si* [$_{O}$ llega temprano]], iremos a la playa.

Las oraciones *subordinadas adverbiales concesivas* (8) van precedidas de los nexos "*aunque*", "*a pesar de que*", "*por más que*", etc.

(8) Estefanía tomó la clase de lingüística [$_{O'}$ *aunque* [$_{O}$ sabe mucho ya]].

NOTAS:
- Puesto que el verbo "*tomar*" requiere de un complemento, el SN [$_{SN}$ *una clase*] ocupa la posición de complemento, mientras que la subordinada adverbial, que no sufre dicha subcategorización, se clasificará como adjunto.
- Por no estar especificado dentro de la subcategorización del sustantivo "*clase*" –CLASE, N [__ (SP)], también cumple función de adjunto el sintagma preposicional [$_{SP}$ *de lingüística*].
- El sintagma nominal [$_{SN}$ *mucho*], por su parte, está seleccionado semanticamente por el verbo "*saber*" – SABER, V [__ SN] y, como tal, se colocará en posición de complemento, a diferencia del sintagma adverbial [$_{SADV}$ *ya*] que tiene que hallarse en posición de adjunto porque no experimenta dicha selección.

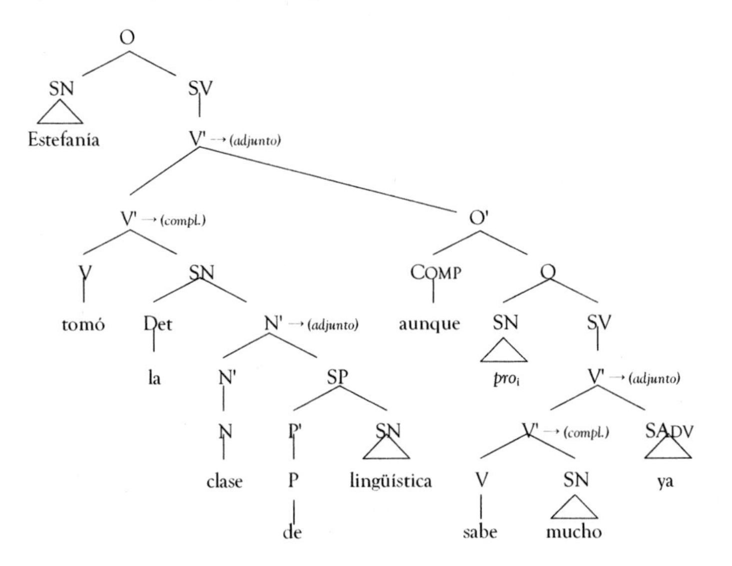

Las oraciones *subordinadas adverbiales comparativas* expresan una comparación de igualdad o desigualdad. Una subordinada comparativa como la de (9) incluye, en la oración principal, el elemento cuantificador [$_{CUANT}$ *menos*] y el elemento comparado [$_{SN}$ *dinero*] y, en la subordinada, la partícula comparativa "*que*" y aquello con lo que se compara. Las de igualdad, como en (10), comprenden el cuantificador [$_{CUANT}$ *tan*][44] y la partícula comparativa "*como*".

(9) Benjamín gana menos dinero [$_{O'}$ *que* [$_{O}$ el año pasado]].

[44] O sus variantes "*tanto/a(s)*".

(10) José es tan guapo [$_{O'}$ *como* [$_{O}$ antes]].

Por último, las oraciones *subordinadas adverbiales consecutivas* expresan la consecuencia de la acción expresada por el verbo. En una oración como (12), van introducidas por la partícula "*que*", mientras que en la principal aparece cuantificadores como [$_{CUANT}$ *tan*] o sus variantes. La presencia de cuantificadores no es indispensable, como lo vemos en (13).

(12) Ángela tocó tan bien [$_{O'}$ *que* [$_{O}$ todos lo aplaudieron]].

(13) Te ha llamado Óscar [$_{O'}$ *de manera que* [$_{O}$ debería devolverle la llamada]].

EN PAREJAS. Clasifiquen las subordinadas adverbiales a continuación. Luego, siguiendo el esquema de la teoría X', dibujen el árbol sintáctico correspondiente a cada una.

1. *Gabriel trabaja donde estudia.*
2. *Llegó Horacio mientras estaba Emilia en la ducha.*
3. *Noelia irá aunque trabaje Paco.*
4. *Viajaré a Rusia cuando venga febrero.*
5. *Azucena ha pedido un préstamo para comprarme una casa.*

1.15. REPASO PARA EL CAPÍTULO DE LA SINTAXIS

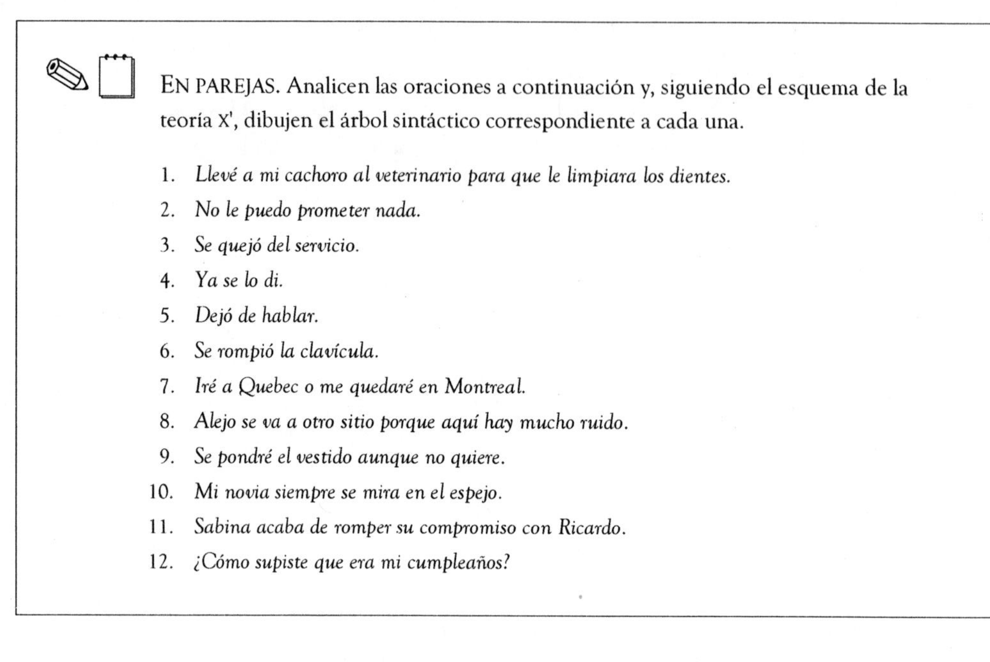

EN PAREJAS. Analicen las oraciones a continuación y, siguiendo el esquema de la teoría X', dibujen el árbol sintáctico correspondiente a cada una.

1. *Llevé a mi cachorro al veterinario para que le limpiara los dientes.*
2. *No le puedo prometer nada.*
3. *Se quejó del servicio.*
4. *Ya se lo di.*
5. *Dejó de hablar.*
6. *Se rompió la clavícula.*
7. *Iré a Quebec o me quedaré en Montreal.*
8. *Alejo se va a otro sitio porque aquí hay mucho ruido.*
9. *Se pondré el vestido aunque no quiere.*
10. *Mi novia siempre se mira en el espejo.*
11. *Sabina acaba de romper su compromiso con Ricardo.*
12. *¿Cómo supiste que era mi cumpleaños?*

CAPÍTULO 2 – LA FONOLOGÍA

2.1. EL ESTUDIO DE LA FONOLOGÍA

La fonología es el campo de la lingüística que estudia los distintos valores que puede tener los sonidos de una lengua. Un sonido no siempre se pronuncia de la misma manera, sino que su emisión depende de los sonidos que lo rodean. En este capítulo se estudiarán las distintas realizaciones que llega a tener un sonido según su ubicación dentro de la palabra. En general, nuestras transcripciones serán bastante sencillas y sólo incluiremos los principales detalles alofónicos conforme se vayan introduciendo en el capítulo.

2.1.1. EL FONEMA

El término *fonema* refiere a un sonido contrastivo en una lengua determinada. Así decimos que en la palabra *"beso"* tenemos cuatro fonemas: /b/, /e/, /s/ y /o/. Sustituir un fonema por otro resultaría en una palabra distinta, como *"peso"*. Dos palabras (o más) que se diferencian por un solo sonido constituyen lo que llamamos un *par mínimo*; por ejemplo, *"beso"* y *"peso"* forman un par mínimo.

No sólo deben diferenciarse los pares mínimos por uno de los sonidos, sino que además, deben tener significados distintos. Para tomar un ejemplo del inuktituk[1], una palabra como *"anuri"* (*viento*) también se puede pronunciar *"anore"*, sin alterar su significado. En este caso, no se puede hablar de un par mínimo, sino de dos variantes en la pronunciación de una misma palabra.

Un par mínimo como, por ejemplo, *"beso"* y *"peso"*, nos permite establecer que /b/ y /p/ son dos fonemas distintos en español. En cambio, en los ejemplos tomados del inuktituk, los sonidos /u/ y /o/ no constituyen fonemas, como tampoco lo son /i/ y /e/[2].

Los fonemas aparecen entre barras oblicuas[3], según la convención, para distinguirlos del sistema ortográfico. Un grafema corresponde a una letra del alfabeto, mientras que un fonema es su representación abstracta. Por ejemplo, el grafema *"qu"* que encontramos en palabras como *"queso"* se representa fonémicamente con el fonema /k/ –

[1] El inuktitut es la lengua de los inuit (esquimales).

[2] Tantos /u/ y /o/ como /i/ y /e/ no son fonemas en inuttitut, sino alófonos; es decir, variantes en la pronunciación de un mismo sonido.

[3] Los fonemas se transcriben entre barras oblicuas / /.

/ké.so/[4]. Podemos ahora añadir la palabra "*queso*" a nuestra serie de pares mínimos para los datos del español —"*beso*", "*peso*" y "*queso*".

FIG. 2.1. LOS GRAFEMAS "*qu*" Y "*c*" → EL FONEMA /k/

	ORTOGRAFÍA	TRANSCRIPCIÓN		ORTOGRAFÍA	TRANSCRIPCIÓN		ORTOGRAFÍA	TRANSCRIPCIÓN
(1)	*aquí*	/a.kí/	(4)	*kiosco*	/ki.ós.ko/	(7)	*querer*	/ke.rér/
(2)	*coqueta*	/ko.ké.ta/	(5)	*locura*	/lo.kú.ra/	(8)	*quitarse*	/ki.tár.se/
(3)	*kilómetro*	/ki.ló.me.tro/	(6)	*qué*	/ké/	(9)	*sacar*	/sa.kár/

EN PAREJAS. Hagan una transcripción fonémica de las siguientes palabras que contienen el fonema /k/.

1. *alcohol*[5]	3. *caracol*	5. *kiosquero*	7. *masticar*	9. *poco*
2. *bloque*	4. *cortés*	6. *local*	8. *octavo*	10. *quemar*

Diferentes grafemas pueden tener la misma representación fonémica. Así, aunque se escribe "*jamón*" con "*j*", "*gemelos*" con "*g*" y "*mexicana*" con "*x*", estas tres letras ortográficas se representan por el mismo fonema /χ/.

FIG. 2.2. LOS GRAFEMAS "*j*", "*ge*", "*gi*" Y "*x*" → EL FONEMA /χ/

	ORTOGRAFÍA	TRANSCRIPCIÓN		ORTOGRAFÍA	TRANSCRIPCIÓN		ORTOGRAFÍA	TRANSCRIPCIÓN
(1)	*espejo*	/es.pé.χo/	(5)	*hoja*	/ó.χa/	(9)	*mejor*	/me.χór/
(2)	*conejo*	/ko.né.χo/	(6)	*jamón*	/χa.món/	(10)	*pájaro*	/pá.χa.ro/
(3)	*flojo*	/fló.χo/	(7)	*jinete*	/χi.né.te/	(11)	*quejarse*	/ke.χár.se/
(4)	*gemelos*	/χe.mé.los/	(8)	*justificar*	/χus.ti.fi.kár/	(12)	*xilófono*	/χi.ló.fo.no/

EN PAREJAS. Hagan una transcripción fonémica de las siguientes palabras que contienen el fonema /χ/.

1. *ajo*	4. *gelatina*	7. *gígolo*	10. *jactarse*	13. *mujer*
2. *bruja*	5. *género*	8. *gitano*	11. *jefa*	14. *ojo*
3. *ejemplo*	6. *gesto*	9. *hijo*	12. *lógico*	15. *oreja*

[4] El acento sobre la /é/ no representa el acento escrito, sino que, según la convención, se indica con un acento el sonido que lleva el estrés.

[5] El grafema "*h*" no corresponde a ningún fonema porque éste es mudo.

Por otro lado, la diferencia entre una "s" y una "z" ortográficas, en palabras como "*casa*" y "*caza*", corresponde a una pronunciación distinta para muchos de los hablantes peninsulares. En este dialecto, "*casa*" y "*caza*" son pares mínimos que difieren en un fonema —/s/ y /θ/[6]. Sin embargo, en otros casos como en la palabra como "*nariz*", el que un español diga /na.ríθ/ mientras que un americano lo pronuncie /na.rís/ no afecta en nada su significado.

FIG. 2.3. LOS GRAFEMAS "z", "ce" Y "ci" → LOS FONEMAS /s/ Y /θ/

	ORTOGRAFÍA	DIALECTO AMERICANO	DIALECTO PENINSULAR
(1)	*alzar*	/al.sár/	/al.θár/
(2)	*azteca*	/as.té.ka/	/aθ.té.ka/
(3)	*brazo*	/brá.so/	/brá.θo/
(4)	*calcetín*	/kal.se.tín/	/kal.θe.tín/
(5)	*cárcel*	/kár.sel/	/kár.θel/
(6)	*caza*	/ká.sa/	/ká.θa/
(7)	*ceniza*	/se.ní.sa/	/θe.ní.θa/
(8)	*cerca*	/sér.ka/	/θér.ka/
(9)	*circo*	/sír.ko/	/θír.ko/

	ORTOGRAFÍA	AMERICANO	PENINSULAR
(10)	*conozco*	/ko.nós.ko/	/ko.nóθ.ko/
(11)	*difícil*	/di.fí.sil/	/di.fí.θil/
(12)	*disfraz*	/dis.frás/	/dis.fráθ/
(13)	*haz*	/ás/	/áθ/
(14)	*mozo*	/mó.so/	/mó.θo/
(15)	*nariz*	/na.rís/	/na.ríθ/
(16)	*paz*	/pás/	/páθ/
(17)	*pozo*	/pó.so/	/pó.θo/
(18)	*vacilar*	/ba.si.lár/	/ba.θi.lár/

EN PAREJAS. Hagan una transcripción fonémica de las siguientes palabras que contienen el fonema /s/ o /θ/, según el dialecto. Preparen una transcripción para ambos dialectos, el peninsular y el americano.

1. *azul*	4. *feliz*	7. *lazo*	10. *pez*	13. *zigzag*
2. *cena*	5. *hacer*	8. *lucidez*	11. *vez*	14. *zona*
3. *cereza*	6. *jerez*	9. *oficina*	12. *zenit*	15. *zumo*

En cuanto al uso de "*ll*" y "*y*", para los que tienen el dialecto *lleísta*, queda muy claro cuándo se debe pronunciar "*ll*" y cuándo se debe pronunciar "*y*", pues corresponden a dos fonemas distintos en este dialecto: /ʎ/ para "*ll*" y /j/ en el caso de "*y*".

[6] El sonido /θ/ es interdental, similar a la "*th*" de "*think*" en inglés.

FIG. 2.4. LOS GRAFEMAS "y" Y "ll" → LOS FONEMAS /ʝ/ Y /ʎ/

	ORTOGRAFÍA	DIALECTO YEÍSTA	DIALECTO LLEÍSTA		ORTOGRAFÍA	DIALECTO YEÍSTA	DIALECTO LLEÍSTA
(1)	*cayó*	/ka.ʝó/	/ka.ʝó/	(4)	*allá*	/a.ʝá/	/a.ʎá/
(2)	*calló*	/ka.ʝó/	/ka.ʎó/	(5)	*pollo*	/pó.ʝo/	/pó.ʎo/
(3)	*haya*	/á.ʝa/	/á.ʝa/	(6)	*poyo*	/pó.ʝo/	/pó.ʝo/

Hoy día, esa distinción se está perdiendo y para la mayoría de los hablantes del español, "*haya*" y "*allá*" se pronuncian de la misma manera. Como consecuencia, en dicho dialecto *yeísta*, "*ll*" y "*y*" ya corresponden a una sola realidad fonémica —/ʝ/.

FIG. 2.5. MÁS EJEMPLOS CON LOS FONEMAS /ʝ/ Y /ʎ/

	ORTOGRAFÍA	DIALECTO YEÍSTA	DIALECTO LLEÍSTA		ORTOGRAFÍA	DIALECTO YEÍSTA	DIALECTO LLEÍSTA
(1)	*apoyar*	/a.po.ʝár/	/a.po.ʝár/	(8)	*llamar*	/ʝa.már/	/ʎa.már/
(2)	*bolsillo*	/bol.sí.ʝo/	/bol.sí.ʎo/	(9)	*mayor*	/ma.ʝór/	/ma.ʝór/
(3)	*collar*	/ko.ʝár/	/ko.ʎár/	(10)	*orilla*	/o.rí.ʝa/	/o.rí.ʎa/
(4)	*cosquillas*	/kos.kí.ʝas/	/kos.kí.ʎas/	(11)	*paella*	/pa.é.ʝa/	/pa.é.ʎa/
(5)	*cuyo*	/kú.ʝo/	/kú.ʝo/	(12)	*pasillo*	/pa.sí.ʝo/	/pa.sí.ʎo/
(6)	Goya	/gó.ʝa/	/gó.ʝa/	(13)	*proyecto*	/pro.ʝék.to/	/pro.ʝék.to/
(7)	*huyó*	/u.ʝó/	/u.ʝó/	(14)	*mejilla*	/me.χí.ʝa/	/me.χí.ʎa/

EN PAREJAS. Hagan una transcripción fonémica de las siguientes palabras que contienen el fonema /ʝ/ o /ʎ/, según el dialecto. Preparen una transcripción para ambos dialectos, el yeísta y el lleísta.

1. *amarillo*	4. *billete*	7. *estrella*	10. *mayúsculo*	13 *silla*
2. *anillo*	5. *calle*	8. *gallo*	11. *pollo*	14. *valle*
3. *ayer*	6. *castillo*	9. *mayo*	12. *sello*	15. *yate*

2.1.2 EL ALÓFONO

Un fonema puede tener diferentes realizaciones fonéticas de acuerdo al contexto en que se halla, por lo que es importante distinguir entre fonema y alófonos. Como hemos visto, el fonema es la representación abstracta de un sonido. El *alófono*, por su parte, es la realización concreta de este fonema.

Dicho de otro modo, un alófono refiere a las variantes de un fonema. En español, el grafema "*b*", cuya representación fonémica es /b/, tiene a su vez dos realizaciones alofónicas, que transcribiremos entre corchetes —el alófono oclusivo [b] y el alófono fricativo [β].

La representación fonémica de la palabra *"bobo"* es /bó.bo/. Al pronunciarse la primera /b/, se crea una obstrucción en el paso del aire, causada por el breve cierre de los dos labios. Esta pronunciación del fonema /b/ es oclusiva [b]. Por el contrario, al pronunciarse la segunda /b/, los dos labios se aproximan, pero sin que haya contacto, resultándose en una pronunciación fricativa [β]. La *transcripción fonémica* se da entre barras oblicuas —/bó.bo/, mientras que la *representación fonética*, por su parte, aparece entre corchetes —[bó.βo].

Por supuesto, diferencias que son fonéticas en una lengua pueden ser fonémicas en otra. Por ejemplo, en inglés la diferencia entre los fonemas [d] y [ð] es fonémica, como lo demuestra el par mínimo *"day"* [d] y *"they"* [ð]. En español, por otro lado, [d] y [ð] constituyen variantes o alófonos de un mismo fonema /d/: [Ma.ðríd] vs. [Ma.ðríð].

El fonema /s/ tiene dos variantes —[s] y [h]. En ciertos dialectos del español, /s/ se puede pronunciar [s] en contextos formales o aspirarse [h] en contextos informales.[7] Por ejemplo, *"esto"* puede pronunciarse [és.to] o [éh.to] según el contexto. A este fenómeno se lo conoce como la aspiración de la /s/. Sin embargo, esta aspiración no es una diferencia que sirva para distinguir una palabra de otra. Simplemente se trata de alófonos de un mismo fonema /s/.

En inglés, las palabras *"thin"* y *"thing"* contrastan en su sonido final, que se transcribe como [n] y [ŋ] respectivamente. Claramente se trata de dos fonemas diferentes en inglés, puesto que la sustitución de un fonema por otro resulta en una palabra diferente. En español, sin embargo, [n] y [ŋ] son dos alófonos de un mismo fonema. La palabra *"pan"* puede pronunciarse [pán] en un dialecto, pero [páŋ] en otro. La diferencia entre [n] y [ŋ] en posición final de palabra en español es puramente alofónica, y no fonética.

✎ EN PAREJAS. Definan los conceptos de fonema y alófono y provean un ejemplo para cada uno.

[7] /s/ puede aspirarse a final de sílaba.

2.2. LOS PARÁMETROS DE CLASIFICACIÓN DE LAS CONSONANTES DEL ESPAÑOL

Los sonidos consonánticos se clasifican según tres parámetros principales: el punto de articulación, el modo de articulación y la sonoridad o actividad de las cuerdas vocales.

2.2.1. EL PUNTO DE ARTICULACIÓN

El *punto de articulación* hace referencia al lugar donde se forman los sonidos en la cavidad bucal. Decimos que el punto de articulación del fonema [p] es *bilabial* porque se articula uniendo los dos labios. Otras consonantes bilabiales son [b] y [m].

Al pronunciarse el sonido [f] se acerca el labio inferior a los dientes superiores y por eso, decimos que este sonido es *labiodental.* Es preciso subrayar que tanto la "*v*" como la "*b*" ortográficas son bilabiales en español[8].

FIG. 2.6. LOS GRAFEMAS "*b*" Y "*v*" → EL FONEMA /b/

	ORTOGRAFÍA	TRANSCRIPCIÓN		ORTOGRAFÍA	TRANSCRIPCIÓN		ORTOGRAFÍA	TRANSCRIPCIÓN
(1)	*ambos*	[ám.bos]	(3)	*vaca*	[bá.ka]	(5)	*vela*	[bé.la]
(2)	*boca*	[bó.ka]	(4)	*vaso*	[bá.so]	(6)	*ver*	[bér]

EN PAREJAS. Hagan una transcripción fonética de las siguientes palabras que contienen el fonema /b/.

1. *vacilar*	3. *vapor*	5. *vecino*	7. *Verónica*	9. *volcán*
2. *vacuna*	4. *vaquero*	6. *vejez*	8. *vistazo*	10. *voz*

Los sonidos [t] y [d] son *dentales*; es decir, al articularse los sonido [t] y [d], el ápice[9] de la lengua se coloca detrás de los dientes superiores.

Por su punto de articulación, el ápice de la lengua contra los alvéolos[10], [n] y [l] son consonantes *alveolares*. Tanto la [r] de "*cara*" como la [ř] de "*carro*" o "*rosa*" son también alveolares.

[8] La "*v*" ortográfica se pronuncia [v] en el dialecto español sudoeste de los EE.UU.
[9] La punta de la lengua.
[10] Los alvéolos se situan tras los dientes superiores.

FIG. 2.7. LOS GRAFEMAS "r" Y "rr" → LOS FONEMAS /r/ Y /r̃/

	ORTOGRAFÍA	TRANSCRIPCIÓN		ORTOGRAFÍA	TRANSCRIPCIÓN		ORTOGRAFÍA	TRANSCRIPCIÓN
(1)	*burro*	[bú.r̃o]	(5)	*derrumbar*	[de.r̃um.bár]	(9)	*reloj*	[r̃e.lóχ]
(2)	*carrera*	[ka.r̃é.ra]	(6)	*ratón*	[r̃a.tón]	(10)	*rojo*	[r̃ó.χo]
(3)	*cara*	[ká.ra]	(7)	*pizarrón*	[pi.sa.r̃ón]	(11)	*rollo*	[r̃ó.ʝo]
(4)	*derramar*	[de.r̃a.már]	(8)	*pero*	[pé.ro]	(12)	*sombra*	[sóm.bra]

EN PAREJAS. Hagan una transcripción fonética de las siguientes palabras que contienen el fonema /r̃/.

1. *bajar*	5. *carro*	9. *corrupto*	13. *porque*	17. *rumor*
2. *barrera*	6. *correcto*	10. *jurar*	14. *rana*	18. *torpe*
3. *barril*	7. *corregir*	11. *moro*	15. *raza*	19. *torro*
4. *barro*	8. *correo*	12. *perro*	16. *renovar*	20. *zorra*

El fonema /s/ puede tener dos articulaciones diferentes según el dialecto del español. En el norte de España, la /s/ es ápico-alveolar, es decir, [ś]. En Andalucía y Latinoamérica, sin embargo, el ápice de la lengua se mueve hacia los dientes inferiores y la pronunciación es alveolar [s].

FIG. 2.8. EL GRAFEMA "s" → EL FONEMA /s/ Y EL ALÓFONO /ś/

	ORTOGRAFÍA	DIALECTO AMERICANO	DIALECTO PENINSULAR		ORTOGRAFÍA	AMERICANO	PENINSULAR
(1)	*casa*	/ká.sa/	/ká.śa/	(4)	*quizás*	/ki.sás/	/ki.θáś/
(2)	*hasta*	/ás.ta/	/áś.ta/	(5)	*secar*	/se.kár/	/śe.kár/
(3)	*más*	/más/	/máś/	(6)	*zapatos*	/sa.pá.tos/	/θa.pá.toś/

EN PAREJAS. Hagan una transcripción fonémica de las siguientes palabras que contienen el fonema /s/ o /ś/, según el dialecto. Preparen una transcripción para ambos dialectos, el peninsular y el americano.

1. *canasta*	3. *descalzo*	5. *menos*	7. *pescar*	9. *Velásquez*
2. *cesta*	4. *disco*	6. *pastel*	8. *susto*	10. *vestirse*

Una característica del español de la región de Buenos Aires es la pronunciación *alveopalatal* [ʒ], parecida al sonido, aquí subrayado, que encontramos en la palabra inglesa "*pleasure*". Éste es también el punto de articulación del sonido [č] en una palabra como "*ocho*".

FIG. 2.9. EL GRAFEMA "*ch*" → EL FONEMA /č/

	ORTOGRAFÍA	TRANSCRIPCIÓN		ORTOGRAFÍA	TRANSCRIPCIÓN		ORTOGRAFÍA	TRANSCRIPCIÓN
(1)	*colcha*	/kól.ča /	(5)	*chino*	/čí.no/	(9)	*chorro*	/čó.ř̄o/
(2)	*chile*	/čí.le/	(6)	*chocar*	/čo.kár/	(10)	*cuchillo*	/ku.čí.ʝo/
(3)	*chillar*	/či.ʝár/	(7)	*chorizos*	/čo.rí.sos/	(11)	*noche*	/nó.če/
(4)	*chimenea*	/či.me.né.a/	(8)	*coche*	/kó.če/	(12)	*macho*	/má.čo/

EN PAREJAS. Hagan una transcripción fonémica de las siguientes palabras que contienen el fonema /č/.

1. *charlar*	4. *cheque*	7. *chupete*	10. *leche*	13. *ocho*
2. *chaqueta*	5. *choza*	8. *derecho*	11. *luchar*	14. *pecho*
3. *chica*	6. *chuleta*	9. *gazpacho*	12. *mapuche*	15. *salchicha*

El sonido [ñ] de "*año*" se produce hacia la parte más alta del paladar. Decimos que [ñ] es un sonido palatal. Con el mismo punto de articulación *palatal*, se articulan la [ʝ] y la [λ] de palabras como "*mayo*" y "*calle*".

FIG. 2.10. EL GRAFEMA "ñ" → EL FONEMA /ñ/

	ORTOGRAFÍA	TRANSCRIPCIÓN		ORTOGRAFÍA	TRANSCRIPCIÓN		ORTOGRAFÍA	TRANSCRIPCIÓN
(1)	*baño*	[bá.ño]	(4)	*enseñar*	[en.se.ñár]	(7)	*otoño*	[o.tó.ño]
(2)	*caña*	[ká.ña]	(5)	*español*	[es.pa.ñól]	(8)	*piña*	[pí.ña]
(3)	*doña*	[dó.ña]	(6)	*niñez*	[ni.ñés]	(9)	*tamaño*	[ta.má.ño]

Los sonidos [k] y [g] se articulan haciendo contacto el dorso de la lengua contra el velo del paladar[11]. Así decimos que [k] y [g] tienen una articulación *velar*. El sonido [χ] también es velar.

[11] El dorso, o parte posterior de la lengua, se une al velo, o parte atrás de la boca.

FIG. 2.11. EL PUNTO DE ARTICULACIÓN

(1)	bilabial	[p], [b], [β], [m]	(6)	alveopalatal	[ʃ], [ʒ], [č], [ń]
(2)	labiodental	[f], [ɱ]	(7)	palatal	[ʝ], [ñ], [λ]
(3)	interdental	[θ], [ð]	(8)	velar	[k], [g], [χ], [ɣ], [ŋ], [ŕ]
(4)	dental	[t], [d], [n̪]	(9)	laríngea	[h]
(5)	alveolar	[s], [z], [n], [l], [r], [ř]			

EN PAREJAS. Para cada uno de los grupos a continuación, pongan un círculo alrededor del fonema que no comparte el mismo punto de articulación que los demás.

1.	[f]	[b]	[p]	4.	[m]	[s]	[n]
2.	[č]	[ʒ]	[ñ]	5.	[ʝ]	[θ]	[λ]
3.	[d]	[χ]	[g]	6.	[l]	[ř]	[k]

2.2.2. EL MODO DE ARTICULACIÓN

El *modo de articulación* está relacionado con la disposición de los órganos articulatorios al pasar el aire espirado por la cavidad bucal. Según su modo de articulación, los sonidos pueden ser oclusivos, fricativos, africados, nasales, laterales o vibrantes.

Las consonantes *oclusivas* [p], [b], [t], [d], [k] y [g] se caracterizan por una obstrucción en el paso del aire, causada por el cierre momentáneo en los órganos articulatorios. Sin embargo, cuando estos fonemas aparecen entre vocales, como en el caso de "*la* [β]*oca*", "*la* [ð]*ama*" o "*la* [ɣ]*ata*", llegan a ser alófonos *fricativos*. No obstante, en la opinión de algunos, es más apropiado utilizar el término *aproximantes* porque la turbulencia que se produce no es tanta como en el caso de las demás fricativas.

En cuanto a los sonidos que tienen un modo de articulación *fricativo*, como [s], [f] y [χ], se produce un estrechamiento del canal bucal sin que se llegue a cortarse totalmente el aire. De hecho, podemos mantener, por cierto tiempo, sonidos como [s] –[s.......], algo que nos resultaría insostenible en el caso de sonidos oclusivos como [p], [t] o [k]. El conjunto de sonidos fricativos incluye: [β], [f], [θ], [ð], [ś], [s], [z], [ʃ], [ʒ], [ʝ], [χ], [ɣ] y [h].

También existen sonidos que empiezan con oclusión pero que tienen además una explosión de tipo fricativo. El sonido [č] que combina oclusión y fricción se llama *africado.*

En algunos dialectos, el sonido africado [č] tiende a reducirse a fricativo [ʃ], como en el caso de la palabra *"muchacho"* [mu.čá.čo] → [mu.ʃá.ʃo].

Los sonidos con modo de articulación nasal se conocen como *nasales*. La diferencia entre la pronunciación de [p], [b] y [m] es que en el caso de la nasal, se baja el velo para que el aire pase por la cavidad nasal. En español tenemos las nasales [m], [ɱ], [n̪], [n], [ń], [ñ] y [ŋ]. En ciertos dialectos, como en el de Andalucía, la /n/ a final de palabra se pronuncia como velar –[páŋ]. Mientras que en inglés la diferencia entre [n] y [ŋ] a final de palabra sirve para diferenciar entre el significado de un par mínimo como *"thin"* vs. *"thing"*, tanto [pán] como [páŋ] representan pronunciaciones diferentes de una sola palabra *"pan"*.

En la articulación de [l], el aire pasa por ambos lados de la lengua, articulación que se denomina *lateral*. En el norte y centro de España ciertos hablantes pronuncian el grafema *"ll"* como lateral palatal [λ]. Como hemos visto en la sección 2.1.1, en este dialecto, las palabras *"calló"* y *"cayó"* o *"pollo"* y *"poyo"* tienen pronunciaciones diferentes. En la articulación de [λ], el aire también pasa por los lados de la lengua. En estos dialectos, hay dos fonemas laterales [l] y [λ]. En los demás dialectos, la lateral palatal ha desaparecido y se ha confundido con la fricativa palatal [ʝ].

Por último, tenemos el grupo de las *vibrantes*, para las cuales la punta de la lengua vibra en el momento de pronunciarse. La vibrante puede ser simple [r] como en la forma *"cara"* o múltiple [ř] en palabras como *"carro"*, que corresponde al grafema *"rr"* o en posición inicial de palabra –*"rosa"*. Además, tenemos una *vibrante múltiple* tras una consonante en una sílaba diferente[12].

Las oclusivas (1), las fricativas (2) y las africadas (3) forman una sola clase denominada *obstruyentes*. Las laterales (5) y vibrantes (6), por su parte, forman la clase de *líquidas*. Las nasales (4) y líquidas (5-6) constituyen la clase de las *resonantes*.

FIG. 2.12. EL MODO DE ARTICULACIÓN

(1)	oclusiva:	[p], [b], [t], [d], [k], [g]
(2)	fricativa:	[β], [f], [θ], [ð], [ś], [s], [z], [ʃ], [ʒ], [ʝ], [χ], [ɣ], [h]
(3)	africada:	[č]
(4)	nasal:	[m], [ɱ], [n̪], [n], [ń], [ñ], [ŋ]
(5)	lateral:	[l], [λ]
(6)	vibrante:	[r], [ř], [ŕ]

[12] Veánse también la fig. 6 en la sección 2.2.1.

EN PAREJAS. Para cada uno de los grupos a continuación, pongan un círculo alrededor del fonema que no comparte el mismo punto o modo de articulación que los demás.

1.	[ñ]	[ʝ]	[λ]	[ɣ]	4.	[f]	[θ]	[ř]	[s]	[ʃ]	[χ]
2.	[f]	[b]	[ɱ]		5.	[χ]	[ɣ]	[g]	[k]	[ð]	[ŋ]
3.	[č]	[λ]	[l]		6.	[s]	[z]	[l]	[t]	[n]	[r]

2.2.3. LA SONORIDAD

La existencia o ausencia de vibración de las cuerdas vocales determina la clasificación de las consonantes en dos grupos: las sordas y las sonoras. Las consonantes *sonoras* se producen cuando las cuerdas vocales están tensas y entran en vibración al salir el aire desde los pulmones. Las consonantes *sordas*, por otra parte, se producen sin vibración de las cuerdas vocales porque éstas están separadas. Si nos llevamos los dedos índice y pulgar a la nuez de Adán, podemos notar la vibración al alternar entre los sonidos [t] y [d]. Podemos realizar el mismo experimento con los siguientes pares de sonidos: [p] y [b], [f] y [v], [θ] y [ð], [t] y [d], [s] y [z], [ʃ] y [ʒ], [č] y [ǰ][13], [k] y [g].

Las seis consonantes oclusivas españolas constituyen tres parejas de la oposición sonora-sorda. Los sonidos consonánticos [p], [t] y [k] son oclusivos sordos, mientras que los sonidos [b], [d] y [g] son oclusivos sonoros. Los alófonos aproximantes de [b], [d] y [g] también son sonoros —[β], [ð], [ɣ]. La consonante [č], por su parte es una africada sorda, mientras que [ǰ] del inglés es una africada sonora. Los sonidos [f], [θ], [s], [ʃ] y [χ] son fricativos sordos, mientras que [ð], [z] y [ʒ] son fricativos sonoros. Las consonantes resonantes —las nasales [m], [ɱ], [n̪], [n], [ń], [ñ] y [ŋ] y las líquidas [l], [λ], [r] y [ř]— son todas sonoras.

FIG. 1.13. LA SONORIDAD

(1) sorda: [p], [t], [k], [f], [s], [ś], [ʃ], [θ], [č], [χ], [h]

(2) sonora: [m], [ɱ], [n̪], [n], [ń], [ñ], [ŋ], [z], [b], [d], [g], [ʒ], [β], [ð], [ɣ], [ʝ], [l], [λ], [r], [ř]

[13] El alófono [ǰ] se pronuncia como en la palabra *"judge"* en inglés.

> EN PAREJAS. Los sonidos consonánticos se clasifican según tres parámetros principales: el punto de articulación, el modo de articulación y la sonoridad. Definan cada uno de estos parámetros y provean varios ejemplos que ilustren dichas clasificaciones.

2.2.4. LOS PRINCIPALES ALÓFONOS CONSONÁNTICOS DEL ESPAÑOL

Existen diferentes símbolos para representar un mismo fonema. Un ejemplo es el símbolo [č] que también podría representarse como [tʃ] según el estudio consultado. Puesto que esta falta de uniformidad puede dar lugar a cierta confusión, se ha tratado de unificar bajo un mismo símbolo las realizaciones que se pueden considerar equivalentes. La figura 2.15 recoge los símbolos empleados (y a veces adaptados) y su descripción fonética correspondiente –punto de articulación, modo de articulación y sonoridad.

FIG. 2.14. LOS PRINCIPALES ALÓFONOS DE LAS CONSONANTES DEL ESPAÑOL

	Bilabial	Labiodental	Interdental	Dental	Alveolar	Alveopalatal	Palatal	Velar	Laríngea
Oclusivas	[p] [b]			[t] [d]				[k] [g]	
Fricativas	[β]	[f]	[θ] [ð]		[s] [z]	[ʃ] [ʒ]	[ʝ]	[χ] [γ]	[h]
Africadas						[č]			
Nasales	[m]	[ɱ]		[n̪]	[n]	[ń]	[ñ]	[η]	
Laterales					[l]		[λ]		
Vibrantes					[r] [ř]			[ŕ]	

> EN PAREJAS. Escriban el alófono según las características descritas.
>
> 1. [ ] lateral palatal sonora
> 2. [ ] fricativa interdental sorda
> 3. [ ] fricativa alveolar sonora
> 4. [ ] fricativa velar sorda
> 5. [ ] africada alveopalatal sorda
> 6. [ ] fricativa palatal sonora
> 7. [ ] vocal media anterior
> 8. [ ] vocal media posterior

2.3. LOS PARÁMETROS DE CLASIFICACIÓN DE LAS VOCALES DEL ESPAÑOL

2.3.1. LAS VOCALES

Las vocales se clasifican utilizando tres parámetros: según su altura –alta, media y baja; según su desplazamiento hacia delante o detrás –anterior, central y posterior y segú la posición de los labios –no redondeada y redondeada.

FIG. 2.15. LAS VOCALES DEL ESPAÑOL

	ANTERIOR	CENTRAL	POSTERIOR
ALTA	i		u
MEDIA	e		o
BAJA		a	
	NO REDONDEADA		REDONDEADA

Por ejemplo, decimos que [i] es una vocal alta, anterior, no redondeada y [o] es una vocal media, posterior, redondeada.

2.3.2. LAS DESLIZADAS

Además de las cinco vocales, el español tiene cuatro *deslizadas*[14]: las *semiconsonantes* palatal [*j*] y labiovelar [ɷ] y las *semivocales* anterior [*i*] y posterior [*u*][15]. Existen ciertas diferencias entre las semiconsonantes y semivocales que no analizaremos en este estudio preliminar. En base al análisis que propone Azevedo (2005)[16] (y otros[17]) vamos a distinguir entre semiconsonantes y semivocales según su posición dentro del diptongo. Son semiconsonantes [*j*] y [ɷ] si preceden a la vocal, como en [má.ɾ*j*o] y [bɷé.no], y semivocales [*i*] y [*u*] si la siguen, como en [es.tó*i*] y [á*u*.la][18]. Existen también otros posibles análisis[19].

---

[14] Traducción del inglés "*glide*".

[15] Las semivocales se representan normalemente con un diacrítico que no disponemos en nuestro inventario de símbolos, por lo que los representaremos aquí como [*i*] y [*u*] para diferenciarlos de las semiconsonantes [*j*] y [ɷ].

[16] "El término deslizada incluye tanto las semiconsonantes, que vienen antes de una vocal, como las semivocales, que vienen después de una vocal en los diptongos". Azevedo, M. (2005), *Introducción a la lingüística española*. New Jersey: Prentice Hall, 78.

[17] "En la fonética tradicional son semiconsonantes los segmentos deslizados altos que aparecen antes del núcleo –"*pie*" y "*pues*", y semivocales, los que aparecen después –"*seis*" y "*causa*" (*Seminario de lingüística. Introducción a la fonología II*, Otoño 2006. http://www.auburn.edu/~torreal/flsp7970/matzgdh2b.ppt.)

[18] Véanse la presentación de las deslizadas en <http://www.uiowa.edu/~acadtech/phonetics/#>

[19] "Lo importante es determinar la función del sonido semivocálico/semiconsonántico. Si funciona como vocal (núcleo de la sílaba) dentro de un diptongo, se trata de una semivocal [i] y [u], tanto si la deslizada va en primer lugar –"*biósfera*" [biós.fe.ra] (creciente), como si va en segundo lugar –"*reina*" [řéi.na] (decreciente). Si funciona como consonante (cabeza de sílaba) se trata de una semiconsonante. Por ejemplo, "*hielo*" contiene una semiconsonante fricativa palatal sonora –[jé.lo] y "*hueso*" contiene una semiconsonante fricativa labiovelar sonora –[ɷé.so]" (Marks, E., Universidad de Ohio).

2.3.3 LOS DIPTONGOS

Un *diptongo* es el conjunto de dos elementos dentro de una misma sílaba, una de las cuales tiene que ser una deslizada. Los diptongos son de tres tipos –crecientes, decrecientes y triptongos. Decimos *diptongo creciente* para ilustrar el paso de una semiconsonante de menor abertura [*j*, ω] a una vocal de mayor abertura [a, e, o]. Cuando se invierte el orden, de mayor [a, e, o] a menor [*i*, *u*] abertura, tenemos un *diptongo decreciente*.

Los diptongos crecientes se forman a partir de una deslizada seguida de una vocal. El primer elemento en un diptongo creciente es la deslizada [*j*] o [ω]; por ejemplo, "*estadio*" [es.tá.ð*j*o] y "*abuelo*" [a.βωé.lo].

FIG. 2.16. UNA DESLIZADA [*j*, ω] + UNA VOCAL

	ORTOGRAFÍA	TRANSCRIPCIÓN		ORTOGRAFÍA	TRANSCRIPCIÓN		ORTOGRAFÍA	TRANSCRIPCIÓN
(1)	*celestial*	[se.les.t*j*ál]	(6)	*gratuito*	[gra.tωí.to]	(11)	*quien*	[k*j*én]
(2)	*cielo*	[s*j*é.lo]	(7)	*Juanito*	[χωa.ní.to]	(12)	*siempre*	[s*j*ém.pre]
(3)	*cuerpo*	[kωér.po]	(8)	*mi uña*	[m*j*ú.ña]	(13)	*suizo*	[sωí.so]
(4)	*duele*	[dωé.le]	(9)	*muerte*	[mωér.te]	(14)	*tierra*	[t*j*é.řa]
(5)	*estatua*	[es.tá.tωa]	(10)	*nupcias*	[núp.s*j*ás]	(15)	*viejo*	[b*j*é.χo]

En cambio, en el caso de los diptongos decrecientes, el segundo elemento es una semivocal [*i*] o [*u*]; por ejemplo, "*baile*" [bá*i*.le] y "*flauta*" [flá*u*.ta].

FIG. 2.17. UNA VOCAL + UNA DESLIZADA [*i*, *u*]

	ORTOGRAFÍA	TRANSCRIPCIÓN		ORTOGRAFÍA	TRANSCRIPCIÓN		ORTOGRAFÍA	TRANSCRIPCIÓN
(1)	*aceite*	[a.sé*i*.te]	(4)	*doy*	[dó*i*]	(7)	*jaula*	[χá*u*.la]
(2)	*baile*	[bá*i*.le]	(5)	*euforia*	[e*u*.fó.r*j*a]	(8)	*paisaje*	[pa*i*.sá.χe]
(3)	*causa*	[ká*u*.sa]	(6)	*flauta*	[flá*u*.ta]	(9)	*reina*	[řé*i*.na]

Cuando tres elementos vocálicos constituyen una misma sílaba tenemos un triptongo; por ejemplo, "*buey*" [bωé*i*].

FIG. 2.18. UNA DESLIZADA [*j*, ω] + UNA VOCAL + UNA DESLIZADA [*i*, *u*]

	ORTOGRAFÍA	TRANSCRIPCIÓN		ORTOGRAFÍA	TRANSCRIPCIÓN		ORTOGRAFÍA	TRANSCRIPCIÓN
(1)	*averiguáis*	[a.βe.ri.γωá*i*s]	(3)	*guau*	[gωá*u*]	(5)	*miau*	[m*j*á*u*]
(2)	*buey*	[bωé*i*]	(4)	*limpiéis*	[lim.p*j*é*i*s]	(6)	*Paraguay*	[pa.ra.γωá*i*]

✎ ☐ EN PAREJAS. Hagan una transcripción fonética de las siguientes palabras.

1.	*aire*	6.	*estoy*	11.	*huerto*	16.	*quiero*	21.	*serio*
2.	*bueno*	7.	*fiesta*	12.	*pauta*	17.	*rey*	22.	*tiene*
3.	*cuatro*	8.	*fuerte*	13.	*peine*	18.	*salario*	23.	*Uruguay*
4.	*caricia*	9.	*furia*	14.	*piano*	19.	*sauna*	24.	*viaje*
5.	*despreciáis*	10.	*hielo*	15.	*puesto*	20.	*serie*	25.	*voy*

2.3.4 EL HIATO

Por el contrario, dos vocales seguidas en sílabas distintas forman un *hiato*. Cuando ninguna de las vocales en la secuencia es alta ("*i*" o "*u*"), tenemos un hiato, al menos en una pronunciación cuidadosa —[a.o], [a.e], [e.a], [e.o], [o.a], [o.e].

Cuando una de las vocales es alta, la presencia del acento ortográfico sobre la "*i*" o la "*u*" indica cuando se tiene un hiato, como en "*María*", frente a "*Mario*", que contiene un diptongo.

FIG. 2.19. EL HIATO SIN VOCAL ALTA

	ORTOGRAFÍA	TRANSCRIPCIÓN		ORTOGRAFÍA	TRANSCRIPCIÓN		ORTOGRAFÍA	TRANSCRIPCIÓN
(1)	*almohada*	[al.mo.á.ða]	(3)	*caos*	[ká.os]	(5)	*héroe*	[é.ro.e]
(2)	*caer*	[ka.ér]	(4)	*deseo*	[de.sé.o]	(6)	*teatro*	[te.á.tro]

FIG. 2.20. EL HIATO CRECIENTE CON UNA VOCAL ALTA

	ORTOGRAFÍA	TRANSCRIPCIÓN		ORTOGRAFÍA	TRANSCRIPCIÓN		ORTOGRAFÍA	TRANSCRIPCIÓN
(1)	*cliente*	[kli.én̩.te]	(3)	*dúo*	[dú.o]	(5)	*guión*	[gi.ón]
(2)	*día*	[dí.a]	(4)	*gradúa*	[gra.ðú.a]	(6)	*ríe*	[ř́í.e]

FIG. 2.21. EL HIATO DECRECIENTE CON UNA VOCAL ALTA

	ORTOGRAFÍA	TRANSCRIPCIÓN		ORTOGRAFÍA	TRANSCRIPCIÓN		ORTOGRAFÍA	TRANSCRIPCIÓN
(1)	*ataúd*	[a.ta.úð]	(3)	*leíste*	[le.ís.te]	(5)	*país*	[pa.ís]
(2)	*cruel*	[kru.él]	(4)	*oído*	[o.í.ðo]	(6)	*raíz*	[ř a.ís]

Sin embargo, la distinción *diptongo/hiato* no siempre está indicado en la ortografía del español. Cuando tenemos dos vocales altas seguidas, la segunda vocal en la secuencia recibe el estrés; por ejemplo, "*huida*" → [u.í.ða].[20]

[20] En ciertos dialectos, "*huida*" y "*fluidez*" se pronuncian con hiato, mientras que "*cuida*" y "*ruido*" se pronuncian con diptongo —[kwi.ða] y [řwi.ðo].

FIG. 2.22. EL HIATO CON DOS VOCALES ALTAS

	ORTOGRAFÍA	TRANSCRIPCIÓN		ORTOGRAFÍA	TRANSCRIPCIÓN		ORTOGRAFÍA	TRANSCRIPCIÓN
(1)	*contribuir*	[kon̪.tri.βu.ír]	(2)	*fluidez*	[flu.í.ðés]	(3)	*huida*	[u.í.ða]

EN PAREJAS. Hagan una transcripción fonética de las siguientes palabras.

1.	*aldea*	5.	*cafeína*	9.	*egoísmo*	13.	*maestro*	17.	*poeta*
2.	*actúo*	6.	*canoa*	10.	*fantasía*	14.	*maíz*	18.	*proveer*
3.	*bacalao*	7.	*coágulo*	11.	*feo*	15.	*océano*	19.	*teméis*
4.	*baúl*	8.	*diario*	12.	*león*	16.	*peor*	20.	*tenía*

2.4. LOS PROCESOS FONOLÓGICOS DEL ESPAÑOL

Los tres procesos fonológicos más característicos del español son la alternancia oclusiva/fricativa, la asimilación de nasales y la sonorización de /s/.

2.4.1. LA ALTERNANCIA OCLUSIVA/FRICATIVA

La oposición sonora/sorda de las oclusivas [p, t, k] y [b, d, g] y los alófonos fricativos de las sonoras [β, ð, γ] son dos características de las oclusivas españolas. Los alófonos oclusivos [b, d, g] aparecen en posición inicial (FIG. 2.24), después de una nasal (FIG. 2.25) y, en el caso de la dental [d], después de una lateral [l] (FIG. 2.26).

FIG. 2.23. LOS FONEMAS /b, d, g/ → LOS ALÓFONOS [b, d, g] EN POSICIÓN INICIAL

	ORTOGRAFÍA	TRANSCRIPCIÓN		ORTOGRAFÍA	TRANSCRIPCIÓN		ORTOGRAFÍA	TRANSCRIPCIÓN
(1)	*bestial*	[bes.tʝál]	(4)	*doctor*	[dok.tór]	(7)	*Guillermo*	[gi.ʝér.mo]
(2)	*bravo*	[brá.βo]	(5)	*gaucho*	[gá*u*.čo]	(8)	*vestir*	[bes.tír]
(3)	*derecho*	[de.ré.čo]	(6)	*guapo*	[gωá.po]	(9)	*voy*	[bó*i*]

FIG. 2.24. LOS FONEMAS /b, d, g/ → LOS ALÓFONOS [b, d, g] DESPUÉS DE UNA NASAL [m, n̪, ŋ]

	ORTOGRAFÍA	TRANSCRIPCIÓN		ORTOGRAFÍA	TRANSCRIPCIÓN		ORTOGRAFÍA	TRANSCRIPCIÓN
(1)	*ambiguo*	[am.bí.γωo]	(3)	*un baso*	[um.bá.so]	(5)	*nombre*	[nóm.bre]
(2)	*anda*	[án̪.da]	(4)	*duende*	[dωén̪.de]	(6)	*tengo*	[téŋ.go]

FIG. 2.25. EL FONEMA /d/ → EL ALÓFONO [d] DESPUÉS DE UNA LATERAL [l]

	ORTOGRAFÍA	TRANSCRIPCIÓN		ORTOGRAFÍA	TRANSCRIPCIÓN		ORTOGRAFÍA	TRANSCRIPCIÓN
(1)	*aldea*	[al.dé.a]	(4)	*espalda*	[es.pál.da]	(7)	*falda*	[fál.da]
(2)	*caldo*	[kál.do]	(5)	*falda*	[fál.da]	(8)	*Matilda*	[ma.tíl.da]
(3)	*el diablo*	[el.dʝá.βlo]	(6)	*giralda*	[χi.rál.da]	(9)	*selda*	[sél.da]

Los alófonos fricativos o aproximantes [β, ð, ɣ], por su parte, se encuentran en los demás contextos —después de vocal (FIG. 2.27) o deslizada [*i*, *u*] (FIG. 2.28), después de lateral en el caso de la /b/ y /g/ (FIG. 2.29), en posición final en el caso de la /d/ (FIG. 2.30) y después de otras consonantes como [s] y [r] (FIG. 2.31).

FIG. 2.26. LOS FONEMAS /b, d, g/ ⟶ LOS ALÓFONOS [β, ð, ɣ] DESPUÉS DE UNA VOCAL O SEMIVOCAL

	ORTOGRAFÍA	TRANSCRIPCIÓN		ORTOGRAFÍA	TRANSCRIPCIÓN		ORTOGRAFÍA	TRANSCRIPCIÓN
(1)	*abogado*	[a.βo.ɣá.ðo]	(12)	*idioma*	[i.ð*j*ó.ma]	(23)	*peligro*	[pe.lí.ɣro]
(2)	*abrigo*	[a.βrí.ɣo]	(13)	*idiota*	[i.ð*j*ó.ta]	(24)	*piedra*	[p*j*é.ðra]
(3)	*amable*	[a.má.βle]	(14)	*igual*	[i.ɣωál]	(25)	*pueblo*	[pωé.βlo]
(4)	*boda*	[bó.ða]	(15)	*juego*	[χωé.ɣo]	(26)	*puedo*	[pωé.ðo]
(5)	*cada*	[ká.ða]	(16)	*labio*	[lá.β*j*o]	(27)	*quebrar*	[ke.βrár]
(6)	*cadena*	[ka.ðé.na]	(17)	*lluvia*	[*j*ú.β*j*a]	(28)	*rabia*	[řá.β*j*a]
(7)	*caiga*	[ká*i*.ɣa]	(18)	*madre*	[má.ðre]	(29)	*sabe*	[sá.βe]
(8)	*ciego*	[s*j*é.ɣo]	(19)	*miedo*	[m*j*é.ðo]	(30)	*sabio*	[sá.β*j*o]
(9)	*cigüeña*	[si.ɣωé.ña]	(20)	*niega*	[n*j*é.ɣa]	(31)	*seguro*	[se.ɣú.ro]
(10)	*deuda*	[dé*u*.ða]	(21)	*nueva*	[nωé.βa]	(32)	*trigo*	[trí.ɣo]
(11)	*la guerra*	[la.ɣé.řa]	(22)	*oiga*	[ó*i*.ɣa]	(33)	*Zaragosa*	[sa.ra.ɣó.sa]

FIG. 2.27. LOS FONEMAS /b, d, g/ ⟶ LOS ALÓFONOS [β, ð, ɣ] DESPUÉS DE /r/ Y /s/

	ORTOGRAFÍA	TRANSCRIPCIÓN		ORTOGRAFÍA	TRANSCRIPCIÓN		ORTOGRAFÍA	TRANSCRIPCIÓN
(1)	*árbol*	[ár.βol]	(5)	*gordo*	[gór.ðo]	(9)	*juzgar*	[χuz.ɣár]
(2)	*arder*	[ar.ðér]	(6)	*guarda*	[gωár.ða]	(10)	*rasgo*	[ráz.ɣo]
(3)	*desde*	[déz.ðe]	(7)	*hierba*	[*j*ér.βa]	(11)	*servicio*	[ser.βí.s*j*o]
(4)	*cargo*	[kár.ɣo]	(8)	*largo*	[lár.ɣo]	(12)	*verbo*	[bér.βo]

FIG. 2.28. LOS FONEMAS /b, g/ ⟶ LOS ALÓFONOS [β, ɣ] DESPUÉS DE UNA LATERAL [l]

	ORTOGRAFÍA	TRANSCRIPCIÓN		ORTOGRAFÍA	TRANSCRIPCIÓN		ORTOGRAFÍA	TRANSCRIPCIÓN
(1)	*alba*	[ál.βa]	(4)	*el burro*	[el.βú.řo]	(7)	*delgado*	[del.ɣá.ðo]
(2)	*algo*	[ál.ɣo]	(5)	*calvo*	[kál.βo]	(8)	*olvidar*	[ol.βi.ðár]
(3)	*alguno*	[al.ɣú.no]	(6)	*colgar*	[kol.ɣár]	(9)	*vuelve*	[bωél.βe]

FIG. 2.29. EL FONEMA /d/ ⟶ EL ALÓFONO [ð] EN POSICIÓN FINAL

	ORTOGRAFÍA	TRANSCRIPCIÓN		ORTOGRAFÍA	TRANSCRIPCIÓN		ORTOGRAFÍA	TRANSCRIPCIÓN
(1)	*ataúd*	[a.ta.úð]	(5)	*gratitud*	[gra.ti.túð]	(9)	*red*	[řéð]
(2)	*césped*	[sés.peð]	(6)	*huésped*	[ωés.peð]	(10)	*realidad*	[ře.a.li.ðáð]
(3)	*cuidad*	[kωi.ðáð]	(7)	*madrid*	[ma.ðríð]	(11)	*la verdad*	[la.βer.ðáð]
(4)	*edad*	[e.ðáð]	(8)	*pared*	[pa.réð]	(12)	*virtud*	[bir.túð]

EN PAREJAS. Hagan una transcripción fonética de las siguientes palabras.

1. *abril*	14. *cerdo*	27. *hago*	40. *lobo*	53. *rabia*
2. *agua*	15. *cerebro*	28. *hadas*	41. *llave*	54. *sabor*
3. *almohada*	16. *ciego*	29. *hombre*	42. *llevar*	55. *seda*
4. *borde*	17. *cuidado*	30. *hormiga*	43. *lugar*	56. *selva*
5. *el biólogo*	18. *cuñada*	31. *imposible*	44. *mago*	57. *sobre*
6. *la boca*	19. *una dama*	32. *jornada*	45. *marido*	58. *sube*
7. *una boda*	20. *le doy*	33. *joven*	46. *milagro*	59. *suegra*
8. *la bodega*	21. *dudoso*	34. *lado*	47. *nada*	60. *tabla*
9. *brazo*	22. *estadio*	35. *ladrón*	48. *obra*	61. *todo*
10. *caballo*	23. *fuego*	36. *lago*	49. *onza*	62. *trabajo*
11. *cabaña*	24. *una gata*	37. *lava*	50. *padre*	63. *ya voy*
12. *cabra*	25. *gota*	38. *libre*	51. *palabra*	64. *viuda*
13. *caridad*	26. *hablar*	39. *libro*	52. *prado*	65. *zebra*

2.4.2. LA ASIMILACIÓN DE NASALES

Tenemos asimilación cuando un sonido es influido por las características articulatorias de un sonido vecino. Cuando se encuentra ante cualquier consonante obstruyente, la nasal tiende a realizarse como bilabial, labiodental, dental, alveolar, alveopalatal, palatal o velar según el punto de articulación del sonido consonántico que la sigue. En el caso de las nasales, la asimilación es regresiva[21] porque ocurre de derecha a izquierda; es decir, el segundo de dos segmentos en secuencia influye en el primero.

FIG. 2.30. EL FONEMA /n/ ⟶ EL ALÓFONO [m] ANTES DE UNA CONSONANTE BILABIAL [b, p, m]

	ORTOGRAFÍA	TRANSCRIPCIÓN		ORTOGRAFÍA	TRANSCRIPCIÓN		ORTOGRAFÍA	TRANSCRIPCIÓN
(1)	*un bebé*	[um.be.βé]	(4)	*imbécil*	[im.bé.sil]	(7)	*un palacio*	[um.pa.lá.sjo]
(2)	*don Pedro*	[dom.pé.ðro]	(5)	*invierno*	[im.bjér.no]	(8)	*un perro*	[um.pé.řo]
(3)	*envidia*	[em.bí.ðja]	(6)	*pampa*	[pám.pa]	(9)	*tumbarse*	[tum.bár.se]

La labiodental, como lo indica su nombre, ocurre antes de [f].

[21] Cuando el primero de dos segmentos en secuencia influye en el segundo, la asimilación es progresiva.

FIG. 2.31. EL FONEMA /n/ → EL ALÓFONO [ɱ] ANTES DE UNA CONSONANTE LABIODENTAL [f] [22]

	ORTOGRAFÍA	TRANSCRIPCIÓN		ORTOGRAFÍA	TRANSCRIPCIÓN		ORTOGRAFÍA	TRANSCRIPCIÓN
(1)	*anfibio*	[aɱ.fí.βj̯o]	(4)	*enfilar*	[eɱ.fi.lár]	(7)	*infantil*	[iɱ.fan̪.tíl]
(2)	*enfierno*	[eɱ.fj̯ér.no]	(5)	*infortunio*	[iɱ.for.tú.nj̯o]	(8)	*infiel*	[iɱ.fj̯él]
(3)	*enfasis*	[éɱ.fa.sis]	(6)	*un foco*	[uɱ.fó.ko]	(9)	*triunfo*	[tri.úɱ.fo] [23]

FIG. 2.32. EL FONEMA /n/ → EL ALÓFONO [n̪] ANTES DE UNA CONSONANTE DENTAL [t, d]

	ORTOGRAFÍA	TRANSCRIPCIÓN		ORTOGRAFÍA	TRANSCRIPCIÓN		ORTOGRAFÍA	TRANSCRIPCIÓN
(1)	*adelante*	[a.ðe.lan̪.te]	(6)	*diamante*	[dj̯á.mán̪.te]	(11)	*hendidura*	[en̪.di.ðú.ra]
(2)	*antiguo*	[an̪.tí.γωo]	(7)	*diente*	[dj̯én̪.te]	(12)	*junta*	[χún̪.ta]
(3)	*ciento*	[s̪j̯én̪.to]	(8)	*gente*	[χén̪.te]	(13)	*puente*	[pωén̪.te]
(4)	*cuando*	[kωán̪.do]	(9)	*guante*	[gωán̪.te]	(14)	*riendo*	[ři.én̪.do]
(5)	*delantal*	[de.lan̪.tál]	(10)	*góndola*	[gón̪.do.la]	(15)	*siendo*	[s̪j̯én̪.do]

Debido a que en el español peninsular "*ce*", "*ci*" y "*z*" tienen un punto de articulación interdental [θ], un fonema nasal que aparezca ante dicho fonema interdental se realizará como alófono dental [n̪].

FIG. 2.33. EL FONEMA /n/ → EL ALÓFONO [n̪] ANTES DE UNA CONSONANTE INTERDENTAL [θ]

	ORTOGRAFÍA	TRANSCRIPCIÓN		ORTOGRAFÍA	TRANSCRIPCIÓN		ORTOGRAFÍA	TRANSCRIPCIÓN
(1)	*anuncio*	[a.nún̪.θj̯o]	(3)	*entonces*	[en̪.tón̪.θeŝ]	(5)	*sencillo*	[ŝen̪.θí.λo]
(2)	*encima*	[en̪.θí.ma]	(4)	*Francia*	[frán̪.θj̯a]	(6)	*sincero*	[ŝin̪.θé.ro]

FIG. 2.34. EL FONEMA /n/ → EL ALÓFONO [n] ANTES DE UNA CONSONANTE ALVEOLAR [l, r, ř, s].

	ORTOGRAFÍA	TRANSCRIPCIÓN		ORTOGRAFÍA	TRANSCRIPCIÓN		ORTOGRAFÍA	TRANSCRIPCIÓN
(1)	*anuncio*	[a.nún.s̪j̯o]	(4)	*encima*	[en.sí.ma]	(7)	*entorno*	[en̪.tór.no]
(2)	*con razón*	[kon.řa.són]	(5)	*enlace*	[en.lá.se]	(8)	*esencia*	[e.sén.s̪j̯a]
(3)	*desenlace*	[de.sen.lá.se]	(6)	*ensalada*	[en.sa.lá.ða]	(9)	*manso*	[mán.so]

La diferencia entre [ń] y [ñ] reside en el grado de palatalización —[ñ] es plenamente palatal, mientras que la alveopalatal [ń] es pre-palatal.

FIG. 2.35. EL FONEMA /n/ → EL ALÓFONO [ń] ANTES DE UNA CONSONANTE ALVEOPALATAL [ʃ, ʒ, č]

	ORTOGRAFÍA	TRANSCRIPCIÓN		ORTOGRAFÍA	TRANSCRIPCIÓN		ORTOGRAFÍA	TRANSCRIPCIÓN
(1)	*ancho*	[áń.čo]	(4)	*un chiste*	[uń.čís.te]	(7)	*concha*	[kóń.ča]
(2)	*un chicle*	[uń.čí.kle]	(5)	*con cheque*	[koń.čé.ke]	(8)	*enchilada*	[eń.či.lá.ða]
(3)	*un chico*	[uń.čí.ko]	(6)	*un choque*	[uń.čó.ke]	(9)	*inchar*	[iń.čár]

[22] También se puede incluir la labiodental [v] que encontramos en el dialecto sudoeste de EE.UU.

[23] Existe variaciones dialectales, así que conviven la pronunciación con hiato [tri.úɱ.fo] y con diptongo [trj̯úɱ.fo].

FIG. 2.36. EL FONEMA /n/ → EL ALÓFONO [ñ] ANTES DE UNA CONSONANTE PALATAL [λ, ʝ]

	ORTOGRAFÍA	TRANSCRIPCIÓN		ORTOGRAFÍA	TRANSCRIPCIÓN		ORTOGRAFÍA	TRANSCRIPCIÓN
(1)	*con hielo*	[koñ.ʝé.lo]	(4)	*genial*	[χe.ñál]	(7)	*nieto*	[ñʝé.to]
(2)	*conllevar*	[koñ.ʝe.βár]	(5)	*inyectar*	[iñ.ʝék.tár]	(8)	*un yeso*	[uñ.ʝé.so]
(3)	*cónyuge*	[kóñ.ʝu.ɣe]	(6)	*Kenya*	[ké.ña]	(9)	*un yogur*	[uñ.ʝo.ɣúr]

FIG. 2.37. EL FONEMA /n/ → EL ALÓFONO [ŋ] ANTES DE UNA CONSONANTE VELAR [k, g, χ]

	ORTOGRAFÍA	TRANSCRIPCIÓN		ORTOGRAFÍA	TRANSCRIPCIÓN		ORTOGRAFÍA	TRANSCRIPCIÓN
(1)	*ángel*	[áŋ.χel]	(7)	*un gato*	[uŋ.gá.to]	(13)	*ingrato*	[iŋ.grá.to]
(2)	*aunque*	[á*u*ŋ.ke]	(8)	*un gringo*	[uŋ.gríŋ.go]	(14)	*lengua*	[léŋ.gωa]
(3)	*cangrejo*	[kaŋ.gré.χo]	(9)	*incapaz*	[iŋ.ka.pás]	(15)	*mangas*	[máŋ.gas]
(4)	*en Cuba*	[eŋ.kú.βa]	(10)	*increíble*	[iŋ.kre.í.βle]	(16)	*panqueque*	[paŋ.ké.ke]
(5)	*con quien*	[koŋ.kʝén]	(11)	*ingeniero*	[iŋ.χe.ñʝé.ro]	(17)	*tronco*	[tróŋ.ko]
(6)	*enjaulado*	[eŋ.χa*u*.lá.ðo]	(12)	*ingerir*	[iŋ.χe.rír]	(18)	*zinc*	[síŋk]

EN PAREJAS. Hagan una transcripción fonética de las siguientes palabras.

1.	*andar*	8.	*convoy*	15.	*en Francia*	22.	*nunca*
2.	*aprender*	9.	*un caso*	16.	*estornudar*	23.	*pan con vino*
3.	*banco*	10.	*con chocolate*	17.	*fanfarrón*	24.	*poncho*
4.	*un barco*	11.	*confuso*	18.	*inglés*	25.	*pongo*
5.	*un beso*	12.	*un día*	19.	*Juan Carlos*	26.	*tanque*
6.	*un chimpancé*	13.	*entraña*	20.	*leyenda*	27.	*treinta*
7.	*con ganas*	14.	*envase*	21.	*ninguno*	28.	*ven ya*

2.4.3. LA SONORIZACIÓN DEL FONEMA /s/

La sonorización es otro ejemplo de asimilación regresiva y ocurre cuando una consonante sorda se convierte en sonora. Tal es el caso para el fonema /s/, que al encontrarse delante de una consonante sonora, se sonoriza por asimilación, dando lugar al alófono [z]. En los demás entornos se mantiene sordo [s].

FIG. 2.38. LA SONORIZACIÓN DE /S/ → EL ALÓFONO [Z]

/s/	[z]	Antes de consonante sonora	[déz.ðe]
	[s]	En los demás entornos	[es.kωé.la]

FIG. 2.39. EL FONEMA /s/ → EL ALÓFONO [z] ANTES DE CONSONANTE SONORA

	ORTOGRAFÍA	TRANSCRIPCIÓN		ORTOGRAFÍA	TRANSCRIPCIÓN		ORTOGRAFÍA	TRANSCRIPCIÓN
(1)	*desbordar*	[dez.βor.ðár]	(5)	*los dientes*	[loz.ð̞ʝén̪.tes]	(9)	*Esmeralda*	[ez.me.rál.da]
(2)	*desdicha*	[dez.ðí.č a]	(6)	*disgusto*	[diz.ɣús.to]	(10)	*esnob*	[ez.nób]
(3)	*deslizar*	[dez.li.sár]	(7)	*esbelto*	[ez.βél.to]	(11)	*los globos*	[loz.ɣló.βos]
(4)	*desmayarse*	[dez.ma.ʝár.se]	(8)	*es bueno*	[ez.βωé.no]	(12)	*resbalar*	[řez.βa.lár]

EN PAREJAS. Hagan una transcripción fonética de las siguientes palabras.

1. *asno*	4. *desvelo*	7. *esbozo*	10. *isla*	13. *rasgo*
2. *desgracia*	5. *desvincular*	8. *esdrújula*	11. *es mío*	14. *dos viajes*
3. *deslumbrante*	6. *tres días*	9. *hazlo*	12. *mismo*	15. *yugoslavia*

2.4.4. LA VIBRANTE MÚLTIPLE TRAS UNA CONSONANTE EN SÍLABA DIFERENTE

Como ya hemos comentado, una vibrante puede ser simple [r] como en la forma *"amor"* → [a.mór] o múltiple [ř] en palabras como *"terraza"* → [te.řá.sa], que corresponde al grafema *"rr"* o en posición inicial de palabra —*"rugir"* → [řu.χír]. Además, tenemos una *vibrante múltiple* tras una consonante en sílaba diferente —*"alrededor"* → [al.ře.ðe.ðór].

FIG. 2.40. LOS GRAFEMAS "r-" Y "rr" → EL FONEMA /ř/

	ORTOGRAFÍA	TRANSCRIPCIÓN		ORTOGRAFÍA	TRANSCRIPCIÓN		ORTOGRAFÍA	TRANSCRIPCIÓN
(1)	*alrededor*	[al.ře.ðe.ðór]	(7)	*enredo*	[en.řé.ðo]	(13)	*reyes*	[řé.ʝes]
(2)	*barrio*	[bá.řʝo]	(8)	*enriquecer*	[en.ři.ke.sér]	(14)	*rodilla*	[řo.ðí.ʝa]
(3)	*borracho*	[bo.řá.čo]	(9)	*enrojecido*	[en.řo.χe.sí.ðo]	(15)	*rogar*	[řo.ɣár]
(4)	*borrador*	[bo.řa.ðór]	(10)	*guitarra*	[gi.tá.řa]	(16)	*ruedas*	[řωé.ðas]
(5)	*corriente*	[ko.řʝén̪.te]	(11)	*irracional*	[i.řa.sʝo.nál]	(17)	*ruido*	[řωí.ðo]
(6)	*corrosivo*	[ko.řo.sí.bo]	(12)	*rabia*	[řá.βʝa]	(18)	*tierra*	[tʝé.řa]

EN PAREJAS. Hagan una transcripción fonética de las siguientes palabras que contienen el fonema /ř/.

1. *arreglar*	4. *carro*	7. *ferrocarril*	10. *irregular*	13. *respirar*
2. *barrera*	5. *cigarrillo*	8. *guerra*	11. *Israel*	14. *rodear*
3. *borracho*	6. *Enrique*	9. *honra*	12. *Manrique*	15. *virrey*

2.5. LAS REGLAS FONOLÓGICAS

Una regla fonológica es la sustitución de un fonema por uno de sus alófonos, mediante la cual se pasa del nivel fonológico al fonético.

2.5.1. LA REGLA FONOLÓGICA PARA LA SONORIZACIÓN DEL FONEMA /s/

Una regla fonológica puede explicar, por ejemplo, cuándo un fonema como el fricativo sordo /s/ se realiza fonéticamente como sonoro [z], especificándose los contextos en que ocurre determinado alófono. La regla fonológica en (1) se lee de la siguiente manera: el fonema /s/ se realiza (indicada por la flecha) fonéticamente [z] cuando (la barra significa en el contexto) precede (la línea indica la posición del fonema que se analiza) a una consonante sonora. Dicho de otro modo, el fonema /s/ se hace sonoro cuando va seguido por una consonante sonora.

FIG. 2.41. LA REGLA DE SONORIZACIÓN DE /S/

(1) $/s/ \rightarrow [z] \;/\; \_\_\_ \begin{bmatrix} +\ \text{cons} \\ +\ \text{son} \end{bmatrix}$

2.5.2. LA REGLA FONOLÓGICA PARA LA ASIMILACIÓN DE NASALES

Seguimos con la regla fonológica para la realización de la nasal /n/ como alófono velar [ŋ] en palabras como [áŋ.ke], [gríŋ.go] y [áŋ.χel]. El que el alófono [ŋ] ocurra cuando el fonema nasal /n/ precede a una velar /k/, /g/ o /χ/ podría expresarse mediante las reglas a continuación (1-3).

FIG. 2.42. LAS REGLAS DE ASIMILACIÓN DE LA NASAL

(1) /n/ → [ŋ] / ___ [k]

(2) /n/ → [ŋ] / ___ [g]

(3) /n/ → [ŋ] / ___ [χ]

La convención exige que todo fonema y sus respectivos alófonos se describa a partir de sus rasgos articulatorios. Tomamos, por ejemplo, el fonema /n/, cuyos rasgos articulatorios son [+ nasal, + alveolar, + sonoro]. Las reglas (4-6) indican que el fonema /n/ se realiza fonéticamente en [ŋ] cuando va seguido de un fonema oclusivo, velar, sordo /k/; oclusivo, velar, sonoro /g/ y fricativo, velar, sordo /χ/.

Fig. 2.43. Las reglas de asimilación de la nasal a partir de los rasgos articulatorios

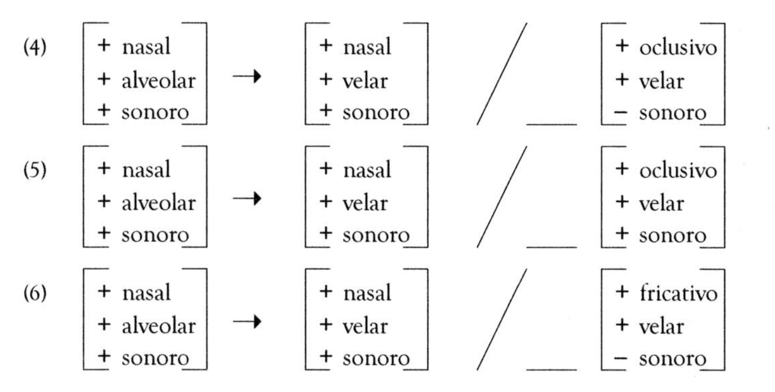

Existen varias posibilidades con respecto a la formulación de una regla fonológica. Sin embargo, apoyándose en el principio de economía, una regla sólo debería incluír la más mínima información necesaria para así evitarse cualquier redundancia. Hasta ahora, tenemos tres reglas para explicar un solo proceso. Las reglas en (4-6) contienen efectivamente información fácilmente deducible y, por lo tanto, innecesaria.

En primer lugar, como todas las nasales tienen el rasgo [+ sonoro], podemos eliminar este detalle por ser redundante. En segundo lugar, como las nasales /n/ y [ŋ] sólo se diferencian por su punto de articulación –/n/ es [+ alveolar] mientras que [ŋ] es [+ velar], podemos reducir el cambio que se produce (la segunda parte de la regla) al rasgo [+ velar].

Fig. 2.44. Las reglas de asimilación de la nasal – segunda versión

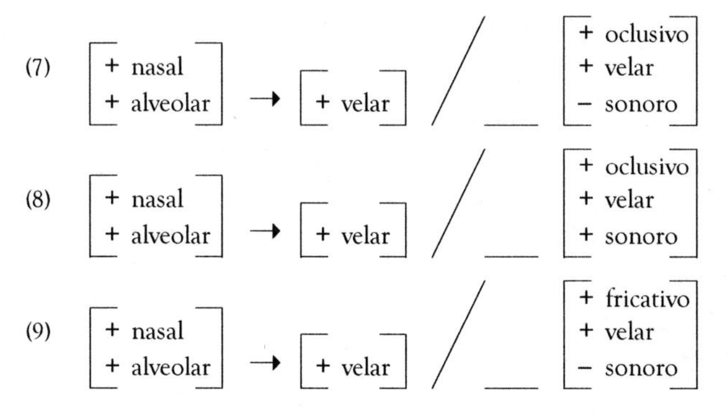

Al limitarnos a los rasgos [+ nasal, + alveolar], hemos eliminado algo de la información redundante, pero seguimos teniendo tres reglas para expresar un solo fenómeno. Intentemos ahora reducir a una sola regla toda la información que aparece en (7-9).

El rasgo [+ sonoro] define al fonema [g] pero no a los fonemas [k] y [χ], por lo que podemos afirmar que la sonoridad no es un factor decisivo en el proceso que estamos estudiando. Además, la nasal ya viene marcada por el rasgo [+ sonoro], lo que reafirma que la sonoridad es un elemento superfluo en elaboración de una regla que da cuenta de la asimilación de la nasal al punto de articulación de la consonante velar que la sigue. Tampoco parece imprescindible que se distinga entre el modo de articulación [+ oclusivo] y el [+ fricativo]. Lo que sí parece ser pertinente es el contexto en el cual ocurre este cambio. Así, lo que tienen en común los fonemas /k/, /g/ y /χ/ es el rasgo [+ velar], por lo que tenemos en (10) una regla que dice que una nasal se hace velar cuando le sigue una velar.

FIG. 2.45. LAS REGLAS DE ASIMILACIÓN DE LA NASAL - TERCERA VERSIÓN

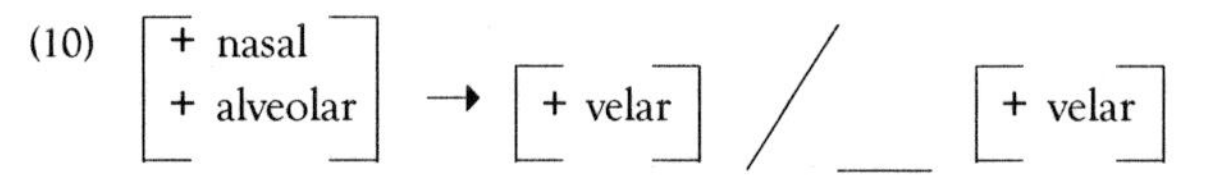

Efectivamente, con un solo rasgo [+ velar], se puede explicar la asimilación de una nasal al punto de articulación de una velar. No obstante, como se sabe, la asimilación de una nasal no se limita a los casos de velares. Lo que se necesita es una regla que dé cuenta de la asimilación de la nasal a otros puntos de articulación —bilabial, labiodental, dental, alveopalatal y palatal. Teschner (2000)[24] describe el proceso fonológico de la asimilación de las nasales con la regla en (11), donde el símbolo [r.a.] significa punto de articulación y "α" (alfa) remite a su valor —en este caso, positivo (+).

FIG. 2.46. LAS REGLAS DE ASIMILACIÓN DE LA NASAL - CUARTA VERSIÓN

(11) $$[+\ \text{nasal}] \rightarrow [\alpha\ \text{r.a.}] \;/\; \_\_\_ \begin{bmatrix} +\ \text{cons} \\ \alpha\ \text{r.a.} \end{bmatrix}$$

Según esta regla, el punto de articulación de la consonante que la sigue, condicionaría la generación de la nasal bilabial [m] en (1), la nasal labiodental [ɱ] en (2), la nasal dental [n̪] en (3), la nasal alveopalatal [ń] en (4), la nasal palatal [ñ] en (5) y la nasal velar [ŋ] en (6).

FIG. 2.47. LA ASIMILACIÓN DE LA NASAL AL PUNTO DE ARTICULACIÓN DE LA CONSONANTE QUE LA SIGUE

	ORTOGRAFÍA	TRANSCRIPCIÓN		ORTOGRAFÍA	TRANSCRIPCIÓN		ORTOGRAFÍA	TRANSCRIPCIÓN
(1)	*envejecer*	[em.be.χe.sér]	(3)	*antiguo*	[an̪.tí.ɣwo]	(5)	*con llave*	[koñ.ʝá.βe]
(2)	*enfadado*	[eɱ.fa.ðá.ðo]	(4)	*ancho*	[áń.čo]	(6)	*conquista*	[koŋ.kís.ta]

[24] Teschner, R. (2000). *Camino Oral*. Boston, Mass.: McGraw-Hill.

EN PAREJAS. Describan, mediante una regla fonológica, la alternancia oclusiva/fricativa.

2.6. LA ESTRUCTURA SILÁBICA

El silabeo es la división de palabras en sílabas. La sílaba típica se concentra en una vocal o diptongo que a la vez constituye el núcleo silábico. El árbol de la estructura silábica corresponde a la estructura gráfica de la estructura de la sílaba. Este árbol está formado por la *cabeza* –consonante que inicia la sílaba, y la *rima*, que a su vez divide en el *núcleo* –vocal o diptongo que constituye el corazón de la sílaba, y la *coda* –consonante o combinación de consonantes que finalizan la sílaba. La cabeza y la coda son opcionales. Por ejemplo, no hay cabeza en la primera sílaba de la palabra "*amfibio*", ni tampoco hay coda en las segunda y tercera sílabas –el núcleo de la tercera sílaba es el diptongo [jo].

FIG. 2.48. LA ESTRUCTURA SILÁBICA

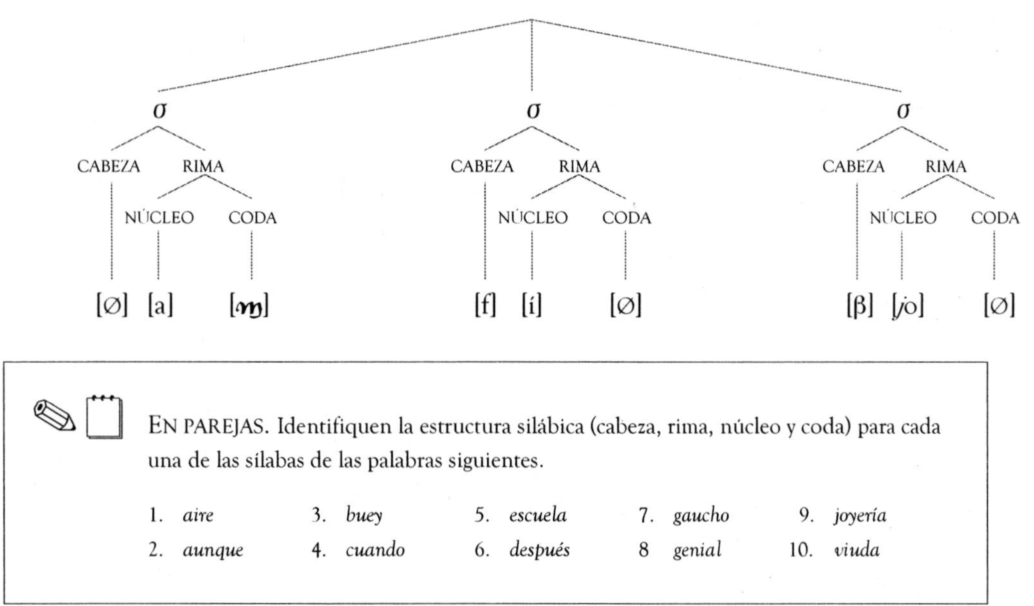

EN PAREJAS. Identifiquen la estructura silábica (cabeza, rima, núcleo y coda) para cada una de las sílabas de las palabras siguientes.

1. *aire*
2. *aunque*
3. *buey*
4. *cuando*
5. *escuela*
6. *después*
7. *gaucho*
8 *genial*
9. *joyería*
10. *viuda*

2.7. Repaso para el capítulo de la fonología

En parejas. Emparejen cada una de las definiciones con la palabra correspondiente.

a) *africada*	f) *deslizada*	k) *modo*	p) *rima*
b) *alófono*	g) *fonema*	l) *múltiple*	q) *silabeo*
c) *aproximante*	h) *fonémica*	m) *nasal*	r) *simple*
d) *creciente*	i) *fonética*	n) *oclusivo*	s) *sonoro*
e) *decreciente*	j) *líquida*	o) *punto*	t) *sordo*

1. ___ sonido que empieza con oclusión pero que termina con explosión fricativa
2. ___ representación entre barras oblicuas
3. ___ sonido contrastivo en una lengua determinada
4. ___ otra palabra para indicar el grupo de fricativas [β, ð, γ]
5. ___ constituyen variantes de un mismo fonema
6. ___ lugar donde se forma la articulación de los sonidos dentro de la cavidad bucal
7. ___ se divide en el núcleo y la coda
8. ___ se cierra totalmente el paso del aire para producir este sonido
9. ___ se asimila al punto de articulación de la consonante que la sigue
10. ___ refiere a laterales y vibrantes como una sola clase
11. ___ sonido que se produce cuando las cuerdas vocales están separadas
12. ___ vibrante tras consonante en sílaba diferente

CAPÍTULO 3 – LA DIALECTOLOGÍA

3.1. LA VARIACIÓN DIALECTAL EN EL ESPAÑOL DE HOY

Uno de los aspectos que se debe tomar en cuenta al estudiar el fenómeno de la variación dialectal es la existencia de cierta oscilación dentro del habla de un mismo hablante. Según el grado de formalidad de una situación se suele generar una variante más o menos estandarizada, que no corresponde necesariamente al dialecto de un individuo. Ciertos factores, como el tema, el propósito, la familiaridad con el interlocutor, etc., influyen en la variante que se produce[1].

3.1.1. EL CECEO Y LA DISTINCIÓN FRENTE AL SESEO

De los fenómenos de variación dialectal, el más conocido y característico del español hispanoamericano es la no distinción fonológica entre las fricativas /s/ y /θ/, presente también en Andalucía, frente a la distinción existente en el dialecto castellano centro-norteño. En Andalucía existe una amplia variabilidad donde el seseo no se presenta en forma exclusiva sino combinado con el uso del ceceo.

La *distinción*, como lo indica su nombre, es el fenómeno castellano que distingue entre los fonemas /θ/ para *"ce"*, *"ci"*, *"z"* y /s/ para *"s"*, por lo que una palabra como *"celoso"* se pronunciaría [θe.ló.s̺o].

El *ceceo*, por otra parte, es el uso de /θ/, incluso en un entorno que no lo requiera y donde la norma sería pronunciarse como /s/. Así que, para retomar el ejemplo anterior, la palabra *"celoso"* se pronunciaría [θe.ló.θo]. El uso del ceceo es bastante escaso y se limita a ciertas regiones en el sur de Andalucía.

En cambio, el *seseo* está presente en el resto de la población hispana que carece por completo del fomema /θ/ –[selóso].

---

[1] Para investigar dicho fenómeno dentro de un continuo de formalidad, Labov analizó el habla de una persona durante veinticuatro horas. Lo que observó fue que el discurso que variaba según el contexto –en familia, con amigos, en el trabajo–, se determinaba por el factor de clase social. Labov, W. (2000). *Principles of linguistic change. Social factors*. Oxford: Blackwell, 415.

FIG. 3.1. LAS VARIANTES DIALECTALES DE LOS GRAFEMAS "*ce*", "*ci*" Y "*z*" → LOS ALÓFONOS [θ] Y [S]

	ORTOGRAFÍA	DISTINCIÓN	CECEO	SESEO
(1)	*chorizos*	[čo.rí.θoś]	[čo.rí.θoθ]	[čo.rí.sos]
(2)	*cesta*	[θéś.ta]	[θéθ.ta]	[sés.ta]
(3)	*sencillo*	[śen̪.θí.λo]	[θen̪.θí.ʝo]	[sen.sí.ʝo]
(4)	*zapatos*	[θa.pá.toś]	[θa.pá.toθ]	[sa.pá.tos]

3.1.2. LA APICALIZACIÓN DE /S/

Como consecuencia de la presencia del fonema [θ] en el dialecto centro-norteño, la /s/ se convierte en apical [ś], mientras que en la gran mayoría de los dialectos se pronuncia como alveolar [s].

FIG. 3.2. LOS ALÓFONOS APICAL [ś] Y ALVEOLAR [S]

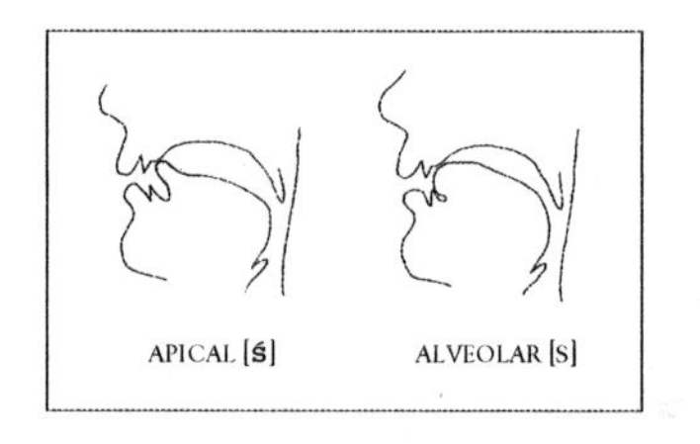

FIG. 3.3. LAS VARIANTES DIALECTALES DEL FONEMA /S/ → LOS ALÓFONOS [ś] Y [S]

	ORTOGRAFÍA	ESPAÑOL ESTÁNDAR	CENTRO-NORTEÑO		ORTOGRAFÍA	ESPAÑOL ESTÁNDAR	CENTRO-NORTEÑO
(1)	*celestial*	[se.les.tʝál]	[θe.leś.tʝál]	(4)	*silbar*	[sil.βár]	[śil.βár]
(2)	*salsa*	[sál.sa]	[śál.śa]	(5)	*siempre*	[sʝém.pre]	[śʝém.pre]
(3)	*seguir*	[se.ɣír]	[śe.ɣír]	(6)	*suizo*	[sωí.so]	[śωí.θo]

3.1.3. LA ASPIRACIÓN DE /S/ IMPLOSIVA

Se suele asociar el seseo con otro fenómeno dialectal –la *aspiración de /s/ implosiva*[2] y la elisión de la unidad resultante, fenómenos muy extendidos pero más consistentes en unas zonas que en otras. Como la [h] es uno de los sonidos más difíciles de percibir, es lógico, entonces, que se dé un paso más hacia su elisión. La aspiración de /s/ implosiva –"*después*" [des.pωés] → [deh.pωéh], o incluso su pérdida –[de.pωé], se originó en Andalucía antes de su difusión por todo Hispanoamérica. Para los casos de aspiración de la sibilante /s/ cuyo punto final llega a ser la elisión completa del fonema, se establece el siguiente proceso de debilitamiento: /s/ → [h] → [∅].

[2] A final de sílaba.

Aunque lo más corriente es aspirarse cuanto menor es el grado de formalidad[3], en dialectos como el puertorriqueño, se aspira la /s/ y hasta se pierde en posición implosiva –*"estamos"* [eh.tá.moh] → [e.tá.mo], como en posición final[4] —*"tres"* [tréh] → [tré].

FIG. 3.4. LA ASPIRACIÓN O PÉRDIDA DE LA /S/ IMPLOSIVA → [h] Y [Ø]

	ORTOGRAFÍA	ESPAÑOL ESTÁNDAR	ASPIRACIÓN	PÉRDIDA
(1)	*cascadas*	[kas.ká.ðas]	[kah.ká.ðah]	[ka.ká.ða]
(2)	*descuidarse*	[des.kωi.ðár.se]	[deh.kωi.ðár.se]	[de.kωi.ðár.se]
(3)	*los magos*	[los.má.γos]	[loh.má.γoh]	[lo.má.γo]
(4)	*préstamos*	[prés.ta.mos]	[préh.ta.moh]	[pré.ta.mo]
(5)	*sostén*	[sos.tén]	[soh.tén]	[so.tén]

Debido a que la /s/, en posición final de palabra, tiene funciones morfológicas de flexión nominal y verbal, como en *"las niñas"* y *"¿Cómo estás?"* respectivamente, se crea un potencial formidable para que surjan casos de ambigüedad. Una posible consecuencia en esta variación dialectal es que se produzca cierta confusión entre las formas singular, *"la niña"* y plural, *"las niñas"*, resultándose en una pronunciación única [la.ní.ña], por la falta de concordancia entre los constituyentes. No obstante, para distinguir la forma plural de la singular en estos dialectos, existen elementos lingüísticos que restan dicha ambigüedad. Tal es el caso, por ejemplo, del cuantificador *"tres"*, que aclara el contexto de pluralidad —*"las tres niñas"* [la.tré.ní.ña]. Dada la redundancia contextual en oraciones como ésta, la elisión se mantiene estable en las zonas dialectales que presentan esta debilidad en la pronunciación de la /s/ implosiva.

En Buenos Aires, la aspiración es la norma delante de consonante, pero no en los demás contextos. Por lo tanto, tenemos aspiración en *"las partes"* [lah.pár.tes], *"desde"* [déh.de] y *"mismo"* [míh.mo], pero no delante de vocal —*"los ángeles"* [lo.sáŋ.ge.les] ni tampoco en posición final —*"atrás"* [a.trás].

Una peculiaridad del español de Nuevo México es que se aspira la /s/ a principio de una palabra —*"la cebolla"* [la.he.βó.ʝa].

La aspiración no se considera propia del dialecto madrileño. No obstante, se da en ciertos registros coloquiales, sobre todo ante ciertos fonemas como /p/ y /k/ —*"pescado"* [peh.ká.ðo] y *"escuela"* [éh.kωé.la] y, en menor medida, en posición final —*"vámonos"* [bá.mo.noh].

[3] La aspiración se da más entre amistades que en un entorno académico.

[4] Es decir, ante pausa.

En el dialecto de la ciudad de México, caracteristicamente conservador, no se aspira la /s/. De hecho, su estabilidad es tal que, se mantiene aún cuando se pierde la vocal átona, que la precede. Por ejemplo, en *"pues, buenas noches"* [ps.βωé.nas.no.čs], se pierde la vocal átona pero se mantiene firme la consonante. Este fenómeno, muy típico de las regiones interiores donde no hay aspiración de /s/, trae consecuencias tales como la homonimia, sobre todo cuando se pierde la vocal átona en posición final. Por ejemplo, la palabra *"dos"* podría interpretarse como *"dos"* o *"doce"* y la palabra *"sal"* como *"sal"* o *"sala"*[5].

3.1.4. EL LLEÍSMO FRENTE AL YEÍSMO

Por mucho tiempo la norma del español estándar había sido, por lo menos en la Península, el mantenimiento de la distinción entre las palatales lateral [λ] y no lateral [ʝ]. El *lleísmo* o *λeísmo*, que supone cierta pervivencia, aunque poco extendido y muy inestable[6], es la presencia del fonema palatal lateral [λ], ortográficamente *"ll"*, característica del castellano norteño y de la región andina. Para los hablantes cuyo dialecto es lleísta, queda muy claro cuando se debe pronunciar [λ] y cuando se debe decir [ʝ], pues, como lo hemos comentado en el capítulo previo[7], corresponden a dos fonemas distintos —*"calló"* [ka.λó] versus *"cayó"* [ka.ʝó].

Para la gran mayoría de los hispanohablantes, sin embargo, no existe esta distinción; los grafemas *"y"* y *"ll"* corresponden a un solo fonema [ʝ]. El *yeísmo*, por lo tanto, consiste en una misma pronunciación para ambas palabras; por ejemplo, *"cayó"* y *"calló"* se pronuncian [ka.ʝó].

FIG. 3.5. EL YEÍSMO Y LLEÍSMO DE LOS GRAFEMAS *"y"* Y *"ll"* → LOS ALÓFONOS [ʝ] Y [λ]

	ORTOGRAFÍA	DIALECTO YEÍSTA	DIALECTO LLEÍSTA		ORTOGRAFÍA	DIALECTO YEÍSTA	DIALECTO LLEÍSTA
(1)	*bombilla*	[bom.bí.ʝa]	[bom.bí.λa]	(6)	*lluvia*	[ʝú.βʝa]	[λú.βʝa]
(2)	*botella*	[bo.té.ʝa]	[bo.té.λa]	(7)	*payaso*	[pa.ʝá.so]	[pa.ʝá.so]
(3)	*caballo*	[ka.βá.ʝo]	[ka.βá.λo]	(8)	*raya*	[r̆á.ʝa]	[r̆á.ʝa]
(4)	*desayuno*	[de.sa.ʝú.no]	[de.sa.ʝú.no]	(9)	*rollo*	[r̆ó.ʝo]	[r̆ó.λo]

[5] Quesada Pacheco, M. (1996). Los fonemas del español de Costa Rica: aproximación dialectológica. *Lexis* 20 (1-2): 535-562.
[6] La pérdida de este contraste fonémico, por deslateralización de la lateral palatal, es un cambio en marcha en muchas de las áreas donde se ha mantenido hasta ahora.
[7] Capítulo 2 – La fonología.

3.1.5. EL ZEÍSMO

Los casos de debilitamiento no son los únicos fenómenos significativos de las variedades dialectales del español estándar. El *zeísmo* o *ʒeísmo*, que es un marcador dialectal muy propio de la zona rioplatense, es considerado como reforzamiento articulatorio, que consiste en la fricativización de /ʝ/ en los grafemas "y" y "ll" y su consiguiente pronunciación como sonido fricativo palatal sonoro [ʒ] —"*Yo me llamo Yalena*" [ʝó.me.ʝá.mo.ʝa.lé.na] → [ʒó.me.ʒá.mo.ʒa.lé.na].

FIG. 3.6. EL ZEÍSMO DE LOS GRAFEMAS "y" Y "ll" → EL ALÓFONO /ʒ/

	ORTOGRAFÍA	ESPAÑOL ESTÁNDAR	DIALECTO ZEÍSTA		ORTOGRAFÍA	ESPAÑOL ESTÁNDAR	DIALECTO ZEÍSTA
(1)	*aquellos*	[a.ké.ʝos]	[a.ké.ʒos]	(4)	*joyas*	[χó.ʝas]	[χó.ʒas]
(2)	*hallar*	[a.ʝár]	[a.ʒár]	(5)	*llegar*	[ʝe.ɣár]	[ʒe.ɣár]
(3)	*inyectar*	[iñ.ʝék.tár]	[iñ.ʒék.tár]	(6)	*ya voy*	[ʝa.βóɪ̯]	[ʒa.βóɪ̯]

La fricativa alveopalatal sonora [ʒ] no es exclusiva del español argentino. También se encuentra en el habla de los mexicanos tras el fonema /s/ —"*las llaves*" [las.ʝá.βes] → [laz.ʒá.βes].

La investigación de Wolf y Jiménez (1979) muestra la existencia de una tendencia hacia el ensordecimiento por parte de las generaciones más jóvenes en todos los grupos socioculturales[8]. Éste proceso de cambio fonológico, conocido como *sheísmo* o *ʃeísmo* que sigue en marcha en la región de Buenos Aires, resulta del ensordecimiento de fricativa alveopalatal sonora [ʒ] a fricativa alveopalatal sorda [ʃ] —"*mayo*" [má.ʝo] → [má.ʒo] → [má.ʃo].

FIG. 3.7. EL ZEÍSMO Y SHEÍSMO DE LOS GRAFEMAS "y" Y "ll" → LOS ALÓFONOS [ʒ] Y [ʃ]

	ORTOGRAFÍA	ESTÁNDAR	ZEÍSMO	ENSORDECIMIENTO
(1)	*callar*	[ka.ʝár]	[ka.ʒár]	[ka.ʃár]
(2)	*Guillermo*	[gi.ʝér.mo]	[gi.ʒér.mo]	[gi.ʃér.mo]
(3)	*llave*	[ʝá.βe]	[ʒá.βe]	[ʃá.βe]
(4)	*leyes*	[lé.ʝes]	[lé.ʒes]	[lé.ʃes]
(5)	*tortilla*	[tor.tí.ʝa]	[tor.tí.ʒa]	[tor.tí.ʃa]
(6)	*trayecto*	[tra.ʝék.to]	[tra.ʒék.to]	[tra.ʃék.to]

[8] Wolf, C. & Jiménez, E. (1979). El ensordecimiento del yeísmo porteño: un cambio fonológico en marcha. En A. M. Barrenechea et. al. (eds.), *Estudios lingüísticos y dialectológicos. Temas hispánicos*. Buenos Aires, Hachette, 115-144.

Esta fricativa sorda [ʃ] también puede proceder de la desafricación de [č] en palabras como *"muchacho"* [mu.čá.čo] → [mu.ʃá.ʃo], tanto en ciertas zonas de Andalucía, como en el norte de México y Panamá[9].

3.1.6. LA VELARIZACIÓN DE LA NASAL EN POSICIÓN FINAL

Es bastante común encontrar dialectos en los cuales una nasal se velariza en posición final. Como no hay ninguna consonante a cuyo punto de articulación se puede asimilar, es lógico que la nasal se debilite hasta llegar a ser velar en esta posición. La *velarización de la nasal*, que afecta la posición final de palabra, aunque muy extendido en Andalucía e Hispanoamérica, no se da en el habla de Ciudad de México, ni tampoco en el de Buenos Aires. La velarización de la /n/ resulta de un debilitamiento articulatorio, por lo que incluso puede llevar a su pérdida, pero no antes de haberse nasalizado primero la vocal —*"pan"* [pán] → [páŋ] → [pãŋ] → [pã][10].

FIG. 3.8. LA VELARIZACIÓN DE LA NASAL EN POSICIÓN FINAL → EL ALÓFONO [ŋ]

	ORTOGRAFÍA	ESTÁNDAR	VELARIZACIÓN	PÉRDIDA
(1)	*avión*	[a.βʝón]	[a.βʝóŋ]	[a.βʝõ]
(2)	*cajón*	[ka.χón]	[ka.χóŋ]	[ka.χõ]
(3)	*callejón*	[ka.ʝe.χón]	[ka.ʝe.χóŋ]	[ka.ʝe.χõ]
(4)	*camaron*	[ka.ma.rón]	[ka.ma.róŋ]	[ka.ma.rõ]
(5)	*canción*	[kan.sʝón]	[kan.sʝóŋ]	[kan.sʝõ]
(6)	*corazón*	[ko.ra.són]	[ko.ra.sóŋ]	[ko.ra.sõ]
(7)	*jamón*	[χa.món]	[χa.móŋ]	[χa.mõ]
(8)	*montón*	[mon̪.tón]	[mon̪.tóŋ]	[mon̪.tõ]
(9)	*perdón*	[per.ðón]	[per.ðóŋ]	[per.ðõ]
(10)	*razón*	[řa.són]	[řa.sóŋ]	[řa.sõ]

Otra idiosincrasia que se da con respecto a la nasal en posición final es la pronunciación bilabial de la alveolar en Yucatán —*"pan"* [pán] → [pám].

3.1.7. LA VELARIZACIÓN DE LA VIBRANTE MÚLTIPLE

Con respecto a la vibrante, tanto simple como múltiple, la articulación estándar implica una fuerte vibración. No obstante, encontramos la ausencia de ésta, en forma

[9] Como resultado de la desafricación de [č] > [ʃ], la pronunciación [má.ʃo] podría significar *"mayo"* o *"macho"* según el dialecto.
[10] Nuestro inventario de símbolos no nos permite añadir el acento por encima de la tilde, por lo que representaremos las vocales nasales en sílaba tónica con una tilde solamente.

velarizada, en ciertas regiones de Hispanoamérica —[ř] → [ŕ]. La *velarización de la vibrante múltiple* en posición inicial se da en grupos de origen rural en Puerto Rico, debilitándose entre los jóvenes cuando se integran en la sociedad urbana[11].

FIG. 3.9. LA VELARIZACIÓN DE LA VIBRANTE MÚLTIPLE [ř] → EL ALÓFONO [ŕ]

	ORTOGRAFÍA	ESTÁNDAR	VELARIZACIÓN		ORTOGRAFÍA	ESTÁNDAR	VELARIZACIÓN
(1)	*arreglo*	[á.řé.ɣlo]	[á.ŕé.ɣlo]	(4)	*honra*	[ón.řa]	[ón.ŕa]
(2)	*barro*	[bá.řo]	[bá.ŕo]	(5)	*Ramón*	[řa.món]	[ŕa.móŋ]
(3)	*guerra*	[gé.řa]	[gé.ŕa]	(6)	*virrey*	[bi.řéj]	[bi.ŕéj]

3.1.8. LA LAMBDAIZACIÓN Y EL ROTACISMO

La *neutralización de las liquidas* /l/ y /r/ que se escucha con tanta frecuencia en las islas del Caribe, en particular Cuba, Puerto Rico y Republica Dominicana consta, en realidad, de dos fenómenos distintos aunque relacionados: la *lambdaización* o lateralización de [r] → [l] —"*parte*" [pár.te] → [pál.te] y el *rotacismo* de [l] → [r] —"*algo*" [ál.ɣe] → [ár.ɣo].

En cuanto a la realización del fonema /l/ en posición implosiva, los estudios de Hammond[12] demuestran que el rotacismo existe en el habla cubano, aunque no ocurre con gran frecuencia. Según este autor, el 95% de los cubanos pronuncian la /l/ como lateral [l], por lo que llega a la conclusión de que el fenómeno no es tanto una confusión entre líquidas /l/ y /r/, sino la realización de la vibrante /r/ como lateral [l]; es decir, un caso de lambdaización.

La situación es al revés en Andalucía, donde el rotacismo es mucho mas común que en el Caribe, mientras que la lambdaización, por otra parte, se da con menos frecuencia[13]. Al considerarse la evolución de estos dos dialectos que los llevó en direcciones tan opuestas, habría que preguntarse cuál es el origen de la lambdaización en el Caribe. Alonso (1967) postula que el factor determinante fue la influencia de los africana que hubo en las islas caribeñas —"el Caribe heredó esta tendencia (lambdacismo) luego poblaciones negras la extremaron por su cuenta"[14]. En el Caribe la esclavitud africana fue

---

[11] Hammond, R. (1986). La estratificación social de la "r" múltiple en Puerto Rico. En *Actas del segundo congreso internacional del español de América*. México, UNAM, 1986, 307-314.

[12] Hammond, R. (1980). The Phology of the liquids /r/ and /l/ in unaffected Cuban Spanish speech. *SECOL Bulletin*, 4, 107-116.

[13] Según Arencibia, "Andalucía es en España la región que más lejos llegó en la evolución de esa tendencia en la dirección /l/ > /r/, mientras que en la dirección contraria (/r/ > /l/) la región caribe es en América la que más lejos la ha llevado." Arencibia, V. (1999). Rasgos semicriollos en el español no estándar de la región suroriental cubana. En Zimmermann, K. *Lenguas criollas de base lexical española y portuguesa*. Vervuert Verlagsgesellschaft, Iberoamericana, 411-440.

[14] Alonso, A. (1967). Historia del ceceo y del seseo españoles. *De la pronunciación medieval a la moderna en español*, II, Madrid, Gredos, 47-144.

de escala tan grande que en algunos lugares la población africana llegó a ser superior a la blanca[15]. Como no existía la vibrante en muchas de las lenguas africanas, los africanos tenían dificultad con la pronunciación de /r/ y tendían a pronunciarla como lateral [l], que para ellos era el sonido más cercano[16].

En un estudio que realizó Arencibia[17] (1999) con respecto a la lambdaización en el habla de los cubanos, la realización del fonema /r/ como [l] es predominante, como se puede constatar en los datos compilados por la investigadora (1-5).

FIG. 3.10. LA LAMBDAIZACIÓN DE [l] Y ELISIÓN DE [s] EN CUBA

(1) *de cato*[l]*ce año*[Ø] *vine de Cuba*

(2) *siempre e*[Ø]*tábamo*[Ø] *a*[l]*mando fie*[Ø]*ta en el pa*[l]*que*

(3) *el mayo*[l] *tiene veintiún año*[Ø] *y la meno*[l] *ocho*

(4) *mi televiso*[l] *e*[Ø]*tá roto*

(5) *é*[Ø]*to debe mejora*[l]

También se da la lambdaización en otras partes del Caribe, como por ejemplo, en República Dominicana y Puerto Rico, donde es muy característico encontrar formas como las que presentamos a continuación.

FIG. 3.11. LA LAMBDAIZACIÓN DE /r/ → [l] Y EL ROTACISMO DE /l/ → [r]

	ORTOGRAFÍA	ESPAÑOL ESTÁNDAR	LAMBDAIZACIÓN		ORTOGRAFÍA	ESPAÑOL ESTÁNDAR	ROTACISMO
(1)	*arde*	[ár.ðe]	[ál.de]	(4)	*cálculo*	[kál.ku.lo]	[kár.ku.lo]
(2)	*color*	[ko.lór]	[ko.lól]	(5)	*delgado*	[del.ɣá.ðo]	[der.ɣá.ðo]
(3)	*parque*	[pár.ke]	[pál.ke]	(6)	*salto*	[sal.to]	[sár.to]

3.1.9. EL GRADO DE ESTRIDENCIA DE LA VELAR /χ/

El fonema fricativo velar sordo /χ/ tiene dos alófonos: uno velar [χ] y otro laríngeo o glotal [h]. El alófono velar ocurre en México, Costa Rica, Colombia, Paraguay, Perú y Bolivia, aunque en varias partes hay variación libre, como en Ecuador[18]. El alófono laríngeo [h] es representativo del resto del continente.

---

[15] ___ "Según el censo de 1861 de la jurisdicción de Cuba había un 28.09% de población blanca y un 71.40% de población negra."

[16] Lipski, J. (1986). Sobre la construcción TA + infinitivo en el español bozal. *Revista Lingüística Española Actual.* Madrid.

[17] En el centro y el occidente de Cuba, el rotacismo es mucho más frecuente en los sociolectos bajos. Arencibia, V. (1999). Rasgos semicriollos en el español no estándar de la región suroriental cubana. En Zimmermann, K. *Lenguas criollas de base lexical española y portuguesa.* Vervuert Verlagsgesellschaft, Iberoamericana, 411-440.

[18] Alvar 1990: 162-163; Montes 1992: 528; Lipski 1994: 189, 280, 309, 320; Moreno de Alba 1994: 107; Quesada Pacheco 1996a: 549; Vaquero 1996: 44-45.

El grado de fricción o estridencia con que se suele pronunciar la /χ/ varía de un dialecto a otro. En la escala de estridencia, de mayor a menor, tenemos primero Madrid, seguida de Buenos Aires, luego México y en último lugar San Juan de Puerto Rico.

Según un estudio comparativo que se hizo sobre el grado de estridencia de la /χ/ en Hispanoamérica, lo que más diferencia la /χ/ española de la hispanoamericana es el mayor grado de intensidad de la primera frente a la segunda, "altamente débil la colombiana, acentuadamente fuerte la ibérica" (Montes & Calderón Rivera, 422)[19].

Según otro estudio que se hizo a partir de la representación espectrográmica y en la cual se midió la intensidad de las diferentes realizaciones de la fricativa velar sorda /χ/, ésta se realiza como fricativa glotal sorda [h] en dialectos como el de Cuba y Colombia, donde la energía que se produce es leve, mientras que en Argentina, donde el fenómeno del zeísmo es muy marcado, la pronunciación de [χ] presenta mucha más fuerza[20].

Con respecto a México, no sólo es más suave que la española, sino que también "se articula más adelantada que ésta, es decir que viene a ser una consonante no propiamente velar sino palatal" (Moreno de Alba, 1994: 109)[21].

En Costa Rica, se nota una gradación que va hacia el debilitamiento, desde la pronunciación fricativa velar, pasando por una aproximante, hasta llegar a la elisión (Quesada Pacheco 1996: 551)[22].

3.1.10. La elisión de [ð]

En cuanto a la [ð] centro-norteña, se tiende a elidirse en participios y palabras terminando en "*-ado*", dando lugar a [á.o] en hiato, que luego tiende a reducirse a diptongo [á*u*] —"*pescado*" → [peṡ.ká.ðo] → [peṡ.ká.o] → [peṡ.ká*u*].

En Argentina, las variantes en [á.o] o [á*u*] han sido objeto de cierto estigma, por lo que ya no se usan con tanta frecuencia. Como resultado de este proceso de estigmatización, aparecieron formas de pronunciaciones ultra-correctivas, por ejemplo, [bil.βá.ðo] por "*Bilbao*" y otros contextos donde ni siquiera existe una /d/.

---

[19] Montes, J. & Calderón Rivera, A. (1991). *Thesaurus*, Boletín del Instituto Caro y Cuervo XLVI (3): 383-424.
[20] Martínez Licona, A., Vidal Cabrera, O. & Goddard Close, J. (2004). Estudio del efecto coarticulatorio en el habla, *Revista mexicana de ingeniería biomédica* 25 (1): 67-77.
[21] Moreno de Alba, J. (1994). *La pronunciación del español en México*. México: El Colegio de México, Centro de Estudios Lingüísticos y Leterarios.
[22] Quesada Pacheco, M. (1996). Los fonemas del español de Costa Rica: aproximación dialectológica. *Lexis* 20 (1-2): 535-562..

En contraste, en España la pronunciación de los participios en [á.o] como [kan̪.tá.o] por "*cantado*" son cada vez más aceptadas en contextos formales, aunque la forma más diptongada [kan̪.táu̯] todavía no goza de tanta aceptación.

Asimismo, la [ð] puede ensordecerse [θ] o perderse en posición final absoluta – "*Madrid*" → [ma.ðrí].

FIG. 3.12. EL ENSORDECIMIENTO DE LA [ð] → [θ] O SU ELSIÓN [∅] EN POSICIÓN FINAL

	ORTOGRAFÍA	ESTÁNDAR	ENSORDECIMIENTO	ELISIÓN
(1)	*césped*	[sés.peð]	[ṡéṡ.peθ]	[ṡéṡ.pe]
(2)	*Madrid*	[ma.ðríð]	[ma.ðríθ]	[ma.ðrí]
(3)	*salud*	[sa.lúð]	[ṡa.lúθ]	[ṡa.lú]
(4)	*virtud*	[bir.túð]	[bir.túθ]	[bir.tú]

Por otra parte, en Andalucía, la elisión de /d/ en posición intervocálica se da en más contextos que en el dialecto centro-norteño; es decir, no sólo con participios que terminan en "*-ado*", sino que también en palabras como "*cadena*" → [ká.é.na]. Por lo contrario, en México y Buenos Aires, la /d/ se mantiene firme hoy en día.

3.1.11. EL VOSEO

El *voseo* refiere al uso de "*vos*" en lugar de "*tú*" como forma de tratamiento. El voseo se percibe como característico de Argentina, aunque tiene una extensión geográfica mucho mayor –Centroamérica, partes de Venezuela, Colombia, Bolivia, Chile, etc.[23]. En la mayoría de las zonas donde se hace uso del voseo, suele también coexistir la forma "*tú*". En regiones en que se utilizan ambas formas, "*vos*" indica mayor intimidad que "*tú*".

En Argentina, sin embargo, el tuteo ha desaparecido por completo. En el voseo argentino, las formas verbales derivan de las de vosotros por monoptongación –"*vosotros sois*" → "*vos sos*", "*vosotros cantáis*" → "*vos cantás*", "*vosotros perdéis*" → "*vos perdés*".

En cuanto a las formas pronominales, el sistema es mixto. La forma "*vos*" se usa como sujeto –"*vos sois*" u objeto de preposición –"*para vos*", mientras que se usa "*te*" en referencia al pronombre átono –"*vos te levantás tarde*" o "*te lo doy a vos*" y para el posesivo –"*tenés*

[23] Lipski identifica dieciséis zonas voceantes de Hispanoamérica –el sudeste de México, el oeste de Panamá, la costa pacífica de Colombia y la zona interior de Venezuela, la zona andina Colombiana, la zona costal de ecuador, las zonas montañosas de Ecuador, el sur de Perú, el norte de Chile, el noroeste de Argentina y el sur de Bolivia, Paraguay y el noreste de Argentina, la zona central de Chile, el sur de Chile, la zona centro-sur de Argentina, el sur de Uruguay y el Norte de Uruguay, Lipski, J. (1994). *Latin American Spanish*. Longman Publishing: New York, 15.

tu cámara". En el eslogan "*¡Nicaragüense, cumplí con tu deber!*", se puede constatar el uso del voseo en la flexión verbal junto con el pronombre posesivo "*tú*"[24].

En latín, el sistema era bastante simple: había una forma de segunda persona del singular "TŪ" y una forma plural "VŌS". En época imperial, empezó a usarse la forma "VŌS" como singular para el tratamiento a autoridades, generalizándose después como singular de respeto. Este es el sistema que encontramos hoy en francés, donde hay una forma "*tu*" informal y otra forma "*vous*" que se usa de manera más formal. En castellano, por el contrario, las cosas no se quedaron aquí.

Un cambio fue la gramaticalización de la expresión "*vos otros*" como pronombre plural[25]. En cuanto a la forma "*vos*" con referente singular, ésta fue expandiéndose cada vez más en castellano, hasta el punto de ya no usársela más de manera formal. Para expresar mayor respeto, se recurrió a la expresión "*vuestra merced*" y las formas "*tú*" y "*vos*" pasaron a considerarse más o menos equivalentes. Este sistema es el que tenemos en el siglo de Oro, donde Don Quijote emplea tanto "*tú*" como "*vos*" cuando se dirige a Sancho, mientras que éste se dirige a su señor con "*vuestra merced*"[26]. La forma "*usted*", a veces abreviada "*Vd.*", deriva de "*vuestra merced*" por contracción: *vuestra merced > vuesa merced > vuesarced > vuesanced > vusted, usted*[27]. Los arcaísmos que aparecen en la primera parte del Quijote disminuyen en la segunda parte, por lo que observamos un uso reducido del "*vos*" caballeresco. "Ni don Quijote ni Cervantes se quedan estáticos en una época de vacilación y transición lingüística, sino que usan todas las formas a su alcance como puente entre triunfo y derrota, entre la Primera Parte y la Segunda. El uso del tú y del vos en el diálogo es parte del humor en el Prólogo de la Primera Parte: «tú y yo sabemos lo ridículo del voseo, pero ¿qué se le va a hacer?»"[28].

El establecimiento del pronombre de sujeto "*usted*" como forma de respeto en la Península, dio lugar a la desaparición de la forma "*vos*". En ciudades como México y Lima que tenían contacto más directo y frecuente con la metrópoli, también se optó por el trato con "*usted*", mientras que en áreas más alejadas de la influencia lingüística de la capital, se mantuvieron las tres formas —"*tú*", "*vos*" y "*usted*", creándose diferentes matices en su uso.

[24] Lipski, J. (1994). *Latin American Spanish*. Longman Publishing: New York, 142.
[25] En francés tenemos la misma expresión: "*vous autres*".
[26] Lloyd, Paul M. (1997): Don Quijote a Sancho: tú y vos. *Anuario de Lingüística Hispánica* 13: 335-347.
[27] Carricaburo, N. (2004). El voseo en la historia y en la lengua de hoy - las formas de tratamiento en el español actual. Elcastellano.org: La página del idioma español. Fundación Litterae. http://www.elcastellano.org/artic/voseo.htm
[28] Flores, R. (1996). Estructura estilística en el Quijote. Cervantes: Bulletin of the Cervantes Society of America 16.2 (1996): 47-70.

3.1.12. El leísmo

Con respecto al uso de los pronombres clíticos, tenemos el uso de *"le"* como objeto directo típico del dialecto peninsular –fenómeno lamado *leísmo*, frente al uso normativo de *"lo"* más extendido en Hispanoamérica[29].

Fig. 3.13. El leísmo

(1)	*Lo llevé de viaje a Santander.*	→	*Le llevé de viaje a Santander.*
(2)	*Lo busqué en casa pero no lo encontré.*	→	*Le busqué en casa pero no le encontré.*
(3)	*No lo conozco muy bien.*	→	*No le conozco muy bien.*
(4)	*Lo recogió en el aeropuerto a las tres.*	→	*Le recogió en el aeropuerto a las tres.*

Según Lapesa (1983)[30], el *leísmo* se restringe a un referente masculino singular y, sin embargo, González (1997)[31] presenta evidencia que indica que su uso no sólo se limita al masculino ni tampoco se restringe al dialecto peninsular. Encontramos formas leístas en la zona andina y en partes del Caribe.

Fig. 3.14. Uso más ámplio del leísmo

(1)	*"le"* para el singular masculino de cosa	→	*¿Tu coche? No le he visto por ningún lado.*
(2)	*"le"* para objeto directo femenino humano	→	*A la vecina hace tiempo que no le veo.*
(3)	*"les"* para el plural masculino o femenino	→	*A las niñas les llevé al cine.*

Asimismo, tenemos el llamado *laísmo*, que consiste en el uso de *"la"* en vez de *"le"* con referente femenino humano, tanto en singular como en plural[32].

Fig. 3.15. El laísmo

(1)	*A mi novia le regalé un anillo.*	→	*A mi novia la regalé un anillo.*
(2)	*A las chicas de hoy les gusta fumar.*	→	*A las chicas de hoy las gusta fumar.*

También existe el término *loísmo*, desviación menos común, en los casos en que tenemos *"lo"* y *"los"* en lugar de *"le"* y *"les"* para referentes masculino y neutro.

---

[29] Una excepción es Ecuador donde se usa el leísmo para todo tipo de objeto directo.

[30] Lapesa, R. (1983). *Historia de la lengua española*. 9.ª edición. Madrid: Gredos.

[31] González, L. (1997). El leísmo hispano. Un análisis basado en roles temáticos. *Lingüística y Literatura* 32: 97-114. Universidad de Antioquia, Colombia.

[32] Los ejemplos son de Fernández-Ordóñez, I. (1999). Leísmo, laísmo, loísmo. En Bosque, I. y Demonte, V. (eds.): *Gramática descriptiva de la lengua española*. Madrid: Real Academia Española, Espasa Calpe, 1: 1319-1390.

FIG. 3.16. EL LOÍSMO

(1)	*Se acercó a él y le pegó una bofetada.*	→	*Se acercó a él y lo pegó una bofetada.*
(2)	*A eso no le doy mucha importancia.*	→	*A eso no lo doy mucha importancia.*

3.1.13. LA FALTA DE INVERSIÓN DEL SUJETO

Una innovación sintáctica en el dialecto puertorriqueño es la *falta de inversión del sujeto* pronominal en preguntas como "*¿Qué tú dices?*" y "*¿Qué usted quiere?*", que contrastan con las normativas "*¿Qué dices (tú)?*" y "*¿Qué quiere (usted)?*", como influencia de la sintaxis del inglés. En el caso de República Dominicana, se tiende a no invertir el sujeto aun cuando éste no es pronominal —"*¿Qué tu papá quiere hacer?*"[33].

3.2. LAS PRINCIPALES ZONAS DIALECTALES DEL ESPAÑOL

Si bien cada región presenta diferencias dialectales, simplificando bastante las cosas podríamos diferenciar entre dos dialectos del español peninsular y seis dialectos hispanoamericanos.

3.2.1. EL DIALECTO PENINSULAR CENTRO-NORTEÑO

Una primera característica que diferencia el dialecto centro-norteño de los demás dialectos del español es la distinción que se hace entre las fricativas /s/ y /θ/, mediante la cual se diferencia entre palabras como "*casa*" [ká.s̺a] y "*caza*" [ká.θa] (1). También relacionado con el tema de las sibilantes es la realización de la /s/ como apical [s̺] (2). Otra distinción es la que permite diferenciar entre /j/ y /λ/ —o lleísmo (3), aunque esta distinción está en vías de desaparición y ya no se suele encontrar en el habla de los jóvenes. En cuanto a la /d/, se tiende a elidirse en participios y palabras terminandas en "*-ado*" (4) y a ensordecerse —[ð] → [θ], o incluso perderse por completo en posición final absoluta (5).

[33] Lo ejemplos son de Lipski, J.: *La lengua española en los Estados Unidos*, Universidad del Estado de Pennsylvania, 8.

FIG. 3.17. EL DIALECTO PENINSULAR CENTRO-NORTEÑO

	CARACTERÍSTICA	ORTOGRAFÍA	ESPAÑOL ESTÁNDAR	CENTRO-NORTEÑO
(1)	distinción entre [s] y [θ]	*azúcar*	[a.sú.kar]	[a.θú.kar]
(2)	/s/ ápico-alveolar /ś/	*España*	[es.pá.ña]	[eś.pá.ña]
(3)	lleísmo –distinción entre [ʝ] y [λ]	*orgullo*	[or.γú.ʝo]	[or.γú.λo]
(4)	ensordecimiento [θ] o elisión [∅] de la [ð] a final de palabra	*Madrid*	[ma.ðríð]	[ma.ðríθ] / [ma.ðrí]
(5)	Elisión de la /d/ en palabras con "*-ado*"	*lavado*	[la.βá.ðo]	[la.βá.o]

EN PAREJAS. Hagan una transcripción fonémica de las palabras a continuación según el habla peninsular centro-norteño y provean una descripción para cada uno de los fenómenos dialectales.

1. *caballo*	3. *corazón*	5. *llamada*	7. *sentado*	9. *sopa*
2. *cuidad*	4. *espacio*	6. *pared*	8. *sollozo*	10. *zapatos*

Otras características relacionadas con el dialecto centro-norteño es el uso de "*vosotros*" para la segunda persona plural –"*¿Cómo estáis?*", y el leísmo, mediante el cual el objeto directo para personas de sexo masculino se expresa con el pronombre clítico "*le*", frente al uso normativo de "*lo*" –"*¿Juan? Pues, le vi aquí cerca.*"

3.2.2. EL DIALECTO ANDALUZ

Una de las principales características del dialecto andaluz es el empleo del seseo (1), es decir, de la [s] sin distinción entre, por ejemplo, "*casa*" y "*caza*". En la zona sur de Andalucía, sin embargo, se usa el ceceo, incluso donde lo normal sería usar la [s]. Una palabra como "*celoso*" se pronunciaría [se.ló.so] en la mayor parte de Analucía, [θe.ló.śo] en el centro-norteño de España, pero [θe.ló.θo] en dicho subdialecto andaluz. Asimismo, a diferencia de la [ś] apical propia del dialecto centro-norteño, la /s/ andaluz es predorsal [s], igual que en el dialecto hispanoamericano.

Otros rasgos asociados con el dialecto andaluz son: la aspiración o pérdida de la /s/ implosiva (2); la aspiración de la fricativa velar sorda /χ/ → [h] (3); el yeísmo, es decir, la no distinción entre /ʝ/ y /λ/ en palabras como "*calló*" y "*cayó*" (4); la elisión de /d/ en posición intervocálica en más contextos que en el dialecto centro-norteño, es decir, no sólo con los participios (5); la elisión de las líquidas /l/ y /r/ y de la /d/ en posición final absoluta (6); la velarización de la nasal, también en posición final absoluta, con posible nasalización de la vocal precedente (7); el debilitamiento de /č/ → /ʃ/, o sea, pérdida del elemento oclusivo de la africada (8); el rotacismo de la lateral implosiva (9) y la aspiración de la /h/ proveniente de la "F" latina que se conserva en algunas palabras (10).

FIG. 3.18. EL DIALECTO ANDALUZ

	CARACTERÍSTICA	ORTOGRAFÍA	ESPAÑOL ESTÁNDAR	DIALECTO ANDALUZ
(1)	dialecto seseante[34]	*sucio*	[sú.s̪jo]	[sú.s̪jo]
(2)	aspiración o pérdida de la /s/ implosiva	*testigos*	[tes.tí.ɣos]	[teh.tí.ɣoh] / [te.tí.ɣo]
(3)	aspiración de la /χ/	*caja*	[ká.χa]	[ká.ha]
(4)	yeísmo [ʝ] para los grafemas "*ll*" y "*y*"	*mantequilla*	[man̪.te.kí.ʝa]	[man̪.te.kí.ʝa]
(5)	elisión de la /d/ intervocálica	*cadena* *pasada*	[ka.ðé.na] [pa.sá.ða]	[ka.é.na] [pa.sá.a] / [pa.sá]
(6)	elisión de /d/, /l/ y /r/ en posición final	*hermandad* *animal* *mujer*	[er.man̪.dáð] [a.ni.mál] [mu.χér]	[er.man̪.dá] [a.ni.má] [mu.hé]
(7)	velarización de la nasal en posición final.	*con*	[kón]	[kóŋ] / [kõ]
(8)	pérdida del elemento oclusivo de la africada /č/ → [ʃ]	*coche*	[kó.če]	[kó.ʃe]
(9)	rotacismo de la lateral implosiva	*calma*	[kál.ma]	[kár.ma]
(10)	aspiración de la "*h*" proveniente de la "F" latina	*humo*	[ú.mo]	[hú.mo]

EN PAREJAS. Hagan una transcripción fonémica de las palabras a continuación según el habla andaluz y provean una descripción para cada uno de los fenómenos dialectales.

1. *crudo*	3. *gallo*	5. *hinchar*	7. *mejor*	9. *pecho*
2. *estudias*	4. *hambre*	6. *ladrón*	8. *palma*	10. *reloj*

En cuanto al aspecto morfológico, mientras que el dialecto hispanoamericano favorece el uso de la forma "*ustedes*" y la variante peninsular usa "*vosotros*", en Andalucía se

[34] En Andalucía se sesea por la mayor parte, pero también existe el uso del ceceo, aunque bastante escaso, que se limita a ciertas regiones en el sur de Andalucía. El *ceceo* es el uso de /θ/, incluso en un entorno que no lo requiera y donde la norma sería pronunciarse como /s/: "*celoso*" se pronunciaría [θe.ló.θo].

usa el pronombre *"ustedes"*, pero se alterna la flexión verbal —*"Ustedes pueden"* → *"Ustedes podéis/pueden"*.

3.2.3. EL DIALECTO HISPANOAMERICANO

En síntesis, podríamos catalogar a los varios dialectos de Hispanoamérica en cuatro grupos principales, incluyendo el caribeño —continental e isleño[35], el mexicano y centroamericano, el andino —Venezuela, Columbia, Ecuador, Perú y Bolivia y el dialecto del cono sur —Paraguay, Argentina, Uruguay y Chile[36]. A continuación se presentan algunos de los rasgos dialectales que los diferencian los unos de los otros.

El índice más alto de aspiración o pérdida de la sibilante /s/ implosiva se da en las zonas del Caribe (1). Un fenómeno análogo al anterior, por también tratarse de un caso de aspiración, aunque en contextos muy distintos, es la realización de /s/ como [h] a principio de palabra —*"la semana"* [la.se.má.na] → [la.he.má.na] (2). Otras características muy propias del dialecto caribeño son: la velarización de la nasal en posición final absoluta, con posible nasalización de la vocal una vez desaparecida la nasal (3); la lambdaización de la vibrante simple en posición implosiva en Puerto Rico (4); la velarización de la vibrante múltiple en Puerto Rico (5) y la aspiración de la /h/ proveniente de la "F-" latina que se conserva en algunas palabras en Puerto Rico, República Dominicana, Panamá y Chile (6).

Al nivel sintáctico, la tendencia en Puerto Rico es de no invertir el pronombre de sujeto en oraciones interrogativas —*"¿Qué tú quieres?"* en lugar de la inversión estándar —*"¿Qué quieres tú?"*

FIG. 3.19. EL DIALECTO CARIBEÑO

	CARACTERÍSTICA	ORTOGRAFÍA	ESPAÑOL ESTÁNDAR	DIALECTO CARIBEÑO
(1)	aspiración o pérdida de la /s/ implosiva	*después*	[des.pωés]	[deh.pωéh] / [de.pωé]
(2)	aspiración de la /s/ inicial de sílaba	*selva*	[sél.ba]	[hél.ba]
(3)	velarización de la nasal en posición final	*don*	[dón]	[dóŋ]/[dõ]
(4)	lambdaización de la vibrante simple implosiva	*verdad*	[ber.ðáð]	[bel.dáð]
(5)	velarización de la vibrante múltiple	*rubia*	[r̃ú.β/a]	[ʀ̃ú.β/a]
		carro	[ká.r̃o]	[ká.ʀ̃o]
(6)	aspiración de la "h" proveniente de la "F" latina	*harto*	[ár.to]	[hár.to]

[35] El dialecto caribeño comprende las islas y las zonas costeras de los países que lo rodea.
[36] Otras clasificaciones son también posibles.

✎ EN PAREJAS. Hagan una transcripción fonémica de las palabras a continuación según el habla puertorriqueño y provean una descripción para cada uno de los fenómenos dialectales.

1. *carne*	3. *enredo*	5. *harina*	7. *perdón*	9. *sobre*
2. *Enrique*	4. *fuerte*	6. *montón*	8. *puerto*	10. *respirar*

La conservación de la /s/ en posición implosiva en México y la zona andina, frente a la tendencia a la aspiración en casi todos los demás dialectos (1). El debilitamiento de /č/ a [ʃ] en México (2). Otro ejemplo propio del dialecto mexicano es la tendencia a perderse la vocal átona postónica ante /s/ —"*guantes*" [gωán̩.ts] (3).

Al nivel morfológico, hallamos el uso extendido del diminutivo en México y la zona andina en formas adjetivales —"*calladito*", sustantivas —"*diositos*" e incluso verbales —"*corriendito*". Con respecto al léxico, encontramos el uso del pronombre "*le*" en ciertas expresiones enfáticas en México —"*ándale*", "*híjole*" y "*órale*".

FIG. 3.20. EL DIALECTO MEXICANO

	CARACTERÍSTICA	ORTOGRAFÍA	ESPAÑOL ESTÁNDAR	DIALECTO MEXICANO
(1)	conservación de la /s/ implosiva	*más*	[más]	[más]
(2)	pérdida del elemento oclusivo de la africada /č/ → [ʃ]	*ocho*	[ó.čo]	[ó.ʃo]
(3)	tendencia a perderse la vocal átona ante /s/	*todos*	[tó.ðos]	[tó.ðs]

✎ EN PAREJAS. Hagan una transcripción fonémica de las palabras a continuación según el habla mexicano y provean una descripción para cada uno de los fenómenos dialectales.

1. *cesta*	3. *chismes*	5. *jamás*	7. *noches*	9. *pasta*
2. *charlar*	4. *choque*	6. *macho*	8. *ostra*	10. *pues*

Entre los rasgos más distintivos del español andino, prevalecen los siguientes: la conservación de la /s/ en posición implosiva (1); la distinción entre /j/ y /ʎ/, frente al yeísmo en los demás dialectos (2); y la preservación de las oclusivas sonoras trás consonante o semivocal (3). A nivel sintáctico, encontramos formas leístas en la zona andina —"*Me olvidé de llamarle*", frente a la forma normativa —"*Me olvidé de llamarlo.*"

FIG. 3.21. EL DIALECTO ANDINO

	CARACTERÍSTICA	ORTOGRAFÍA	ESPAÑOL ESTÁNDAR	DIALECTO ANDINO
(1)	conservación de la /s/ implosiva	*mismo*	[míz.mo]	[míz.mo]
(2)	distinción entre [ʝ] y [ʎ]	*rodillas*	[ř̌o.ðí.ʝas]	[ř̌o.ðí.ʎas]
		toaya	[to.á.ʝa]	[to.á.ʝa]
(3)	preservación de las oclusivas sonoras trás consonante o semivocal	*árbol*	[ár.βol]	[ár.bol]
		deuda	[déu̯.ða]	[déu̯.da]

EN PAREJAS. Hagan una transcripción fonémica de las palabras a continuación según el habla andino y provean una descripción para cada uno de los fenómenos dialectales.

1. *algo*	3. *desde*	5. *goya*	7. *resbalar*	9. *tobillo*
2. *caiga*	4. *gallego*	6. *oiga*	8. *seudónimo*	10. *verbo*

Uno de los rasgos más característicos del dialecto cono sur es el fenómeno del zeísmo [ʒ] o sheísmo [ʃ] (2). Ocurre también de modo notable el uso del voseo en Argentina, Centroamérica, partes de Venezuela, Colombia, Bolivia y Chile, con sus varias realizaciones —"*Vos te levantás tarde.*"

FIG. 3.22. EL DIALECTO CONO SUR

	CARACTERÍSTICA	ORTOGRAFÍA	ESPAÑOL ESTÁNDAR	DIALECTO CONO SUR
(1)	aspiración o pérdida de la /s/ implosiva	*atrás*	[a.trás]	[a.tráh] / [a.trá]
(2)	zeísmo [ʒ] o sheísmo [ʃ] para los grafemas "*ll*" y "*y*"	*playa*	[plá.ʝa]	[plá.ʒa] / [plá.ʃa]

EN PAREJAS. Hagan una transcripción fonémica de las palabras a continuación según el habla argentino y provean una descripción para cada fenómeno dialectal.

1. *billete*	3. *conyugación*	5. *espanto*	7. *llaves*	9. *mayo*
2. *calle*	4. *cuyas*	6. *hierba*	8. *lluvia*	10. *pandilla*

3.2.4. EL DIALECTO SUDOESTE DE EE.UU.

Según los datos de la Oficina del Censos, en 2002 el 13% de la población de los EE.UU era hispana y se estima que para el año 2050 la población hispana constituirá el 25% de la población total de EE.UU. Dentro de la población hispana viviendo en este país, los grupos con más altos porcentajes de habitantes son los de origen mexicano (58%), puertorriqueño (12.5%) y cubana (4.2%). Los de ascendencia mexicana se concentraron en el suroeste –California, Arizona, Nuevo México y Texas, mientras que los de linaje puertorriqueño se sentaron sobre todo en Nueva York, Filadelfia y Chicago. Los de origen cubano, por su parte, se establecieron en Miami[37].

El dialecto suroeste de EE.UU. presenta una variante particular con respecto a la pronunciación de /b/ que corresponde al grafema "*v*"; el hablante tiende, por clara influencia del inglés, a diferenciarla de la "*b*" ortográfica y realizarla como labiodental fricativa sonora [v] (4). Las principales características del español del suroeste de EE.UU. incluyen las siguientes.

FIG. 3.23. EL DIALECTO SUDOESTE DE ESTADOS UNIDOS

	CARACTERÍSTICA	ORTOGRAFÍA	ESPAÑOL ESTÁNDAR	DIALECTO SUDOESTE
(1)	aspiración de la /s/ inicial de sílaba	*semana*	[se.má.na]	[he.má.na]
(2)	aspiración de la /χ/	*México*	[mé.χi.ko]	[mé.hi.ko]
(3)	pérdida del elemento oclusivo de la africada /č/ → [ʃ]	*muchacho*	[mu.čá.čo]	[mu.ʃá.ʃo]
(4)	pronunciación labiodental del grafema "*v*" /b/ → [v]	*anduve*	[an̦.dú.βe]	[an̦.dú.ve]
(5)	elisión de [ʝ] en posición intervocálica, en contacto con vocales anteriores [i] y [e]	*calle* *silla*	[ká.ʝe] [sí.a]	[ká.e] [sí.a]
(6)	conversión de hiatos en diptongos	*poema* *realidad*	[po.é.ma] [ře.a.li.ðáð]	[pωé.ma] [řʝa.li.ðáð]
(7)	elevación vocálica de /e/ a [i] después de /č/; luego pérdida del elemento fricativo /č/ → [ʃ]	*leche*	[lé.če]	[lé.či] → [lé.ʃi]

EN PAREJAS. Hagan una transcripción fonémica de las palabras a continuación según el habla sudoeste de EE.UU. y provean una descripción para cada fenómeno dialectal.

1. *ancho*	3. *enchilada*	5. *gente*	7. *noche*	9. *viuda*
2. *coche*	4. *estrella*	6. *línea*	8. *pastillas*	10. *viejo*

[37] La región suroeste de EE.UU. perteneció a México hasta 1848, lo que explica la existencia de tantas familias de ascendencia hispana en el suroeste.

Al nivel morfológico, el dialecto suroeste de Estado Unidos crea una forma novedosa para la flexión verbal de primera persona del plural sustituyendo el morfema "*-mos*" por "*-nos*" en formas verbales como "*íbamos*" → "*íbanos*", quizás por analogía con la forma pronominal "*nos*" del verbo reflexivo. Otro proceso muy característico del dialecto del sudoeste de EE.UU. es la creación de un morfema plural "*-ses*" en palabras que terminan en "*-e*" —"*los cafeses*" y "*los pieses*", frente al uso normativo de "*los cafés*" y "*los pies*". Al nivel sintáctico, se suele omitir la conjunción "*que*" en oraciones subordinadas nominales —"*Creo se lo comió todo*" en lugar de su uso estándar "*Creo que se lo comió todo.*"

Con respecto al léxico, el espanglish está tan diversificado como el origen de los hispanos que lo hablan –mexicano, cubano, puertorriqueño, etc., y a esta diversidad hay que añadir el modo variado y creativo en que se forman siempre nuevos palabras o préstamos. Algunos préstamos del inglés han sufrido mayor o menor grado de adaptación fonológica o morfológica (1). Otros son calcos que consisten en traducciones literales (2). Una tercera categoría de préstamos son los falsos cognados (3), a los que se le agrega a una palabra española un significado totalmente nuevo.

FIG. 3.24. LOS PRÉSTAMOS EN EL DIALECTO SUDOESTE DE ESTADOS UNIDOS

	TIPO DE PRÉSTAMO	ESPAÑOL ESTÁNDAR	DIALECTO SUDOESTE	DEL INGLÉS
(1)	adaptación fonológica	*camión*	[pí.kap]	*pickup*
		Navidad	[kris.más]	*Christmas*
		despertarse	[ɯe.kʲár]	*to wake up*
(2)	calcos o traducciones literales	*devolver la llamada*	*llamar p'atrás*	*call back*
		cable eléctrico	*cuerda de la luz*	*electric cord*
		viaje de ida y vuelta	*viaje redondo*	*round trip*
(3)	cognados falsos	*periódico*	*papel*	*paper*
		matricularse	*registrarse*	*to register*
		biblioteca	*librería*	*library*

El español de Estados Unidos incluye también el fenómeno conocido como 'codeswitching' o alternancia de lenguas. Esta manera de hablar se caracteriza por tener secuencias en español seguidas de otras en inglés; por ejemplo, "*Oh, well, you know, le deje que sí, pero he never came back.*" El codeswitching se emplea especialmente en contextos informales y entre hablantes bilingües. Ana Lydia Vega acude al uso del espanglish en "Pollito Chicken" (1981) para resaltar el humor y la sátira frente al fenómeno de la identidad puertorriqueña.

> "El Conquistador se le apareció como un castillo de los Middle Ages surgido de las olas. Era just what she had always dreamed about. Su intempestivo one-week leave comenzó a cobrar sentido ante esa ravishing view. Tan pronto hizo todos los arrangements de rigor, Suzie se precipitó hacia su de

luxe suite para ponerse el sexy polkadot bikini que había comprado en Gimbers especialmente para esta fantastic occasion. Se pasó un peine por los cabellos teñidos de Wild Auburn y desrizados con Curl-free, se pintó las labios de Bicentennial Red para acentuar la blancura de los dientes y se frotó una gota de Evening in the South Seas detrás de cada oreja. Minutos después, sufrió su primer down cuando le informaron que el funicular estaba out of order. Tendría que substituir la white-sanded, palm-lined beach por el pentagonal swimming pool, abortando así su exciting sueño del breathtaking poster."

Ana Lydia Vega,
"Pollito Chicken" (1981)

3.3. Repaso para el capítulo de la dialectología

En parejas. Emparejen cada una de las características a continuación con el fenómeno correspondiente.

a) *alófono [v]*	g) *centro-norteño*	m) *falta de inversión*	s) *sheísmo*
b) *ambigüedad*	h) *codeswitching*	n) *lambdaización*	t) *velarización*
c) *apicalización*	i) *debilitamiento de [č]*	o) *leísmo*	u) *vibrante múltiple*
d) *aspiración*	j) *distinción*	p) *lleísmo*	v) *voseo*
e) *calcos*	k) *elevación vocálica*	q) *México*	w) *yeísmo*
f) *ceceo*	l) *elisión*	r) *seseo*	x) *zeísmo*

1. ___ pérdida del elemento oclusivo de la africada
2. ___ fenómeno que consiste en la alternancia de lenguas
3. ___ pronunciación de la /s/ en el dialecto centro-norteño
4. ___ alófono [i] para el fonema /e/ después de [č] en el dialecto suroeste de EE.UU.
5. ___ /d/ en participios con "*-ado*" en el dialecto madrileño
6. ___ tipos de préstamos que consisten en traducciones literales
7. ___ uso de [θ] en ciertas regiones de Andalucía, incluso donde se debería usar la [s]
8. ___ presencia de los fonemas [θ] y [s] en el dialecto castellano
9. ___ ausencia del fonema [λ] para el grafema "*ll*"
10. ___ cuando se carece por completo del fonema [θ]
11. ___ pronunciación de Buenos Aires con respecto a los grafemas "*y*" y "*ll*"
12. ___ presencia del fonema palatal lateral [λ] para el grafema "*ll*"
13. ___ ensordecimiento en la región de Buenos Aires
14. ___ suele ocurrir en posición implosiva; por ejemplo [máh]
15. ___ pronunciación velar y fricativa que tienen algunos puertorriqueños
16. ___ forma de tratamiento familiar característico del dialecto rioplatense
17. ___ uso del clítico "*le*", frente al uso normativo de "*lo*"
18. ___ resulta del debilitamiento, que en el Caribe y Andalucía, puede incluso llevar a su pérdida, produciéndose antes una vocal nasalizada
19. ___ lateralización de la vibrante en posición implosiva
20. ___ variación dialectal del sudoeste de EE.UU.
21. ___ dialecto en el cual se hace uso extendido del diminutivo
22. ___ dialecto en el cual se hace uso del pronombre de sujeto "*vosotros*"
23. ___ según este fenómeno, una palabra como [máʃo] puede significar "*mayo*" o "*macho*" según el dialecto
24. ___ innovación sintáctica en el dialecto puertorriqueño

EN PAREJAS. Emparejen cada una de las descripciones a continuación con la palabra correspondiente.

a) *te* e) [ó.ho] i) *ándale* m) [hám.bre]
b) [χ] f) [pám] j) *usted* n) [pωé.ma]
c) [tóðs] g) [se.ñó] k) [pa.réθ] o) [laz.ʒa.má.ðas]
d) [sí.a] h) [ár.γo] l) [dé*u*.da] p) *ustedes podéis*

1. ___ alternancia de las formas verbales en el dialecto andaluz
2. ___ conversión de hiatos en diptongos
3. ___ aspiración de la velar
4. ___ elisión de las líquidas en posición final en el dialecto andaluz
5. ___ aspiración de la "*h*" proveniente de la "F-" latina en los dialectos andaluz y suroeste de EE.UU.
6. ___ preservación de las oclusivas sonoras tras consonante o semivocal en Colombia
7. ___ pérdida de la vocal en sílaba átona en el dialecto mexicano
8. ___ omisión de la [ʝ] en posición intervocálica en contacto con las vocales anteriores en el dialecto suroeste de EE.UU.
9. ___ uso del "*le*" enfático en el dialecto mexicano
10. ___ debilitamiento de la /d/ a final de palabra en el dialecto centro-norteño
11. ___ se convierte la /*j*/ en fricativa alveopalatal sonora trás /s/ en el habla de los mexicanos
12. ___ fenómeno que se encuentra en el dialecto yucateco
13. ___ rotacismo de la lateral muy extendido en Andalucía
14. ___ su grado de estridencia varia de un dialecto a otro
15. ___ pronombre átono que se usa con la forma "*vos*" en verbos reflexivos
16. ___ deriva de la forma "*vuestra merced*" por contracción

CAPÍTULO 4 – LA LINGÜÍSTICA HISTÓRICA

4.1. LOS PROCESOS DE CAMBIOS FONOLÓGICOS DEL LATÍN AL ESPAÑOL MODERNO

El latín que dio origen a varias lenguas románicas difiere del latín clásico que ha sido trasmitido a través de la literatura. El latín vulgar que existía paralelamente al latín clásico, era la lengua hablada por la gente común. Esta lengua oral se fue alejando paulatinamente del latín clásico que constituía la lengua culta. Fue precisamente esta lengua culta, la que se usaría por muchos siglos para la redacción de documentos oficiales. Por otra parte, el léxico que procede del latin vulgar forma parte de las palabras *patrimoniales* mientras que aquellas palabras que se tomaron del latín de los libros conforman las palabras cultas o *cultismos*. Con el tiempo, por ejemplo, la forma "FILIA" pasó a ser "*hija*", mientras que el cultismo "*filial*" ha pasado al español moderno por la vía escrita[1].

En este capítulo se presentan los procesos de los principales cambios fonéticos que ocurrieron desde el latín clásico hasta la conformación del español moderno. Más adelante, se propondrá un orden general en el cual ocurrieron algunos de los cambios (véanse la sección 4.4.). De momento, nos familiarizaremos con los cambios más destacados[2]. Las palabras del latín se representan en letras mayúsculas, según la convención, y se usa aquí el símbolo ">" para indicar las diferentes transformaciones de la palabra hasta llegar a la forma del español moderno; por ejemplo, "AMĪCŬM" > /a.mí.ku/ > /a.mí.ko/ > /a.mí.go/ > [a.mí.ɣo].

A continuación, se analizan diversos procesos mediante los cuales se perdieron, se añadieron o se cambiaron ciertos fonemas desde el latín clásico al español moderno.

4.2. LAS VOCALES

El latín clásico tenía vocales largas y breves. Las largas se indican con una línea sobre la vocal (Ī, Ē, Ā, Ō, Ū) mientras que las breves se dejan sin marca, a menos que sufran algún cambio, en cuyo caso se las indica con un arco encima (Ĭ, Ĕ, Ă, Ŏ, Ŭ). Los principales cambios que sufrieron las vocales son las siguientes.

Con la excepción de la "A", las vocales pretónicas y postónicas ya empezaron a perderse en el latín vulgar, lo que dio lugar a muchos cambios lingüísticos. A la pérdida de

[1] Otros ejemplos de dobletes son "*noche/nocturno*", "*árbol/arbóreo*", "*mano/manual*", "*diente/dental*", "*agua/acuático*", "*cabello/capilar*", etc.

[2] Se han consultado detenidamente las siguientes fuentes –Lapesa, R. (1991), *Historia de la lengua española*. Madrid: Editorial Gredos; Lathrop, T. (1984), *Gramática histórica española*. Barcelona: Editorial Ariel; Menéndez Pidal, R. (1966): *Manual de gramática histórica española*. Madrid: Espasa Calpe, S. A.; Resnick, M. (1981), *Introducción a la historia de la lengua española*. Washington, D.C.: Georgetown University Press.

la vocal postónica se debe el sistema de acentuación que tenemos hoy en día en el español moderno, donde el estrés recae en la penúltima sílaba cuando la palabra termina en vocal, "n" o "s". En italiano, por otra parte, se mantuvo la mayoría de las vocales postónicas, por lo que el estrés sigue recayendo en la antepenúltima sílaba como para el latín[3]. Más importante fueron los cambios que resultaron de los nuevos grupos de consonantes que se formaron debido a la pérdida de dichas vocales.

4.2.1. LA CENTRALIZACIÓN DE LAS VOCALES ALTAS BREVES "Ĭ" Y "Ŭ"

En el contexto de la lingüística histórica el término *centralización* se refiere al cambio que sufren las vocales altas breves al bajarse de un grado y transformarse en medias: "Ĭ" > [e], "Ŭ" > [o]. Por ejemplo, la forma latina "ALTŬM" evolucionó a [ál.to] por el proceso de centralización de la vocal alta breve "Ŭ" > [o]. En el caso de "APĬCULAM", centralizó la vocal alta breve "Ĭ" > [e].

I ↘ E   O ↙ U

A

FIG. 4.1. LA CENTRALIZACIÓN DE LAS VOCALES ALTAS BREVES "Ĭ" > [e], "Ŭ" > [o]

LATÍN CLÁSICO			ESPAÑOL MODERNO
ALTŬ̲M	>	/ál.tu/ > [ál.to]	*alto*
LŬ̲PŬ̲M	>	/lú.pu/ > /ló.po/ > /ló.bo/ > [ló.βo]	*lobo*
MĬ̲NŬ̲S	>	/mé.noz/ > [mé.nos]	*menos*
LĬBRU̲M	>	/lí.bru/ > /lí.βru/ > [lí.βro]	*libro*
VĪNU̲M	>	/bí.nu/ > [bí.no]	*vino*

EN PAREJAS. Identifiquen los procesos de los cambios históricos que ocurrieron en las palabras a continuación y hagan una transcripción fonémica para cada uno de los pasos de la derivación.

1. FORUM > *foro*
2. MANUM > *mano*
3. MĂLUM > *malo*
4. PĬRAM > *pera*
5. RĂPĬDUM > *rápido*
6. VĬRĬDE > *verdad*

[3] En latín clásico, el acento caía sobre la penúltima sílaba cuando le seguía una consonante (DIRE̲CTU) o cuando tenía una vocal larga (FORMĪ̲CAM). En los demás casos, el acento caía sobre la antepenúltima sílaba (TA̲BULAM).

4.2.2. LA MONOPTONGACIÓN DE "AU", "AE" Y "OE"

Los diptongos "AU", "AE" y "OE" se simplificaron a [o], [e] y [e] respectivamente. En la palabra *"cosa"*, que en latín clásico tenía la forma "CAUSAM", el diptongo "AU" [a*u*] evolucionó a /o*u*/ y luego pasó a [o] —"CAUSAM" > /ká*u*.sa/ > /kó*u*.sa/ > /kó.sa/, etc., por un proceso llamado *monoptongación*. Los diptongos "AE" [a*i*] y "OE" [o*i*], por su parte, se simplificaron a /e*i*/ y después pasaron a [e], como se puede ver en los ejemplos "FOEDUM" > [fé.o] y "SAETAM" > [sé.ða].

FIG. 4.2. LA MONOPTONGACIÓN DE "AU" > [e], "AE" > [e], "OE" > [e]

LATÍN CLÁSICO			ESPAÑOL MODERNO
CAUSAM	>	/ká*u*.za/ > /kó*u*.za/ > /kó.za/ > [kó.sa]	*cosa*
POENAM	>	/po*i*.na/ > /pe*i*.na/ > [pé.na]	*pena*
SAETAM	>	/zá*i*.ta/ > /zé*i*.ta/ > /zé.ta/ > /sé.da/ > [sé.ða]	*seda*

EN PAREJAS. Identifiquen los procesos de los cambios históricos que ocurrieron en las palabras a continuación y hagan una transcripción fonémica para cada uno de los pasos de la derivación.

1.	AUGUSTUM	>	*agosto*	4.	PAUCUM	>	*poco*
2.	AURŬM	>	*oro*	5.	TAURUM	>	*toro*
3.	MAURUM	>	*moro*	6.	THESAURUM	>	*tesoro*

4.2.3. LA DIPTONGACIÓN DE LAS VOCALES MEDIAS BREVES "Ĕ" Y "Ŏ"

Uno de los cambios más frecuentes en la evolución del español es la conversión en diptongos de las vocales medias breves del latín clásico: "Ĕ" > [j̆e] y "Ŏ" > [ɷe]. Este cambio ocurrió sólo cuando dichas vocales se encontraban en sílaba tónica. Por ejemplo, la vocal media breve "Ĕ" de "CĔNTŬM" se diptongó a [j̆e] en [s̪j̆én̪.to] en posición tónica. De la misma manera, la vocal media breve "Ŏ" se diptongó a [ɷe] en "BŎNŬM" > [bɷé.no][4]. Nótense el caso particular de "CAECŬM" > [s̪j̆é.ɣo], donde primero hubo monoptongación del diptongo "AE" /a*i*/ > /e*i*/ > [e] y luego, se diptongó la vocal media breve "Ĕ" > [j̆é] en posición tónica.

[4] Algunas excepciones a esta regla se producen en contacto con ciertos sonidos palatales que impiden su diptongación.
ỌCULUM > /ó.klu/ > /ó.ʒo/ > [ó.χo] *ojo*
NỌCTEM > /nók.te/ > /nói.te/ > [nó.če] *noche*

FIG. 4.3. LA DIPTONGACIÓN DE LAS VOCALES MEDIAS BREVES "Ĕ" > [*j*é] Y "Ŏ" > [ωé]

LATÍN CLÁSICO			ESPAÑOL MODERNO
CAECŬM	>	/ká*i*.ku/ > /ké*i*.ku/ > /ké.ku/ > /ké.ko/ > /ké.go/ > /tsé.go/ > /ts*j*é.go/ > /s*j*é.go/ > [s*j*é.ɣo]	*ciego*
CŎRPŬS	>	/kór.pu/ > /kór.po/ > [kωér.po]	*cuerpo*
FŎRTEM	>	/fór.te/ > [fωér.te]	*fuerte*
INFĔRNUM	>	/in.fér.nu/ > /in.fér.no/ > [in.f*j*ér.no]	*infierno*
NĬVEM	>	/ni.be/ > /ne.be/ > /n*j*e.be/ > [n*j*é.βe]	*nieve*
PŎRTAM	>	/pór.ta/ > [pωér.ta]	*puerta*
SĔTEM	>	/zé.te/ > /z*j*é.te/ > [s*j*é.te]	*siete*

EN PAREJAS. Identifiquen los procesos de los cambios históricos que ocurrieron en las palabras a continuación y hagan una transcripción fonémica para cada uno de los pasos de la derivación.

1.	BŎNŬM	>	*bueno*	4.	MŎRTEM	>	*muerte*
2.	FĔSTAM	>	*fiesta*	5.	NŎVUM	>	*nuevo*
3.	MĔLEM	>	*miele*	6.	TĔMPUS	>	*tiempo*

4.2.4. LA SÍNCOPA DE LA VOCAL PRETÓNICA O POSTÓNICA

La *síncopa* ocurre cuando se suprime un sonido dentro de la palabra. En palabras polisílabas, se tiende a caer la vocal breve átona adyacente a la vocal tónica[5], sobre todo cuando ésta viene precedida por consonante líquida /l, r/ o nasal /m, n/[6]. En "DĬĀBŎLUM" > [diá.βlo] y "DELĬCĀTŬM" > [del.ɣá.ðo], la síncopa se dio en las vocales breves postónicas "Ŭ" > [∅] y "Ĭ" > [∅].

FIG. 4.4. LA SÍNCOPA DE LA VOCAL PRETÓNICA O POSTÓNICA

LATÍN CLÁSICO			ESPAÑOL MODERNO
LĔPOREM	>	/lé.po.re/ > /lé.bo.re/ > /lé.bre/ > /l*j*é.bre/ > [l*j*é.βre]	*liebre*
OPĔRAM	>	/ó.pe.ra/ > /ó.be.ra/ > /ó.bra/ > [ó.βra]	*obra*
PAUPĔREM	>	/páu.pe.re/ > /pó.pe.re/ > /pó.be.re/ > /pó.βe.re/ > [pó.βre]	*pobre*
PŎPŬLUM	>	/pó.pu.lu/ > /pó.po.lo/ > /pó.bo.lo/ > /pó.blo/ > /pωé.blo/ > [pωé.βlo]	*pueblo*
NĔBŬLAM	>	/né.βu.la/ > /né.βla/ > [n*j*é.βla]	*niebla*

[5] Pretónica –justo antes de la tónica o postónica –inmediatamente después de la tónica.
[6] Sin embargo, se mantuvo en el sufijo "-ĔRE" y tampoco se cayó en el caso de la vocal "A".

EN PAREJAS. Identifiquen los procesos de los cambios históricos que ocurrieron en las palabras a continuación y hagan una transcripción fonémica para cada uno de los pasos de la derivación.

1. CALĬDUM	>	*caldo*	3. VIRIDEM	>	*verde*
2. NEBULARE	>	*nublar*	4. TABŬLAM	>	*tabla*

4.2.5. LA APÓCOPE DE LA "-E" DESPUÉS DE UNA CONSONANTE SIMPLE DENTAL O ALVEOLAR

La *apócope* se refiere a la pérdida de un sonido en posición final de palabra. Este proceso es uno de los más frecuentes en la historia de la lengua española. La "-E" final de palabra se pierde cuando va precedida por una consonante simple dental /d/ —"AETĀTEM" > [e.ðáð] o alveolar /l, n, r, s/ —"MALE" > [mál], "BENE" > [bjén], "MAREM" > [már], "MENSEM" > [més]. Otros ejemplos de este proceso incluyen los siguientes.

FIG. 4.5. LA APÓCOPE DE LA "-E" DESPUÉS DE UNA CONSONANTE SIMPLE DENTAL O ALVEOLAR

LATÍN CLÁSICO			ESPAÑOL MODERNO
LATRONEM	>	/la.tró.ne/ > /la.dró.ne/ > /la.ðró.ne/ > [la.ðrón]	*ladrón*
LIBERĀRE	>	/li.βrá.re/ > [li.βrár]	*librar*
MĀREM	>	/má.re/ > [már]	*mar*
SĀLEM	>	/zá.le/ > /zál/ > [sál]	*sal*

Este proceso es el origen de alternancias como *"pan/panes"* en el español moderno. Por no estar en posición final de palabra, la /e/ en la forma plural no se perdió.

EN PAREJAS. Identifiquen los procesos de los cambios históricos que ocurrieron en las palabras a continuación y hagan una transcripción fonémica para cada uno de los pasos de la derivación.

1. DŎLĪREM	>	*dolor*	3. PĀNEM	>	*pan*
2. MĀLEM	>	*mal*	4. SŌLEM	>	*sol*

4.2.6. LA AFÉRESIS

La *aféresis* es el proceso por el cual se pierde un sonido inicial. La pérdida de la "E-" > [∅] en "EMIRITAM" > [mé.ri.ða], por ejemplo, constituye un caso de aféresis, aunque los ejemplos de cambios de este tipo son muy esporádicos[7].

FIG. 4.6. LA AFÉRESIS

LATÍN CLÁSICO			ESPAÑOL MODERNO
APOTHECAM	>	/a.po.té.ka/ > /a.bo.dé.ga/ > /bo.dé.ga/ > [bo.ðé.ɣa]	*bodega*
EMIRITAM	>	/e.mí.ri.ta/ > /e.mé.ri.ta/ > /mé.ri.ta/ > /mé.ri.da/ > [mé.ri.ð̞a]	*Mérida*

4.3. LAS CONSONANTES

Con la excepción de "*s*" y "*n*", la mayoría de las consonantes finales del latín vulgar se perdieron. Las que tenemos hoy día son el resultado de la pérdida de la "-E" final como se ha comentado en la sección 4.2.5. —"MĔLEM" > "*miel*". La "-M" del acusativo, por su parte, ya se había perdido en el latín vulgar: "LĬBRUM" > "*libro*"[8].

FIG. 4.7. LA PÉRDIDA DE LA CONSONANTE FINAL

LATÍN CLÁSICO			ESPAÑOL MODERNO
CAPŬT	>	/ká.pu/ > /ká.po/ > /ká.bo/ > [ká.βo]	*cabo*
SIC	>	/zí/ > [sí]	*sí*
STAT	>	/stá/ > [ès.tá]	*está*
SŬNT	>	/zún/ > /zón/ > [són]	*son*
TĔNET	>	/té.ne/ > [tʲé.ne]	*tiene*

4.3.1. LA PARAGOGE

La *paragoge* consiste en añadir un sonido al final de la palabra: "AMBŌ" > [ám.bos]. Un ejemplo de paragoge de una vocal lo encontramos en "COCHLEARE" > [ku.čá.ra]. Debido al proceso de adaptación de ciertas palabras tomadas del inglés —por ejemplo, "*yate*" por "*yacht*", todavía se observa este fenómeno en el español moderno.

FIG. 4.8. LA PARAGOGE

LATÍN CLÁSICO			ESPAÑOL MODERNO
AMBŌ	>	[ám.bos]	*ambos*
ANTE	>	[án̪.tes]	*antes*

[7] También constituye un caso de aféresis la pérdida de la "F-" inicial latina: FABULARE > "*hablar*". Véanse la sección 4.3.2.6.
[8] En latín, los nombres y adjetivos presentaban terminaciones diferentes según el caso gramatical.

4.3.2. LA SÍNCOPA DE LAS APROXIMANTES PRECEDENTES DE LAS OCLUSIVAS SONORAS

Las oclusivas sonoras intervocálicas del latín se fricatizaron –"B" > [β], "D" > [ð], "G" > [γ], tendiendo luego a desaparecer en el transcurso evolutivo hacia el español moderno – [β, ð, γ] > [∅].

FIG. 4.9. LA SÍNCOPA DE LAS APROXIMANTES PRECEDENTES DE LAS OCLUSIVAS SONORAS –"B", "D", "G" > [β, ð, γ] > [∅]

LATÍN CLÁSICO			ESPAÑOL MODERNO
LĒGĀLEM	>	/le.gá.le/ > /le.γá.le/ > /le.ál.e/ > [le.ál]	*leal*
LĬMPIDUM	>	/lím.pi.ðu/ > /lím.pi.ðo/ > [lím.pjo]	*limpio*
RECŬPERĀRE	>	/ře.ko.pe.rá.re/ > /ře.ko.be.rá.re/ > /ře.ko.βe.rá.re/ > /ře.ko.βrá.re/ > [ře.ko.βrár]	*recobrar*

EN PAREJAS. Identifiquen los procesos de los cambios históricos que ocurrieron en las palabras a continuación y hagan una transcripción fonémica para cada uno de los pasos de la derivación.

1. CREDIT > *cree*
2. DIGITUM > *dedo*
3. FIDELEM > *fiel*
4. FOEDUM > *feo*
5. FRIGIDUM > *frío*
6. TĔPIDUM > *tibio*

4.3.3. LA LENIFICACIÓN DE LAS OCLUSIVAS SORDAS

En posición intervocálica o entre vocal y líquida, las oclusivas sordas simples "P", "T" y "K" se sonorizaron primero –/b, d, g/, para luego fricatizarse –[β, ð, γ]. Este doble proceso de sonorización y fricatización de las oclusivas sordas, también se conoce como lenificación (o lenición), que consiste en el debilitamiento fonético[9].

Las oclusivas sordas que tenemos hoy en día proceden de las geminadas latinas: "CAPPAM" > /káp.pa/ > [ká.pa].

[9] De 'fortis' a 'lenis' –de fuerte a débil.

FIG. 4.10. LA LENICIÓN DE LAS OCLUSIVAS SORDAS –"P", "T", "K" > /b, d, g/ > [β, ð, ɣ]

LATÍN CLÁSICO			ESPAÑOL MODERNO
AETĀTEM	>	/ai̯.tá.te/ > /ei̯.tá.te/ > /e.tá.te/ > /e.dá.de/ > /e.ðá.ðe/ > [e.ðáð]	*edad*
AMĪCŬM	>	/a.mí.ku/ > /a.mí.ko/ > /a.mí.go/ > [a.mí.ɣo]	*amigo*
CAPŬT	>	/ká.pu/ > /ká.po/ > /ká.bo/ > [ká.βo]	*cabo*
CATENAM	>	/ka.té.na/ > /ka.dé.na/ > [ka.ðé.na]	*cadena*
DELĬCĀTŬM	>	/de.li.ká.tu/ > /de.li.ká.to/ > /de.li.gá.do/ > /del.gá.do/ > [del.ɣá.ðo]	*delgado*
LATRONEM	>	/la.tró.ne/ > /la.dró.ne/ > /la.ðró.ne/ > [la.ðrón]	*ladrón*
MARITŬM	>	/ma.rí.tu/ > /ma.rí.to/ > /ma.rí.do/ > [ma.rí.ðo]	*marido*
MĔTŬM	>	/mé.tu/ > /mé.to/ > /mé.do/ > /mi̯é.do/ > [mi̯é.ðo]	*miedo*
PĔTRAM	>	/pé.tra/ > /pé.dra/ > /pi̯é.dra/ > [pi̯é.ðra]	*piedra*

EN PAREJAS. Identifiquen los procesos de los cambios históricos que ocurrieron en las palabras a continuación y hagan una transcripción fonémica para cada uno de los pasos de la derivación.

1. DRACONEM > *dragón*
2. MĀTREM > *madre*
3. PARETEM > *pared*
4. PĂTREM > *padre*
5. PŎTES > *puedes*
6. PRATUM > *prado*
7. RETEM > *red*
8. SECŪRŬM > *seguro*
9. SITEM > *sed*
10. SOLUTE > *salud*
11. TŌTŬM > *todo*
12. VIRTUTE > *virtud*

4.3.4. LA ASIMILACIÓN Y DISIMILACIÓN DE LÍQUIDAS Y NASALES

La *asimilación* es un proceso por el cual un sonido cambia de manera que se asemeja a otro sonido contiguo o cercano. La asimilación puede ser *parcial*, como por ejemplo en, "COMPUTARE" > [kom.tár] > [kon̪.tár], donde la consonante nasal bilabial llega a ser dental por asimilación al punto de articulación dental de la /t/. La asimilación es *completa* cuando un sonido se hace idéntico a un sonido contiguo. Por ejemplo, en el caso de "MENSAM", la consonante nasal se asimila a la /s/ después de una etapa intermediaria en la cual ésta contrae la sonoridad de la /n/: "MENSAM" > [mé.za] > [mé.sa].

Hay tres tipos de asimilación. La *asimilación regresiva* ocurre cuando un sonido se asimila al sonido que lo sigue: "COMPUTARE" > [kom.tár] > [kon̪.tár]. La asimilación regresiva es todavía muy activa en el español moderno, como se puede constatar en el ejemplo *"ángel"*

> [áŋ.χel], donde el fonema nasal se ha convertido en alófono velar por dicho proceso de asimilación[10].

En cambio, la *asimilación progresiva* sucede cuando un sonido se asimila al sonido que lo precede —"PALUMBAM" > [pa.ló.ma], donde el grupo consonántico "MB" > /mm/ > [m]. En este ejemplo, la asimilación es completa porque la "B" ha desaparecido por completo y /mm/ se simplifica a [m], lo que también podría ser caracterizado como un caso de síncopa.

Finalmente, la *asimilación no contigua* se da cuando un sonido se asimila a otro sonido no contiguo dentro de la palabra. En el caso de "POLIRE" > [pu.lír], la vocal posterior media [o] llega a ser alta [u], influida por la altura de la vocal /i/ de la próxima sílaba.

FIG. 4.11. LA ASIMILACIÓN DE LÍQUIDAS Y NASALES

LATÍN CLÁSICO			ESPAÑOL MODERNO
CŎMĬTEM	>	/kó.mi.te/ > /kó.mi.de/ > /kóm.de/ > [kón̪.de]	*conde*
COMPŬTARE	>	/komp.tá.re/ > /komm.tá.re/ > /kom.tá.re/ > /kon̪.tá.re/ > [kon̪.tár]	*contar*
MENSAM	>	/mén.za/ > /méz.za/ > /mé.za/ > [mé.sa]	*mesa*
MENSEM	>	/mén.ze/ > /méz.ze/ > /mé.ze/ > /méz/ > [més]	*mes*
PALŬMBAM	>	/pa.lúm.ba/ > /pa.lóm.ba/ > /pa.lóm.ma/ > [pa.ló.ma]	*paloma*
ŬRSUM	>	/úr.su/ > /ór.so/ > /ós.so / > [ó.so]	*oso*

Contrario a la asimilación, la disimilación es el proceso según el cual un sonido se elide o se altera de manera que resulte menos semejante a otro sonido cercano. En el ejemplo siguiente hay dos sonidos vibrantes en sílabas contiguas. Para evitar esta repetición, el segundo vibrante se lateraliza. En el paso del latín al español moderno, es frecuente la disimilación de líquidas y nasales. En el caso de "ARBOREM" > [ár.βol], se lateralizó la "R", /r/ > [l], por disimilación a otra vibrante en sílaba contigua.

FIG. 4.12. LA DISIMILACIÓN DE LÍQUIDAS Y NASALES

LATÍN CLÁSICO			ESPAÑOL MODERNO
ANĬMA	>	/án.ma/ > [ál.ma]	*alma*
ARBŎREM	>	/ár.bo.re/ > /ár.βo.re/ > /ár.βor/ > [ár.βol]	*árbol*
SANGUĬNEM	>	/zán.gi.ne/ > /záng.ne/ > /sáng.ne/ > [sán.gre]	*sangre*

[10] Véanse la sección 2.4.2. (Capítulo 2) para un análisis detallado del proceso de asimilación de las nasales.

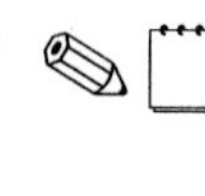

EN PAREJAS. Identifiquen los procesos de los cambios históricos que ocurrieron en las palabras a continuación y hagan una transcripción fonémica para cada uno de los pasos de la derivación.

1. CARCERE > *cárcel*
2. MARMORE > *mármol*
3. LOCALE > *lugar*
4. ROBORE > *roble*

4.3.5. LA DEGEMINACIÓN

Las consonantes del latín clásico podían ser tanto simples como geminadas en posición intervocálica. Al contrario de lo que ocurrió en italiano, las geminadas se perdieron en español –"*dottoressa*" vs. "*doctora*". Por ejemplo, las geminadas "-CC-" de "BŬCCAM" > [bó.ka], se degeminaron por simplificación –/kk/ > [k].

FIG. 4.13. LA DEGEMINACIÓN

LATÍN CLÁSICO			ESPAÑOL MODERNO
CAPPAM	>	/káp.pa/ > [ká.pa]	*capa*
GŬTTAM	>	/gút.ta/ > /gót.ta/ > [gó.ta]	*gota*
VACCAM	>	/bák.ka/ > [bá.ka]	*vaca*

EN PAREJAS. Identifiquen los procesos de los cambios históricos que ocurrieron en las palabras a continuación y hagan una transcripción fonémica para cada uno de los pasos de la derivación.

1. BŬCCAM > *boca*
2. CŬPPAM > *copa*
3. MITTERE > *meter*
4. TUSSEM > *tos*
5. SICCUM > *seco*
6. VĬTTAM > *vida*

Sin embargo, las resonantes alveolares geminadas "-NN-", "-LL-" y "-RR-" son casos especiales que estudiaremos en la sección 4.3.8.1.

4.3.6. LA AFÉRESIS DE LA "H" PROCEDENTE DE LA "F-" LATINA

La pérdida de la aspiración de la /h/ que se dio en el castellano medieval, y que ya no se pronuncia en castellano moderno, resulta de un cambio en la pronunciación de la "F" latina inicial: "F-" > [h] > [∅].

FIG. 4.14. LA AFÉRESIS DE LA "H" PROCEDENTE DE LA "F-" LATINA

LATÍN CLÁSICO			ESPAÑOL MODERNO
FABŬLĀRE	>	/fa.blá.re/ > /fa.βlá.re/ > /ha.βlá.re/ > /ha.βlár/ > [a.βlár]	*hablar*
FACERE	>	/fat.sé.re/ > /hat.sé.re/ > /had.zé.re/ > /had.zér/ > /ad.zér/ > /a.zér/ > [a.sér]	*hacer*
FĂCTUM	>	/fák.tu/ > /fák.to/ > /fá*i*.to/ > /fé*i*.to/ > /hé.čo/ > [é.čo]	*hecho*

Por otra parte, la "F" latina se ha conservado delante de las deslizadas [*j*] y [ω] y de la vibrante [r].

FIG. 4.15. LA CONSERVACIÓN DE LA "F-" LATINA

LATÍN CLÁSICO			ESPAÑOL MODERNO
FĔSTAM	>	/fés.ta/ > /f*j*és.ta/ > [f*j*és.ta]	*fiesta*
FŎRTEM	>	/fór.te/ > [fωér.te]	*fuerte*
FRENUM	>	/fré.nu/ > [fré.no]	*freno*

Las otras lenguas románicas conservan la "F-" latina —"*faire*" en francés, "*fazer*" en portugués y "*fare*" en italiano.

La /h/ que tenemos en castellano moderno no siempre fue pronunciada. La /h/ de "*haber*" y "*hoy*" que procede de la /h/ latina y que se pronunciaba en latín, ya no era pronunciada en el castellano medieval. De hecho, no solía siquiera escribirse en el castellano medieval —"HABERE" > "*aver*" > "*haber*".

Otra /h/ que no existía en latín y que nunca se aspiró, apareció más tarde por cuestiones puramente ortográficas. Como no se diferenciaba entre los grafemas "U" y "V" en la ortografía del latín, se añadió una "*h*" inicial a palabras como "UESO/VESO" ("*hueso*") para aclarar que la "U"/"V" en "*ue*" conformaba un diptongo y no se trataba de la consonante "*v*". Por ejemplo, la "U"/"V" en "LUNA/LVNA" tiene valor vocálico, mientras que en "DAUA/DAVA", tiene valor consonántico. De hecho, no existe en el español moderno ninguna palabra que empiece con "*ue*", como lo vemos en los siguientes pares donde no hay "*h*" en las palabras relacionadas sin diptongo: "*huele/oler*", "*huérfano/orfanato*".

EN PAREJAS. Identifiquen los procesos de los cambios históricos que ocurrieron en las palabras a continuación y hagan una transcripción fonémica para cada uno de los pasos de la derivación.

1. FĂRĪNAM > *harina*
2. FATAM > *hada*
3. FĔRRUM > *hierro*
4. FERVERE > *hervir*
5. FICATUM > *hígado*
6. FIDELEM > *fiel*
7. FĪLŬM > *hilo*
8. FLŌREM > *flor*
9. FŎCŬM > *fuego*
10. FŎRAM > *fuera*
11. FRONTEM > *frente*
12. FUMUM > *humo*

4.3.7. LA DESAFRICACIÓN, EL ENSORDECIMIENTO Y LA VELARIZACIÓN DE LAS SIBILANTES

La mayor diferencia entre el castellano medieval y el español moderno tiene que ver con las sibilantes. El catellano medieval distinguía entre una fricativa sorda /s/ y otra sonora /z/, ambas ápico-alveolares [ś, ź]. La sorda solía representarse como *"ss"* —*"passa"* /pá.śa/ > *"pasa"* y la sonora como *"s"* —*"casa"* /ká.źa/ > *"casa"*. Además, el castellano medieval tenía dos africadas, una sorda /ts/ y otra sonora /dz/, con elemento oclusivo dental. En la ortografía, la sorda se representaba como *"ç"* —*"caça"* /ká.tsa/ > *"caza"* y la sonora como *"dz"* —*"fazer"* /há.dzér/ > *"casa"*. Otro fonema en castellano medieval es la fricativa prepalatal sorda /ʃ/, representada ortograficamente como *"x"* —*"dixo"* /dí.ʃo/ > *"dijo"* y su correspondiente sonora /ʒ/ escrita con *"j"*, o *"g"* ante *"i"* y *"e"* —*"fijo"* /hí.ʒo/ > *"hijo"*.

A final de la Edad Media hubo dos cambios importantes —la desafricación y el ensordecimiento de las sibilantes. Las africadas /ts/ y /dz/ perdieron su elemento oclusivo —/ts/ > [s] y /dz/ > [z] y luego se perdió la distinción entre sordas y sonoras —/z/ y /ź/ > [s] y /ʒ/ > [ʃ]. La desafricación y el ensordecimiento de las sibilantes dio como resultado la pérdida de los fonemas /ts/, /dz/, /ź/ y /ʒ/. Los tres fonemas que se mantuvieron —/s/, /ś/ y /ʃ/, tenían puntos de articulación tan cercanos que empezaron a cambiarse otra vez para poder distinguirse los unos de los otros. La alveolar /s/ adelantó su punto de articulación a interdental /θ/ y la alveopalatal /ʃ/ atrasó el suyo a velar /χ/, con lo que en la Península las sibilantes se reducieron a /θ/, /ś/ y /χ/. En Andalucía, por otra parte, las sibilantes /s/ y /ś/ convergieron en un solo fonema /s/, que se difundió por toda América.

Fig. 4.16. La desafricación, el ensordecimiento y la interdentalización

Castellano medieval			Español moderno
/ts/	/s/ → /θ/	/tsé.zar/ > /sé.sar/ > [θé.sar]	*César*
/dz/		/ad.zér/ > /a.zér/ > /a.sér/ > [a.θér]	*hacer*

Fig. 4.17. El ensordecimiento

Castellano medieval			Español moderno
/ś/	/ś/	/ká.źa/ > [ká.sa]	*casa*
/ź/		/pá.śa/ > [pá.sa]	*pasa*

Fig. 4.18. El ensordecimiento y velarización

Castellano medieval			Español moderno
/ʃ/	/ʃ/ → /χ/	/dí.ʃo/ > [dí.χo]	*dijo*
/ʒ/		/té.ʒa/ > /té.ʃa/ > [té.χa]	*teja*

4.3.8. La palatalización de los grupos consonánticos por efecto de la yod

Hubo varios grupos consonánticas que se redujeron a una sola consonante por efecto de la *yod* —"-NN-", "-NE-", "-NI-", "-GN-" > [ñ], "-CT-", "-PL-", "-LT-" > [č], "CL-", "FL-", "PL-" > [λ], etc. La yod se refiere "a todo sonido "*i*" semivocal o semiconsonante; a toda "*e*" en hiato, y a la "*i*" desarrollada por la articulación de las consonantes palatales"[11]. La influencia de la yod se deja sentir por su articulación cerrada que se propaga a las vocales y consonantes que la rodean.

4.3.8.1. La palatalización de las resonantes alveolares geminadas "NN", "LL", "RR"

La geminada "-NN-" se convirtió en nasal palatal [ñ] y la geminada "-LL-" en lateral palatal [λ] —[*j*] en dialectos yeístas. La geminada "-RR-", por su parte, se mantiene como vibrante múltiple en oposición a la vibrante simple "-R-". Por ejemplo, en "ANNŬM" > [á.ño], se palatalizó la nasal geminada "-NN-" > [ñ]. En "AUTŬMNŬM" > [o.tó.ño], por otro lado, primero hubo geminación, por la asimilación del grupo consonántico "-MN-", cuyos fonemas tienen el mismo modo de articulación nasal —"-MN-" > /-nn-/; luego, se palatalizó la nasal geminada /-nn-/ > [ñ].

[11] Gili Gaya, S. (1983). *Nociones de gramática histórica española*. Barcelona: Bibliograf, 43-44.

FIG. 4.19. LA PALATALIZACIÓN DE LAS RESONANTES ALVEOLARES GEMINADAS "-NN-", "-LL-", "-RR-"

LATÍN CLÁSICO			ESPAÑOL MODERNO
AUTŬMNUM	>	/a*u*.túm.nu/ > /o.túm.nu/ > /o.tóm.no/ > /o.tón.no/ > [o.tó.ño]	*otoño*
CANNAM	>	/kán.na/ > [ká.ña]	*caña*
DAMNUM	>	/dám.nu/ > /dám.no/ > /dán.no/ > [dá.ño]	*daño*
PŬLLUM	>	/pó.λu/ > /pó.λo/ > [pó.ʝo]	*pollo*
TĔRRAM	>	/tér.ra/ > [tjé.řa]	*tierra*

EN PAREJAS. Identifiquen los procesos de los cambios históricos que ocurrieron en las palabras a continuación y hagan una transcripción fonémica para cada uno de los pasos de la derivación.

1.	ANNŬM	>	*año*	4.	SĔRRAM	>	*sierra*
2.	CĂPĬLLUM	>	*cabello*	5.	GALLUM	>	*gallo*
3.	CEPULLAM	>	*cebolla*	6.	SŎMNUM	>	*sueño*

4.3.8.2. LA PALATALIZACIÓN DE LA NASAL EN LOS GRUPOS "-NI-", "-NE-" Y "-GN-"

Los grupos "-NI-" y "-NE-" se palatalizaron para dar paso a /ñ/. Primero se formó la *yod* a partir del grupo "N" + vocal anterior —"-NE-" y "-NE-" > [nj] y luego se palatalizó la nasal por efecto de la yod —/nj/ > [ñ]. El grupo consonántico "-GN-", por su parte, se palatalizó de la siguiente manera: /λn/ > [ñ].[12]

FIG. 4.20. LA PALATALIZACIÓN DE LOS GRUPOS "-NI-", "-NE-" Y "-GN-"

LATÍN CLÁSICO			ESPAÑOL MODERNO
ARANEAM	>	/a.rá.ne.a/ > /a.rá.nja/ > [a.rá.ña]	*araña*
SENIŌREM	>	/ze.njó.re/ > /ze.ñó.re/ > /ze.ñór/ > [se.ñór]	*señor*
SĬGNAM	>	/zíg.na/ > /zé.nja/ > /zé.ña/ > [sé.ña]	*seña*
TĪNĔAM	>	/tí.ne.a/ > /tí.nja/ > [tí.ña]	*tiña*
VĪNEAM	>	/bí.ne.a/ > /bí.nja/ > [bí.ña]	*viña*

[12] Lathrop, T. (1984). *Gramática histórica española*. Barcelona: Editorial Ariel, 127.

> EN PAREJAS. Identifiquen los procesos de los cambios históricos que ocurrieron en las palabras a continuación y hagan una transcripción fonémica para cada uno de los pasos de la derivación.
>
> 1. CUNEAM > *cuña*
> 2. EXTRANEUM > *extraño*
> 3. HISPANIA > *España*
> 4. LĬGNAM > *leña*
> 5. PINEA > *piña*
> 6. PŪGNUM > *puño*

4.3.8.3. LA PALATALIZACIÓN Y ASIBILACIÓN DE LA "C" ANTE VOCAL ANTERIOR /i/ Y /e/

En latín clásico, la "C" siempre se pronunciaba como oclusiva velar sorda /k/, incluso delante de /i/ y /e/, pero en latín vulgar empezó a palatalizarse. Después de pasar por una etapa previa de palatalización, la "C" se fricatizó delante de las vocales anteriores /i/ y /e/, dando lugar a /k/ > /ts/ > [θ] en el norte y centro de España y [s] en los demás dialectos[13]. En el caso de "CAECŬM" > [s̺jé.ɣo], primero se dio la monoptongación de la "AE" > [e]; después, hubo asibilación de la "C" delante de la vocal anterior [e] —/k/ > [ts]; y luego ocurrió la desafricación la /ts/ > [s]. Esta palatalización es el origen de los dos valores tan distintos de la letra "c" en la ortografía española.

FIG. 4.21. LA PALATALIZACIÓN Y ASIBILACIÓN DE LA "C" ANTE LAS VOCALES ANTERIORES /i/ Y /e/

LATÍN CLÁSICO			ESPAÑOL MODERNO
CAECŬM	>	/kái.ku/ > /kéi.ku/ > /ké.ku/ > /ké.ko/ > /ké.go/ > /tsé.go/ > /ts̺jé.go/ > /s̺jé.go/ > [s̺jé.ɣo]	*ciego*
CAESAR	>	/kái.zar/ > /kéi.zar/ > /ké.zar/ > /tsé.zar/ > /sé.zar/ > [sé.sar]	*Cesar*
CĔNTŬM	>	/kén.tu/ > /kén.to/ > /tsén.to/ > /ts̺jén.to/ > /s̺jén.to/ > [s̺jén̪.to]	*ciento*
COENAM	>	/kói.na/ > /kéi.na/ > /ké.na/ > /tsé.na/ > [sé.na]	*cena*
FACERE	>	/fat.sé.re/ > /hat.sé.re/ > /had.zé.re/ > /had.zér/ > /ad.zér/ > /a.zér/ > [a.sér]	*hacer*

[13] "Cuando la reorganización fonológica del español moderno entre el siglo XVI y el siglo XVII, adelantó su punto de articulación y perdió su modo africado (...) se convirtió en un fonema fricativo e interdental." (Lathrop, T, 1984, 108). Véanse también la sección 4.3.7. arriba.

EN PAREJAS. Identifiquen los procesos de los cambios históricos que ocurrieron en las palabras a continuación y hagan una transcripción fonémica para cada uno de los pasos de la derivación.

1. CAELŬM > *cielo* 2. CĬRCAM > *cerca*

4.3.8.4. LA PALATALIZACIÓN DE LA "G"

La "G" inicial se mantuvo como [g] delante de /a/, /o/ y /u/. No obstante, delante de /e/, se palatalizó a /ʝ/, y luego desapareció para dar lugar a formas como "GERMANUM" > "*hermano*". Las palabras que en español moderno empiezan con "*ge*", como por ejemplo "*género*", son cultismos.

FIG. 4.22. LA PALATALIZACIÓN DE "G"

LATÍN CLÁSICO .... ESPAÑOL MODERNO

GERMANUM > /ger.má.nu/ > /ger.má.no/ > /ʝer.má.no/ > /her.má.no/ *hermano*

EN PAREJAS. Identifiquen los procesos de los cambios históricos que ocurrieron en las palabras a continuación y hagan una transcripción fonémica para cada uno de los pasos de la derivación.

1. GĔLUM > *hielo* 2. GĔNERUM > *yerno*

4.3.8.5. LA VELARIZACIÓN DE LA "J" ANTE VOCALES POSTERIORES /o/ Y /u/

Fue la pronunciación provenzal [ž] de la "J" inicial la que evolucionó hasta la velar [χ] que tenemos hoy día en castellano moderno[14]. En francés, esta "*j*" se pronuncia [ž], como en la "*g*" de "*rouge*", mientras que en español ésta se pronuncia [χ]. Compárense la palabra francesa "*jamais*", con la pronunciación [ž] con la española "*jamás*", con [χ]. En la derivación de la forma latina "JŎCŬM" > "*juego*", por ejemplo, la "J" pasó primero de africada [ž] a fricativa [ʒ] delante de vocal posterior, luego se ensordeció a [ʃ] y, finalmente, se velarizó a [χ].

Por su parte, la "J" inicial delante de /a/ mantuvo su pronunciación [ʝ] —JAM > "*ya*".

[14] (Lathrop, T., 1984, 111).

FIG. 4.23. LA FRICATIZACIÓN, EL ENSORDECIMIENTO Y LA VELARIZACIÓN DE "J"

LATÍN CLÁSICO			ESPAÑOL MODERNO
JŎCŬM	>	/žó.ku/ > /žó.ko/ > /žó.go/ > /ʒó.go/ > /ʒωé.go/ > /ʒωé.γo/ > /ʃωé.γo/ > [χωé.γo]	*juego*
JŬVENEM	>	/žú.be.ne/ > /žó.be.ne/ > /žó.βe.ne/ > /žó.βen/ > /ʒó.βen/ > /ʃó.βen/ > [χó.βen]	*joven*

EN PAREJAS. Identifiquen los procesos de los cambios históricos que ocurrieron en las palabras a continuación y hagan una transcripción fonémica para cada uno de los pasos de la derivación.

1. JACERE > *yacer*
2. JUNTUM > *junto*

4.3.8.6. LA PALATALIZACIÓN DE LOS GRUPOS CONSONÁNTICOS "CL-", "FL-" Y "PL-" INICIALES

Los grupos consonánticos "CL-", "FL-" y "PL-" también sufrieron el proceso de palatalización dando lugar a [λ] en posición inicial. Tenemos por ejemplo, "CLAMARE" > [ʝa.már], donde se palatalizó el grupo consonántico "CL-" en la palatal lateral [λ], para luego deslateralizarse ésta última a [ʝ]. En algunos casos, el grupo "FL-" tuvo la misma evolución —"FLAMMAM" > [ʝá.ma]; en otros casos no —"FLOREM" > [flór].

FIG. 4.24. LA PALATALIZACIÓN DE LOS GRUPOS CONSONÁNTICOS INICIALES "CL-", "FL- Y "PL-"

LATÍN CLÁSICO			ESPAÑOL MODERNO
CLAMARE	>	/kla.má.re/ > /kλa.má.re/ > /λa.má.re/ > /λa.már/ > /[ʝa.már]	*llamar*
FLĂMMAM	>	/flám.ma/ > /fλám.ma/ > /fλá.ma/ > /λá.ma/ > [ʝä.ma]	*llama*
PLĀNŬM	>	/plá.nu/ > /plá.no/ > /pλá.no/ > /λá.no/ > [ʝä.no]	*llano*
PLŌRARE	>	/plo.rá.re/ > /pλo.rá.re/ > /λo.rá.re/ > /λo.rár/ > [ʝo.rár]	*llorar*

EN PAREJAS. Identifiquen los procesos de los cambios históricos que ocurrieron en las palabras a continuación y hagan una transcripción fonémica para cada uno de los pasos de la derivación.

1. CLAVEM > *llave*
2. PLĒNŬM > *lleno*
3. PLICARE > *llegar*
4. PLŬVĬAM > *lluvia*

4.3.8.7. LA PALATALIZACIÓN DE LOS GRUPOS CONSONÁNTICOS "-CT-", "-PL-" Y "-LT-"

El grupo consonántico "-CT-" /kt/ dio lugar a la africada [č]: "LŪCTAM" > /lúk.ta/ > /lú*i*.ta/ > [lú.ča]. Primero, se formó la yod a partir de la velar a final de sílaba –"CT" > /*i*t/ y luego, ésta, a su vez, palatalizó la [t] –/*i*t/ > [č][15]. Lo mismo ocurrió con el grupo consonántico "PL" después de nasal. En el caso de "AMPLŬM" > [áń.čo], primero se palatalizó –"PL" > /pλ/ > [č] y luego, se asimiló la nasal al punto de articulación pre-palatal de la [č] – /m/ > [ń].

FIG. 4.25. LA PALATALIZACIÓN DE LOS GRUPOS "-CT-", "-PL-" Y "-LT-"

LATÍN CLÁSICO			ESPAÑOL MODERNO
AMPLŬM	>	/ám.plu/ > /ám.plo / > /ám.pλo / > /án.čo/ > [áń.čo]	*ancho*
DIRECTUM	>	/di.rék.tu/ > /de.rék.to/ > /de.ré*i*.to/ > /de.ré*i*.čo/ > [de.ré.čo]	*derecho*
FĂCTUM	>	/fák.tu/ > /fák.to/ > /fá*i*.to/ > /fé*i*.to/ > /hé.čo/ > [é.čo]	*hecho*
LACTEM	>	/lák.te/ > /lá*i*.te/ > /lé*i*.te/ > [lé.če]	*leche*
LŪCTAM	>	/lúk.ta/ > /lú*i*.ta/ > [lú.ča]	*lucha*
MŬLTUM	>	/múl.tu/ > /mól.to/ > /mó*i*.to/ > /mú*i*.to/ > [mú.čo]	*mucho*
NŎCTEM	>	/nó.kte/ > /nó*i*.te/ > [nó.če]	*noche*
TRŬCTAM	>	/trúk.ta/ > /trú*i*.ta/ > [trú.ča]	*trucha*

EN PAREJAS. Identifiquen los procesos de los cambios históricos que ocurrieron en las palabras a continuación y hagan una transcripción fonémica para cada uno de los pasos de la derivación.

1.	DICTUM	>	*dicho*	6.	PĔCTŬS	>	*pecho*
2.	DUCTUM	>	*ducha*	7.	PROFĔCTUM	>	*provecho*
3.	LACTŪCAM	>	*lechuga*	8.	STRICTUM	>	*estrecho*
4.	LĔCTUM	>	*lecho*	9.	SŬSPĔCTAM	>	*sospecha*
5.	ŎCTŌM	>	*ocho*	10.	TĔCTŬM	>	*techo*

4.3.8.8. LA PALATALIZACIÓN DE LOS GRUPOS PROCEDENTES DE "-CUL-", "-GUL-" Y "-TUL-"

En "-CUL-" se perdió la vocal átona y el grupo resultante es /kl/ > /ʒ/ > /χ/. Lo mismo ocurrió con "-GUL-" y a veces con "-TUL-". Por ejemplo, en "APĬCULAM" > [a.βé.χa],

[15] Por otro lado, cuando "-CT-" iba detrás de la vocal anterior /i/, se absorbía la yod y no se perdía la oclusiva –FRICTUM > "*frito*".

primero se formó la yod a partir de la velar a final de sílaba —"-CUL-" > /kl/ > [ʝl]; después, hubo palatalización por efecto de la yod —/ʝl/ > [λ]; luego, se dio la deslateralización de la lateral palatal —/λ/ > [ʒ]; seguido por el ensordecimiento de la sibilante pre-palatal —/ʒ/ > [ʃ]; y finalmente, se velarizó la alveopalatal sorda —/ʃ/ > [χ].

FIG. 4.26. LA PALATALIZACIÓN DE /kl/, /gl/ Y /tl/ PROCEDENTE DE "-CUL-", "-GUL-" Y "-TUL-"

LATÍN CLÁSICO			ESPAÑOL MODERNO
APĬ<u>CŬL</u>AM	>	/a.pí.ku.la/ > /a.pé.ku.la/ > /a.bé.gu.la/ > /a.bé.gla/ > /a.bé.ʝla/ > /a.bé.λa/ > /a.bé.ʒa/ > /a.βé.ʒa/ > /a.βé.ʃa/ > [a.βé.χa]	*abeja*
SPĔ<u>CŬL</u>UM	>	/zpé.ku.lu/ > /zpé.ku.lo/ > /zpé.klo/ > /ez.pé.klo/ > /ez.péi̯.lo/ > /ez.pé.λo/ > /ez.pé.ʒo/ > /ez.pé.ʒo/ > /ez.pé.ʃo/ > /es.pé.ʃo/ > [es.pé.χo]	*espejo*
VĔ<u>TŬL</u>UM	>	/bé.tu.lu/ > /bé.tu.lo/ > /bé.tlo/ > /bé.klo/ > /béi̯.lo/ > /bé.λo/ > /bʝé.λo/ > /bʝé.ʒo/ > /bʝé.ʃo/ > [bʝé.χo]	*viejo*

Existen excepciones, como la forma "MASCŬLUM" > "*macho*", cuya derivación pasó a [č] sin que se velarizara el grupo /k'l/: /más.ku.lu/ > /más.ku.lo/ > /más.klo/ > /más.kλo/ > /más.čo/ > [má.čo]. Hay que señalar, además, los casos que se verán en la sección 4.3.11., para las cuales se llega a una solución completamente distinta: "MIRACŬLŬM" > [mi.lá.γro], "PERICŬLŬM" > [pe.lí.γro], "CAPĬTŬLUM" > [ka.βíl.do], "SPATŬLAM" > [es.pál.da] y "TĬTULUM" > [tíl.de].

EN PAREJAS. Identifiquen los procesos de los cambios históricos que ocurrieron en las palabras a continuación y hagan una transcripción fonémica para cada uno de los pasos de la derivación.

1. LENTĪCŬLAM > *lenteja*
2. NŎVĀCŬLAM > *navaja*
3. OCŬLŬM > *ojo*
4. AURĪCŬLAM > *oreja*
5. OVICŬLAM > *oveja*
6. TĒGŬLAM > *teja*

4.3.8.9. LA PALATALIZACIÓN DE LOS GRUPOS "-LI-" Y "-LE-"

Los grupos "LI-" y "LE-" delante de vocal anterior dieron lugar a /ʒ/ en castellano medieval, por palatalización /lʝ/ > [λ] y deslateralización /λ/ > [ʒ]. Después, por cambios que ya consideramos en la sección 4.3.7., la /ʒ/ se ensordeció a /ʃ/, dando por fin lugar a /χ/ en el español moderno. Tomemos, por ejemplo, el caso de "FOLIAM" > [ó.χa]. Primero, hubo palatalización de la lateral por efecto de la yod —/lʝ/ > [λ], luego, deslateralización de la lateral palatal –/λ/ > [ʒ], ensordecimiento de la sibilante pre-palatal –/ʒ/ > [ʃ] y finalmente, velarización de la sibilante pre-palatal sorda –/ʃ/ > [χ][16].

FIG. 4.27. LA PALATALIZACIÓN DE LOS GRUPOS "-LI-" Y "-LE-"

LATÍN CLÁSICO			ESPAÑOL MODERNO
FŎLĬAM	>	/fó.lja/ > /hó.lja/ > /hó.λa/ > /hó.ʒa/ > /ó.ʒa/ > /ó.ʃa/ > [ó.χa]	*hoja*
MĔLIŌREM	>	/me.ljó.re/ > /me*i*.ló.re/ > /me.λó.re/ > /me.ʒó.re/ > /me.ʒór/ > /me.ʃór/ > [me.χór]	*mejor*
PALEAM	>	/pá.le.a/ > /pá.lja/ > /pá.λa/ > /pá.ʒa/ > /pá.ʃa/ > [pá.χa]	*paja*

EN PAREJAS. Identifiquen los procesos de los cambios históricos que ocurrieron en las palabras a continuación y hagan una transcripción fonémica para cada uno de los pasos de la derivación.

1. ALĬUM > *ajo*
2. CĪLĬAM > *ceja*
3. CŌNSĪLĬUM > *consejo*
4. FĪLĬUM > *hijo*
5. MULĬĔREM > *mujer*
6. TILIUM > *tejo*

4.3.9. LA PRÓTESIS DE LA "E-" EN PALABRAS QUE EMPIEZAN CON "S-" + CONSONANTE

La *prótesis* consiste en añadir un sonido al comienzo de una palabra. La /e/ protética se agregó, en el latín vulgar, a las palabras latinas que comienzaban con "S." + consonante.

FIG. 4.28. LA PRÓTESIS DE LA "E-" ANTE PALABRAS QUE EMPIEZAN CON "S" + CONSONANTE

LATÍN CLÁSICO			ESPAÑOL MODERNO
SCRĪPTUM	>	/zkríp.tu/ > /zkríp.to/ > /zkrít.to/ > /ez.krít.to/ > [es.krí.to]	*escrito*
SCHŎLAM	>	/zkó.lam/ > /zkó.la/ > /zkωé.la/ > /ez.kωé.la/ > [es.kωé.la]	*escuela*
SPHAERAM	>	/zfa*i*.ra/ > /zfé.ra/ > /ez.fé.ra/ > [es.fé.ra]	*esfera*
STRĬCTUM	>	/ztrík.tu/ > /ztrík.to/ > /ez.trík.to/ > /es.tré*i*.to/ > /es.tré*i*.čo/ > [es.tré.čo]	*estrecho*

[16] Si "LI" y "LE" no estaban en posición intervocálica, no se daba el mismo resultado –COCLEARE > *"cuchara"*. (Lathrop, T., 1984, 128).

EN PAREJAS. Identifiquen los procesos de los cambios históricos que ocurrieron en las palabras a continuación y hagan una transcripción fonémica para cada uno de los pasos de la derivación.

1. SCRIBET	>	*escribe*		4. SPINAM	>	*espina*
2. SCOPAM	>	*escoba*		5. STATUAM	>	*estatua*
3. SCUTUM	>	*escudo*		6. STABĬLEM	>	*estable*

4.3.10. LA EPÉNTESIS DE LA /b/ Y /d/ PARA ROMPER CIERTOS GRUPOS CONSONÁNTICOS

Tras la pérdida de ciertas vocales átonas, se formó grupos de consonantes inusuales. El grupo "-MINE", en particular, dio lugar a una evolución especial que resultó en la epéntesis de la *"b"*. La *epéntesis* es el proceso mediante el cual se agrega un sonido dentro de la palabra. En un primer paso, la nasal, que conservó su punto de articulación alveolar, se hizo vibrante por disimilación a otra nasal en sílaba contigua: "-MINE" > /mne/ > /mre/[17]. Luego, la nasal no pudo ajustarse al punto de articulación de la líquida que la sigue —quizás por la dificultad de pronunciar una secuencia de nasal-líquida, por lo que la *"b"* epéntica vino a romper dicha secuencia: /mre/ > /mbre/.

Si la primera consonante era alveolar /l/ o /n/, se generaba una *"d"*; si era bilabial /m/, se generaba una *"b"*[18].

FIG. 4.29. LA EPÉNTESIS DE LA "B" EN EL GRUPO CONSONÁNTICO /-mr-/

LATÍN CLÁSICO			ESPAÑOL MODERNO
FEMĬNAM	>	/fé.mi.na/ > /fém.na/ > /hém.na/ > /hém.ra/ > /hém.bra/ > [ém.bra]	*hembra*
HŎMĬNEM	>	/hó.mi.ne/ > /hóm.ne/ > /hóm.re/ > /hóm.bre/ > [óm.bre]	*hombre*
HŬMĔRUM	>	/hú.me.ru/ > /húm.ru/ > /hóm.ro > /hóm.bro > [óm.bro]	*ombro*
PONERE	>	/po.ne.ré/ > /pon.ré/ > [pon̪.dré]	*pondré*
SALIRE	>	/sa.li.ré/ > /sal.ré/ > [sal.dré]	*saldré*

[17] Si se hubiera conservada la *"r"* sin que se epentizara la *"b"*, hubiera resultado en una *"r"* múltiple como la que se da en *"honra"* [ón.ř a]. (Lathrop, T., 1984, 134).
[18] También existen casos de /r/ epentética —REGESTUM > [ře.χis.tro].

EN PAREJAS. Identifiquen los procesos de los cambios históricos que ocurrieron en las palabras a continuación y hagan una transcripción fonémica para cada uno de los pasos de la derivación.

1. COSTUMINE > *costumbre*
2. CULMINE > *cumbre*
3. FAMINEM > *hambre*
4. LUMINEN > *lumbre*
5. NOMINEM > *nombre*
6. SEMINARE > *sembrar*
7. TENERE > *tendré*
8. TREMULARE > *temblar*
9. VALERE > *valdré*
10. VENIRÉ > *vendré*

4.3.11. LA METÁTESIS SIMPLE Y RECÍPROCA

La *metátesis* es el proceso por el cual uno o dos sonidos cambian de lugar dentro de la palabra, atraídos o repelidos el uno por el otro. En el caso de la metátesis simple, un solo sonido cambia de posición dentro de la palabra.

FIG. 4.30. LA METÁTESIS SIMPLE

LATÍN CLÁSICO			ESPAÑOL MODERNO
CREPARE	>	/kre.bá.re/ > /kre.βá.re/ > /ke.βrá.re/ > [ke.βrár]	*quebrar*
ĬNTEGRARE	>	/en.te.grá.re/ > /en.te.grár/ > /en.tre.gár/ > /en.tre.ɣár/ > [en̪.tre.ɣár]	*entregar*

La *metátesis recíproca* es esencialmente igual al de la metátesis simple, con la excepción de que son dos sonidos que intercambiaron de lugar. Por ejemplo, en el caso de "CŬMŬLUM" > *"colmo"*, depués de desaparecer la "Ŭ" postónica, se metatizan la /m/ y la /l/: "-MŬL-" > /ml/ > /lm/. En el caso de "CATĔNATUM" > *"candado"*, después de haberse sonorizado la "T" > /d/, se produjo síncopa de la /e/ y luego, se metatizaron de manera recíproca la /d/ y la /n/.

FIG. 4.31. LA METÁTESIS RECÍPROCA

LATÍN CLÁSICO			ESPAÑOL MODERNO
CŬMŬLUM	>	/kú.mu.lu/ > /kó.mu.lo/ > /kóm.lo/ > [kól.mo]	*colmo*
MIRACŬLŬM	>	/mi.rá.ku.lu/ > /mi.rá.gu.lo/ > /mi.rá.glo/ > /mi.lá.gro/ > [mi.lá.ɣro]	*milagro*
PARABŎLAM	>	/pa.rá.bo.la/ > /pa.rá.βo.la/ > /pa.rá.βla/ > [pa.lá.βra]	*palabra*
PERICŬLŬM	>	/pe.rí.ku.lu/ > /pe.rí.ko.lo/ > /pe.rí.go.lo/ > /pe.rí.glo/ > /pe.rí.ɣlo/ > [pe.lí.ɣro]	*peligro*
SĔMPER	>	/zém.per/ > /z̯ém.per/ > /s̯ém.per/ > [s̯ém.pre]	*siempre*

EN PAREJAS. Identifiquen los procesos de los cambios históricos que ocurrieron en las palabras a continuación y hagan una transcripción fonémica para cada uno de los pasos de la derivación.

1. CAPĬTŬLUM > *cabildo*
2. GĔNĔRUM > *yerno*
3. OBLITARE > *olvidar*
4. MATURICARE > *madrugar*
5. RETINA > *rienda*
6. SIBILARE > *silbar*
7. SPATŬLAM > *espalda*
8. TĔNĔRUM > *tierno*
9. TĬTULUM > *tilde*
10. VĔNĔRIS > *viernes*

4.4. LA CRONOLOGÍA DE LOS CAMBIOS FONÉTICOS

La cronología de los cambios que se dieron del latín al castellano moderno no siempre es fácil de determinar. Dichos cambios tuvieron lugar a lo largo de siglos, en un orden que hasta cierto punto se puede documentar[19]. Por ejemplo, se puede deducir con certeza que en derivaciones como "DELĬCĀTŬM" > [del.ɣá.ðo], es necesario que antes de la caída de la vocal pretónica "I", haya ocurrido el proceso de la sonorización de la oclusiva "P" intervocálica. De lo contrario, no se hubiera producido el mismo resultado. De hecho, muchos de los ejemplos que vimos en la sección 4.3.3. ilustran la cronología de estos cambios fonéticos; es decir, una vez sonorizada la oclusiva, sucedió la caída de la vocal átona.

FIG. 4.32. DELĬCĀTŬM > [del.ɣá.ðo]

PROCESOS			DERIVACIÓN
1. apócope de la "-M" del acusativo: "M" > [∅]	DELĬCĀTŬM	>	/de.li.ká.tu/
2. centralización de la vocal alta breve: Ŭ" > /o/		>	/de.li.ká.to/
3. sonorización de la oclusiva simple intervocálica: /k/ > [g], /t/ > [d]		>	/de.li.gá.do/
4. síncopa de la vocal breve pretónica: "Ĭ" > [∅]		>	/del.gá.do/
5. fricatización de la oclusiva sonora intervocálica: /g/ > [ɣ], /d/ > [ð]		>	[del.ɣá.ðo]

[19] Para conseguir información detallada, se puede acudir a estudios más completos –Lapesa, R. (1991), *Historia de la lengua española*. Madrid: Editorial Gredos; Lathrop, T. (1984), *Gramática histórica española*. Barcelona: Editorial Ariel; Menéndez Pidal, R. (1966): *Manual de gramática histórica española*. Madrid: Espasa Calpe, S. A. Resnick, M. (1981), *Introducción a la historia de la lengua española*. Washington, D.C.: Georgetown University Press.

EN PAREJAS. Identifiquen los procesos de los cambios históricos que ocurrieron en las palabras a continuación y hagan una transcripción fonémica para cada uno de los pasos de la derivación.

1. APERIRE > *abrir*
2. BONITATEM > *bondad*
3. LEPOREM > *liebre*
4. PAUPĔREM > *pobre*

Del mismo modo, en el ejemplo "COMPŬTARE" > [kon̪.tár], es necesario que haya habido asimilación del grupo "MP" antes de que ocurriera la degeminación.

FIG. 4.33. COMPŬTARE > [kon̪.tár]

PROCESOS			DERIVACIÓN
1. síncopa de la vocal breve postónica: "Ŭ" > [Ø]	COMPŬTARE	>	/komp.tá.re/
2. geminación, por asimilación, del grupo consonántico "MP", cuyos fonemas tienen el mismo punto de articulación bilabial: /mp/ > [mm]		>	/komm.tá.re/
3. degeminación, por simplificación: /mm/ > [m]		>	/kom.tá.re/
4. asimilación de la nasal al punto de articulación de la dental: /m/ > [n̪]		>	/kon̪.tá.re/
5. apócope de la /e/ final después de consonante simple alveolar: /e/ > [Ø]		>	[kon̪.tár]

Para producirse formas como "FABŬLĀRE" > [a.βlár], hubo primero, sin duda, síncopa de la vocal breve postónica y luego apócope de la /e/.

FIG. 4.34. FABŬLĀRE > [a.βlár]

PROCESOS			DERIVACIÓN
1. síncopa de la vocal breve postónica: "Ŭ" > [Ø]	FABŬLĀRE	>	/fa.blá.re/
2. fricatización de la oclusiva sonora intervocálica: /b/ > [β]		>	/fa.βlá.re/
3. aspiración de la "F-" inicial del latín clásico: /f/ > [h]		>	/ha.βlá.re/
4. apócope de la /e/ final después de consonante simple alveolar: /e/ > [Ø]		>	/ha.βlár/
5. aféresis de la /h/ que se aspiraba en castellano medieval: /h/ > [Ø]		>	[a.βlár]

Primero se monoptonga la "AE" > [e], después se asibila la [k] ante vocal anterior [e] o [i].

FIG. 4.35. CAELŬM > [s̯é.lo]

PROCESOS		DERIVACIÓN
1. apócope de la "M" del acusativo: "-M" > [∅]	CAELŬM	> /kái̯.lu/
2. monoptongación del diptongo "AE" del latín clásico: /ai̯/ > /ei̯/ > [e]		> /kéi̯.lu/
		> /ké.lu/
3. centralización de la vocal alta breve: "Ŭ" > [o]		> /ké.lo/
4. asibilación de la "C" antes de vocal anterior /e/: /k/ > [ts]		> /tsé.lo/
5. diptongación de la vocal media breve "Ĕ" en posición tónica: /é/ > [i̯é]		> /ts̯ié.lo/
6. desafricación de la sibilante: /ts/ > [s]		> [s̯ié.lo]

EN PAREJAS. Identifiquen los procesos de los cambios históricos que ocurrieron en las palabras a continuación y hagan una transcripción fonémica para cada uno de los pasos de la derivación.

1.	CAECŬM	>	*ciego*	3.	COENAM	>	*cena*
2.	CĔNTŬM	>	*ciento*	4.	CĬRCA	>	*cerca*

No es el propósito de esta breve introducción establecer el orden preciso en el que ocurrieron los cambios, sino más bien, organizarlos de modo que se pueda entender la forma en que se realizaron cada uno de los procesos que se han discutido en este capítulo. En base a varias fuentes, entre ellas, la investigación de Ralph Penny (1991), hemos documentado los cambios fonéticos más importantes según el orden cronológico que reproducimos aquí con cierta adaptación[20].

[20] Para el orden que propuso Penny, véanse Penny, R. (1991). *A History of the Spanish Language*, 95-97. Para información detallada, acúdanse a los estudios de Menéndez Pidal, R. (1966). *Manual de gramática histórica española*. Madrid: Espasa Calpe, S. A.

FIG. 4.36. EL ÓRDEN CRONOLÓGICO DE LOS CAMBIOS FONÉTICOS

1. apócope de la "M" del acusativo: "M" > [∅]
2. monoptongación: "AU" /a*u*/ > /o*u*/ > [o]; "AE" /a*i*/ > /e*i*/ > [e]; "OE" /o*i*/ > /e*i*/ > [e]
3. centralización de las vocales altas breves: "Ĭ" > [e], "Ŭ" > [o]
4. síncopa de la vocal pretónica o postónica
5. palatalización y asibilación de la "C" ante vocal anterior [e, i]: /k/ > /ts/ > [θ] o [s]
6. síncopa de las aproximantes procedentes de las oclusivas sonoras del latín clásico: "B" > /β/ > [∅], "D" > /ð/ > [∅], "G" > /γ/ > [∅]
7. sonorización[21] de las oclusivas sordas latinas: "P" > [b], "T" > [d], "K" > [g]
8. palatalización de los grupos consonánticos "-CT-", "-PL-", "-LT-" > [č]
9. palatalización de la nasal en los grupos "GN" > /ñ/, "NE" > /ñ/, "NI" > [ñ]
10. diptongación de las vocales medias breves en posición tónica: "Ĕ" > [ʝé], "Ŏ" > [ωé]
11. aspiración de la "F-" inicial del latín clásico: "F-" > [h]
12. degeminación de las geminadas: "CC" > [k], "TT" > [t], "SS" > [s], "PP" > [p]
13. palatalización de las resonantes alveolares geminadas "NN" > [ñ], "LL" > [λ], "RR" > [ř]
14. sonorización de las sibilantes: /s/ > [z], /ts/ > [dz]
15. palatalización de los grupos consonánticos "PL-", "CL-", "FL-" iniciales > [λ]
16. apócope de la "-E" después de consonante simple dental o alveolar: "-E" > [∅]
17. aféresis de la /h/ procedente de la "F-" inicial del latín: /h/ > [∅]
18. desafricatización de las sibilantes: /ts/ > [s], /dz/ > [z]
19. ensordecimiento de las sibilantes: /z/ > [s], /ʒ/ > [ʃ]
20. velarización de la /ʃ/ > [χ]
21. interdentalización de la /s/ > [θ]

[21] Después de la sonorización se fricatizaron las oclusivas para dar con el proceso completo de lenificación.

4.5. Repaso para el capítulo de la lingüística histórica

En parejas. Emparejen cada una de las definiciones con la palabra correspondiente.

a) *aféresis*	d) *centralización*	g) *epéntesis*	j) *paragoge*
b) *apócope*	e) *diptongación*	h) *metátesis*	k) *prótesis*
c) *asimilación*	f) *disimilación*	i) *monoptongación*	l) *síncopa*

1. ___ se pierde un sonido en posición inicial
2. ___ pérdida de un sonido dentro de palabra
3. ___ pérdida de un sonido en posición final de palabra
4. ___ añadir un sonido a principio de palabra
5. ___ se agrega un sonido dentro de palabra
6. ___ añadir un sonido a final de palabra
7. ___ dos sonidos cambian de lugar atraídos o repelidos el uno por el otro
8. ___ un sonido cambia de modo que resulta ser más similar a otro sonido
9. ___ un sonido cambia de manera que resulta ser menos semejante a otro sonido
10. ___ las vocales altas breves llegan a ser medias
11. ___ dos vocales se simplifican mediante este proceso
12. ___ las vocales medias breves del latín en sílabas tónicas

BIBLIOGRAFÍA

Abad Nebot, F. (1983). Seseo y ceceo como problema de lingüística general. En Marcos Marín, F. (ed.), *Introducción plural a la gramática histórica*. Madrid: Cincel, 88-95.
Abe, M. (1993). Sobre la pérdida y conservación de latín "g" intervocálica en español. *Estudios Lingüísticos Hispánicos*, 8, 1-12.
Acero Durántez, I. & Smithbauer, D. (1999). Evolución del concepto de "diptongo" en la gramática española. En Fernández Rodríguez, M.; García Gondar, F. y Vázquez Veiga, N. (eds.), *Actas del I Congreso Internacional de Historiografía Lingüística*. Madrid: Arco Libros, 114-136.
Aguilar Cuevas, L. (2005). A vueltas con el problema de las semiconsonantes y las semivocales. *Verba*, 32, 121-142.
Alarcos Llorach, E. (1994). *Gramática de la lengua española*. Madrid: Espasa-Calpe.
Alarcos Llorach, E. (1996). Cuestiones fonológicas del español de América. En Casado Velarde, M.; Freire Lamas, A.; López Pereira, J. y Pérez Pascual, J. (eds.), *Scripta Philologica in Memoriam Manuel Taboada Cid*, 1. La Coruña: Universidade da Coruña, 279-288.
Alarcos Llorach, E. (1996). Reflexiones sobre el origen del sistema vocálico español. En Alonso González, A. (ed.), *Actas del III Congreso Internacional de Historia de la Lengua Española*, I. Madrid: Arco Libros, 15-20.
Alcaraz Varó, E. & Martínez Linares, M. (1997). *Diccionario de lingüística moderna*. Barcelona: Editorial Ariel, 535.
Alcoba Rueda, S. (2000). La función argumental de causa y los verbos de régimen preposicional en español. Cien años de investigación semántica, de Michel Breal a la actualidad. En *Actas del Congreso Internacional de Semántica*. Madrid: Ediciones Clásicas, 183-196.
Alonso Cortés, A. (1993). Clasificación fonológica de "s" en español: consecuencias para la teoría fonológica. *Revista de Filología Española*, 73(3-4), 65-68.
Alonso, A. (1967). Historia del ceceo y del seseo españoles. *De la pronunciación medieval a la moderna en español*, II. Madrid: Gredos, 47-144.
Alvar, M. (1990). *Norma lingüística sevillana y español de América*. Madrid: Ediciones de Cultura Hispánica.
Alvarez, A. & Barrios, G. (1992). Caracas y Montevideo, un estudio comparativo de la preposición "a" en dos muestras dialectales. En *Actas del IV Congreso Internacional de El español de América* II: 477-483. Chile: Pontificia Universidad Católica de Chile.
Álvarez, J. (1994). *Estudios de Lingüística Guajira*. Maracaibo: Ediciones Astro Data.
Anderson, J. & Ewen, C. (1987). *Principles of Dependency Phonology*. Cambridge: Cambridge University Press.
Anderson, S. (1990). *La fonología en el siglo XX*. Madrid: Visor Distribuciones.
Anderson, S. (1993). Wackernagel's Revenge: Clitics, morphology and the syntax of second position. *Language*, 69, 68-89.
Andrés Toledo, G. (2002). Acentos en español: un problema para la fonología métrica. *Verba*, 29, 119-138.
Arencibia, V. (1999). Rasgos semicriollos en el español no estándar de la región suroriental cubana. En Zimmermann, K. *Lenguas criollas de base lexical española y portuguesa*. Vervuert Verlagsgesellschaft: Iberoamericana, 411-440.
Ariza Viguera, M. (1989). *Manual de fonología histórica del español*. Madrid: Síntesis.
Ariza Viguera, M. (1996). Reflexiones sobre la evolución del sistema consonántico en los siglos de Oro. En Alonso González, A. (ed.), *Actas del III Congreso Internacional de Historia de la Lengua Española*, I. Madrid: Arco Libros, 43-80.
Ariza Viguera, M. (1999). De la aspiración de /s/. *Philologia Hispalensis*, 13(1), 49-60.

Ariza, M. (1989). La preposición *a* de objeto. Teorías y panorama. *Lexis XIII*, 2, 203-22.

Azevedo, M. (2005), *Introducción a la lingüística española*. New Jersey: Prentice Hall.

Azorín Fernández, D. (1988). El acento en la lingüística española del siglo XIX: aspectos del desarrollo de una teoría. *Estudios de Lingüística de la Universidad de Alicante*, 5, 83-91.

Barra, M. (1994). Reflexiones sobre el concepto de "yod". *Revista de Filología Española*, 74(1-2), 181-188.

Barss, A. & Lasnik, H. (1986). A note on anaphora and double objects. *Linguistic Inquiry* 17: 347-54.

Bauer, L. (1988). What is lenition? *Journal of Linguistics*, 24-2, 381-392.

Belletti, A. & Rizzi, L. (1987). Los verbos psicológicos y la teoría temática. En Demonte, V. & Fernández Lagunilla, M. (eds.), *Sintaxis de las lenguas románicas*, Arquero, Madrid, 60-122.

Belletti, A. (1987). Los inacusativos como asignadores de caso. En Demonte, V. & Fernández Lagunilla, M. (eds.), *Sintaxis de las lenguas románicas*, Arquero, Madrid, 167-230.

Belletti, A. (2001). Inversion as focalization. En Hulk, A., & Pollock, J. (eds.), *Inversion in Romance and the Theory of Universal Grammar*, Oxford University Press, 180.

Blake, R. (1988). Aproximaciones nuevas al fenómeno de [f] > [h] > [Ø]. En Ariza Viguera, M.; Salvador Plans, A. y Viudas Camarasa, A. (eds.), *Actas del I Congreso Internacional de Historia de la Lengua Española*, I. Madrid: Arco Libros, 71-82.

Bleam, T. (2003). Properties of the double object construction in Spanish. En Núñez-Cedeño, R., López, L. & Cameron, R. (eds.), *A Romance Perspective on Language Knowledge and Use*. Amsterdam: John Benjamins, 233-52.

Bobes Naves, M. (1974). Construcciones castellanas con "se". Análisis transformacional. *Revista Española de Lingüística* 4: 124.

Borrego Nieto, J. & Gómez Asencio, J. (1997). *Prácticas de fonética y fonología*. Salamanca: Publicaciones Universidad.

Brown, E. & Torres Cacoullos, R. (2003). Spanish "s": A different story from beginning (initial) to end (final). *Amsterdam Studies in the Theory and History of Linguistic Science*, 4, 238, 21-38.

Calvo Pérez, J. (1991). El problema no resuelto de "a" + objeto directo en español. *Español Actual*, 56, 5-22.

Calvo Pérez, J. (1993). A vueltas con el objeto directo con "a". *Lingüística Española Actual*, 15(1): 83-107.

Campbell, L. (1991). Los hispanismos y la historia fonética del español en América. En Hernández A. (ed.), *Actas del III Congreso Internacional de 'El Español de América'*, 1, Valladolid, Junta de Castilla y León, 171-179.

Campos, H. & Zampini, M. (1990). Focalization strategies in Spanish, *Probus* 2(1): 47-74.

Campos, H. y Martínez Gil, F. (1991). *Current Studies on Spanish Syllabification*. Washington, DC: Georgetown University Press.

Canfield, D. (1988). *El español de América*. Barcelona: Editorial Crítica.

Cano Aguilar, R. (2004). Cambios en la fonología del español durante los siglos XVI y XVII. En Cano Aguilar, R. (ed.), *Historia de la lengua española*. Barcelona: Ariel, 825-857.

Cañizal Arévalo, A. (1999). Algunos rasgos fonológicos del español novohispano del siglo XVI que perduraron hasta el siglo XVII. En Samper Padilla, J. y Troya D. (eds.), *Actas del XI Congreso Internacional de la Asociación de Lingüística y Filología de América Latina*, 3. Las Palmas de Gran Canaria: Servicio de Publicaciones de la Universidad de Las Palmas, 1835-1848.

Carrera de la Red, M. (1997). Fonología diacrónica del español de Santo Domingo (siglos XVI y XVII). *Lingüística*, 9, 51-74.

Carricaburo, N. (2004). El voseo en la historia y en la lengua de hoy - las formas de tratamiento en el español actual. En http://www.elcastellano.org/artic/voseo.htm

Carvajal, N. & Gordillo, J. (2001). La propagación de bienes culturales latinoamericanos en los albores del siglo XXI. Tiempos de globalización y nuevos paradigmas de políticas culturales. En http://www.esumer.edu.co/ponencia_cuba2.html.

Chamorro Martínez, J. (2001). Cambios fonológicos en las hablas del mediodía peninsular. *Revista de Filología Española*, 81(3-4), 403-412.

Champion, J. (1992). On the Distribution of the Spanish Palatal Nasal. *Romance Quarterly*, 39-3, 355-360.

Chomsky, N. & Lasnik, H. (1993). The theory of principles and parameters. En Jabobs, J., Stechow, A., Sternefeld, W. y Vennemann, T. (eds.), *Syntax: An International Handbook of Contemporary Research*. Berlin: Walter de Gruyter, 506-569.

Chomsky, N. (1970). Remarks on nominalization. En Jacobs, R. & Rosenbaum, P. (eds.), *Readings in English Transformational Grammar*. Cambridge: Waltham.

Chomsky, N. (1981). *Lectures on government and binding*. Dordrecht: Reidel.

Chomsky, N. (1986). *Barriers*. Cambridge, Mass.: The MIT Press.

Chomsky, N. (1998). Minimalist inquiries: the framework. *MIT Occasional Papers in Linguistics* 15: 1-56.

Clavería Nadal, G. (1992). Observaciones acerca de la historia del "yeísmo". En Lorenzo, R. (ed.), *Actas del XIX Congreso Internacional Lingüística y Filoloxía Románicas*, VI. Santiago-La Coruña: C.C. Galega-Fund. P. Barrié de la Maza, 229-242.

Contreras, H. & Conxita L. (1982). *Aproximación a la fonología generativa. Principios teóricos y problemas*. Barcelona: Editorial Anagrama.

Contreras, L. (1966). Significados y funciones de *se*. *Zeitschrift für Romanische Philologie* 82: 304.

Costa, A. & Caramazza, A. (2002). The Production of Noun Phrases in English and Spanish: Implications for the Scope of Phonological Encoding in Speech Production. *Journal of Memory and Language*, 46(1), 178-198.

Cravens, T. (1991). Phonology, Phonetics, and Orthography in Late Latin and Romance: The Evidence for Early Intervocalic Sonorization. En Wright, Roger (ed.), *Latin and Romance Languages in the Early Middle Ages*. Londres: Routledge, 42-68.

Cuenca Villarín, M. (1999). Influencias segmentales y suprasegmentales en la duración de las vocales españolas e inglesas. En Yanguas, Á. y Salguero, F.J. (eds.), *Estudios de lingüística descriptiva y comparada*. Sevilla: Editorial Kronos.

De Granda, G. (1994). *Español de América, español de África y hablas criollas hispánicas*. Madrid: Gredos.

De Miguel, E. & Fernández Soriano, O. (1988). Proceso-acción y ergatividad: las construcciones impersonales en castellano. En *Actas del 111 Congreso de Lenguajes Naturales y Lenguajes Formales*, Universidad de Barcelona, 643-651.

Demonte, V. (1991). La realización sintáctica de los argumentos: el caso de los verbos preposicionales. En Demonte, V. (ed.), *Detrás de la palabra. Estudios de gramática española*. Madrid: Alianza Universidad, 69-115.

Demonte, V. (1994). *Teoría Sintáctica: de las Estructuras a la Rección. Textos de Apoyo. Lingüística I*. Madrid: Editorial Síntesis.

Demonte, V. (1995). Dative alternation in Spanish. *Probus*, 7, 5-30.

Díaz-Campos, M. (2003). The pluralization of haber in Venezuelan Spanish: A sociolinguistic change in real time. *IU Working Papers in Linguistics* 3, 06.

Díez Suárez, M. (1992). Evolución de "È", "Ò" tónicas latinas en el leonés del siglo XIII. En Ariza Viguera, M. (ed.), *Actas del II Congreso Internacional de Historia de la Lengua Española*, I. Madrid: Pabellón de España, 97-107.

D'Introno, F. & Sosa, J. (1986). La elisión de la /d/ en el español de Caracas: Aspectos sociolingüísticos e implicaciones teóricas. En Núñez, R.; Páez Urdaneta, I. y Guitart, L., *Estudios sobre la fonología del español del Caribe*. Caracas, Ediciones La Casa de Bello.
D'Introno, F. (1991). Las consonantes postnucleares: teoría y análisis. En Hernández Alonso, C. (ed.), *Actas del III Congreso Internacional de 'El Español de América'*, 1, Valladolid, Junta de Castilla y León, 381-391.
D'Introno, F. (1995). *Fonética y fonología actual del español*. Madrid: Cátedra.
D'Introno, F., Del Teso, E. & Weston, R. (1995). *Fonética y fonología actual del español*. Madrid: Cátedra.
Donni de Mirande, N. (2000). Sistema fonológico del español en la Argentina. *Español Actual*, 74, 7-24.
Dorta, J. (1989). La variación fonética de /r/ y /l/ en La Perdoma, norte de Tenerife. *Anuario de Letras*, 27, 81-125.
Durand, J. (1989). Teoria de la subespecificacion y fonologia de dependencia. *Revista Española de Lingüística*, 19(2), 251-290.
Durand, J. (1990). *Fundamentos de fonología generativa y no lineal*. Barcelona: Teide.
Eddington, D. (1990). Distancing as a Causal Factor in the Development of /Ø/ and /x/ in Spanish. *Journal of Hispanic Philology*, 14(3), 239-246.
Eguren, L. & Fernández Soriano, O. (2004). *Introducción a una sintaxis minimista*. Madrid: Gredos.
Enríquez, E.; Casado, C. & Santos, A. (1989). La percepción del acento en español. *Lingüística Española Actual*, 11(2), 241-270.
Espinosa, J. (1996). Objetos directos no prototípicos o periféricos: la cuantificación como función semántica oracional. *Pragmalingüística* 3(4): 311-328.
Estapà Argemí, R. (1993). Aproximación a la estructura silábica del español. *Anuari de Filologia*, 16(4), 25-45.
Estapà Argemí, R. (1994). Relaciones jerárquicas en la Fonología de Dependencia. *Verba*, 21, 49-66.
Face, T. & Alvord, S. (2004). Lexical and Acoustic Factors in the Perception of the Spanish Dipthong vs. Hiatus Contrast. *Hispania*, 87(3), 553-565.
Face, T. (2002). Spanish evidence for pitch-accent structure. *Linguistics*, 40(2), 319-346.
Farrell, P. (1989). Spanish Stress: a Cognitive Analysis. *Hispanic Linguistics*, 4, 21-56.
Fernández de Castro, F. (1990). *Las perífrasis verbales en español*. Universidad de Oviedo, Departamento de Filología Española.
Fernández Lagunilla, M. (1987). Los infinitivos con sujetos léxicos en español. En Demonte, V. y Fernández Lagunilla, M. (eds.), *Sintaxis de las lenguas románicas*. Madrid: Arquero, 125-147.
Fernández Martínez, Concepción (1988). Monoptongación de /AE/ y nuevo sistema vocálico latino. *Habis*, 18-19, 155-160.
Fernández Planas, A. (1993). Estudio del campo de dispersión de las vocales castellanas. *Estudios de Fonética Experimental*, V, 129-162.
Fernández, A. (1991). Sobre la diferenciación entre aditamentos y suplementos y sobre el complemento adverbial. *Revista de Filología de la Universidad de La Laguna* 10, 139-158.
Fernández-Ordóñez, I. (1999). Leísmo, laísmo, loísmo. En Bosque, I. y Demonte, V. (eds.): *Gramática descriptiva de la lengua española*. Madrid: Real Academia Española, Espasa Calpe, 1: 1319-1390.
Fillmore, C. (1968). The case of case. *Universals in Linguistics Theory*. New York: Holt, Richart and Winston.
Flores, R. (1996). Estructura estilística en el Quijote. Cervantes: Bulletin of the Cervantes Society of America 16(2), 47-70.
Flores-Ferrán, N. (2004). Spanish subject personal pronoun use in New York City Puerto Ricans: Can we rest the case of English contact? *Language Variation and Change*, 16, 49-73.
Fontanella de Weinberg, M. (1992). *El español de América*. Madrid: Mapfre.

Fontanella de Weinberg, M. (1992). La evolución fonológica del español americano durante la etapa colonial. *Anuario de Lingüística Hispánica*, 8, 85-98.

Frago Gracia, J. (1985). Valor histórico de las alternancias grafémicas en los fonemas de orden velar. *Revista de Filología Española*, 65, 273-304.

Frago Gracia, J. (1989). El seseo en Andalucía y América. *Revista de Filología Española*, 69, 280-308.

Frago Gracia, J. (1992). El seseo: orígenes y difusión americana. En Hernández Alonso C. (ed.), *Historia y presente del español de América*. Valladolid: Junta de Castilla y León, 113-142.

Franco, J. (2000). Agreement as a Continuum –the case of Spanish pronominal clitics. En Beukema, F. y Dikken, M. (eds.), *Clitic Phenomena in European Languages*. Philadelphia: John Benjamins, 147-189.

Garrido Almiñana, J. (2001). La estructura de las curvas melódicas del español: propuesta de modelización. *Lingüística Española Actual*, 23(2), 173-210.

Gil Fernández, J. & Llisterri Boix, J. (2004). Fonética y fonología del español en España (1978-2003). *Lingüística Española Actual*, 26(2), 5-44.

Gil Fernández, J. (1990). *Los sonidos del lenguaje*. Madrid: Editorial Síntesis.

Gil Fernández, J. (2000): *Panorama de la fonología española actual*. Madrid: Arco Libros.

Gili Gaya, S. (1983). *Nociones de gramática histórica española*. Barcelona: Bibliograf, 43-44.

Gimeno, F. (1990). *Dialectología y sociolingüística españolas*. Alicante: Universidad de Alicante.

Goldin, M. (1991). Para comprender el cambio fonológico en castellano. En White Albretch, J. (ed.), *Homenatge a Josep Roca-Pons. Estudis de llengua y literatura*. Barcelona: Abadía de Montserrat, 145-152.

Goldsmith, J. (1990). *Autosegmental and Metrical Phonology*. Oxford: Basil Blackwell.

Gómez Asencio, J. (1992). Las unidades fonológicas nasales del español. En Bartol, J.; García, J. y Santiago, J. (eds.), *Estudios Filológicos en Homenaje a E. de Bustos Tovar*. Salamanca: Publicaciones Universidad, 379-394.

Gómez Asencio, J. (1994). Los fonemas consonánticos líquidos orales del español: ¿Se pueden definir? En *Actas del II Encuentro de Linguistas y Filólogos de España y México*. Salamanca: Universidad de Salamanca, 9-29.

Gómez Fernández, D. (1992). La teoría universalista de Jakobson y el orden de adquisición de los fonemas de la lengua española. *Cauce*, 16, 7-30.

Gómez Fernández, D. (1994). Los rasgos pertinentes de los fonemas de la lengua española. *Cauce*, 17, 7-24.

Gómez Torrego, L. (2004). *Análisis sintáctico. Teoría y práctica*. Madrid: Ediciones SM, sección 6.3.

González Montero, J. (1992). La aspiración: fenómenos expansivos en español. Su importancia en andaluz. Nuevos casos. *Cauce*, 16, 31-66.

González, L. (1997). El leísmo hispano. Un análisis basado en roles temáticos. *Linguística y Literatura* 32, 97-114. Columbia: Universidad de Antioquia.

Guillén Sutil, R. (1992). Una cuestión de fonosintaxis: Realización en andaluz de la /s/ final de palabra seguida de vocal. *Anuario de Estudios Filológicos*, 15, 135-154.

Guirao, M. & García Jurado, M. (1989). Las sílabas básicas del español según sus restricciones fonotácticas. *Revue de Phonétique Appliquée*, 91-92-93, 239-254.

Guitart, J. (1998). Variability, multilectalism, and the organization of phonology in Caribbean Spanish dialects. En Martínez-Gil, F. y Morales-Front, A. (eds.), *Issues in the Phonology and Morphology of the Major Iberian Languages*. Washington DC: Georgetown University Press.

Guitart, J.; D'Introno, F. & Zamora, J. (1996). *Fonología española e hispanoamericana*. Lima: Editorial San Marcos.

Guitarte, G. (1988). Los pasajes de Nebrija sobre los ceceosos. *Nueva Revista de Filología Hispánica*, 36(2), 657-696.

Gutiérrez Ordóñez, S. (2001). Fonología y relevancia. *Moenia*, 7, 79-92.

Haegeman, L. (1996). The Typology of Syntactic Positions. L-relatedness and the A/A-bar distinction. In Wernwe A. (ed.), *Minimal ideas. Syntactic studies in the minimalist framework*. Philadelphia: John Benjamins.

Hale, M. & Reiss, C. (1998). Formal and Empirical Arguments concerning Phonological Acquisition. *Linguistic Inquiry*, 29(4), 656-684.

Halle, M. & Clements, G. (1991). *Problemas de fonología*. Madrid: Minerva Ediciones.

Halle, M.; Harris, J. & Vergnaud, J. (1991). A Reexamination of the Stress Erasure Convention and Spanish Stress. *Linguistic Inquiry*, 22(1), 141-159.

Hammond, R. (1980). The Phology of the liquids /r/ and /l/ in unaffected Cuban Spanish speech. *SECOL Bulletin*, 4, 107-116.

Hammond, R. (1986). La estratificación social de la "r" múltiple en Puerto Rico. En *Actas del segundo congreso internacional del español de América*. México: UNAM, 307-314.

Hammond, R. (1991). La /s/ posnuclear en el español jíbaro de Puerto Rico. En Hernández Alonso, C. (ed.), *Actas del III Congreso Internacional de 'El Español de América'*, 2. Valladolid: Junta de Castilla y León, 1007-1017.

Hara, M. (1991). Una interpretación cronológica de la distribución fonética de lo tenso y lo relajado del español de América. En Hernández Alonso, C. (ed.), *El español de América*, 1. Salamanca: Junta de Castilla y León, 405-410.

Hara, M. (1992). Una perspectiva de fonología diacrónica española. En Vilanova, A. (ed.), *Actas del X Congreso de la Asociación Internacional de Hispanistas*. Barcelona: PPU-Universitat de Barcelona, 1191-1200.

Harris, J. (1984). La espirantización en castellano y la representación fonológica autosegmental. *Estudis Gramaticals*, 1, 149-168.

Harris, J. (1987). Disagreement rules, referral rules and the Spanish feminine article "el". *Journal of Linguistics*, 23, 177-184.

Harris, J. (1987). The accentual patterns of verb paradigms in Spanish. *Natural Language & Linguistic Theory*, 5-4, 61-90.

Harris, J. (1989). How different is verb stress in Spanish?. *Probus*, 1, 241-258.

Harris, J. (1989). The stress erasure convention and cliticization in Spanish. *Linguistic Inquiry*, 20(3), 339-363.

Harris, J. (1991). *La estructura silábica y el acento en español. Madrid.*

Harris, J. (1991). The exponence of gender in Spanish. *Linguistic Inquiry*, 22(1), 27-62.

Harris-Northall, R. (1990). *Weakening Processes in the History of Spanish Consonants*. Londres: Routledge.

Harris-Northall, R. (1991). The spread of sound change: another look at syncope in Spanish. *Romance Philology*, 44, 137-161.

Herrera, E. (2002). La asimilación de las nasales en español: un estudio instrumental. *Nueva Revista de Filología Hispánica*, 50/1, 1-14.

Hidalgo Navarro, A. & Quilis Merín, M. (2002). *Fonética y fonología españolas*. Valencia: Tirant lo Blanch.

Hidalgo Navarro, A. (2001). Modalidad oracional y entonación. Notas sobre el funcionamiento pragmático de los rasgos suprasegmentales en la conversación. *Moenia*, 7, 271-292.

Holt, E. (1997). The Role of the Listener in the Historical Phonology of Spanish and Portuguese: An Optimality-Theoretic Account. Tesis doctoral, Washington, DC: Georgetown University.

Hualde, J. & Prieto, M. (2002). On the diphthong/hiatus contrast in Spanish: some experimental results. *Linguistics*, 40(2), 217-234.

Hualde, J. (1989). Autosegmental and metrical spreading in the vowel-harmony systems of north-western Spain. *Linguistics*, 25(7), 773-807.
Hualde, J. (1989). Silabeo y estructura morfémica en español. *Hispania*, 72(4), 821-831.
Hualde, J. (1991). On Spanish syllabification. En Campos, H. y Martínez-Gil, F. (eds.), *Current Studies in Spanish Linguistics*, Washington. DC: Georgetown University Press, 475-493.
Hualde, J., Olarrea, A. & Escobar, A. (2004). *Introducción a la lingüística hispánica*. N.Y.: Cambridge.
Hyde, B. (2002). A restrictive theory of metrical stress. *Phonology*, 19(3), 313-360.
Ishihara, T. (1999). Características fonológicas del haz dialectal andalusí. Esquematización de sus cambios fonológicos. *Alfinge*, 11, 63-77.
Jackendoff, R. (1972). *Semantic Interpretation in Generative Grammar*. Cambridge, Mass.: MIT Press.
Jaeggli, O. & Safir, K. (1989). *The null subject parameter*. Dordrecht: Kluwer Academic Publishers.
Jiménez Sabater, M. (1986). La neutralización de /-r/ y /-l/ en el dialecto dominicano. Puesta al día sobre un tema de debate. *Anuario de Lingüística Hispánica*, 2, 119-152.
Kato, M. (1999). Strong and weak pronominals in the null subject parameter. *Probus* 11, 1-37.
Kayne, R. (1991). Romance clitics, verb movement and PRO. *Linguistic Inquiry* 22, 647-686.
Kiparsky, P. (1990). El cambio fonológico. En Newmeyer, F. (ed.), *Panorama de la lingüística moderna de la Universidad de Cambridge*, I. Madrid: Visor, 419-476.
Kiss, K. (1998). Identificational focus versus information focus. *Language* 74(2), 245-273.
Kullová, J. (1987). Algunos aspectos de los medios entonativos en español. *Revista de Filología Española*, 67(1-2), 19-34.
Labov, W. (2000). *Principles of linguistic change. Social factors*. Oxford: Blackwell.
Lapesa, R. (1991). *Historia de la lengua española*. Madrid: Editorial Gredos.
Larson, R. (1988). On the double object construction. *Linguistic Inquiry* 19, 355-91.
Lathrop, T. & Gutiérrez Cuadrado, J. *Gramática histórica española*. Barcelona: Editorial Ariel, p. 127.
Lathrop, T. (1984). *Gramática histórica española*. Barcelona: Editorial Ariel.
Lee, S. (1996). Fonologia lexical: modelos e princípios. *Letras de Hoje*, 104, 129-138.
Leiva, F. (2002). El origen del fonema africado palatal sordo /c/ medial en español según las etimologías del diccionario académico. En Echenique Elizondo, M. y Sánchez Méndez, J. (eds.), *Actas del V Congreso Internacional de Historia de la Lengua Española*, I. Madrid: Gredos, 341-353.
Lema, J. (1997). *Reparación silábica y generalización de 'e' en castellano*. México: Universidad Nacional Autónoma de México.
Lipski, J. (1986). Sobre la construcción TA + infinitivo en el español bozal. *Revista Lingüística Española Actual*.
Lipski, J. (1987). *Fonética y fonología del español de Honduras*. Tegucigalpa: Guaymuras.
Lipski, J. (1994). *Latin American Spanish*. New York: Longman Publishing.
Lipski, J. (1994). Tracing Mexican Spanish /s/: A Cross-Section of History. *Language Problems & Language Planning*, 18(3), 223-241.
Lipski, J. (1995). [Round] and [labial] in Spanish and the "free-form" syllable. *Linguistics*, 33(2), 283-304.
Lipski, J. (1998). Spanish word stress: the interaction of moras and minimality. En Martínez-Gil, F. y Morales-Front, A. (eds.), *Issues in the Phonology and Morphology of the Major Iberian Languages*. Washington, DC: Georgetown University Press.
Llorente, L. (2000). El problema de la inflexión en castellano antiguo y la organización jerárquica de los rasgos lingüísticos. *Analecta Malacitana*, 23(2), 597-612.

Lloret, M. Rosa (1998): «Consonant dissimilation in the Iberian Languages», en Martínez-Gil, F. y Morales-Front, A. (eds.), Issues in the Phonology and Morphology of the Major Iberian Languages. Washington, DC: Georgetown University Press.

Lloyd, P. (1993). *Del latín al español. I. Fonología y morfología históricas de la lengua española.* Madrid: Gredos.

Lloyd, P. (1997). Don Quijote a Sancho: tú y vos. *Anuario de Lingüística Hispánica*, 13, 335-347.

Lope Blanch, J. (1983). *Estudios sobre el español de México.* México: Universidad Nacional Autónoma de México.

López García, A. (1992). Los reajustes fonólogicos del español a la luz de una teoría del cambio. En Bartol, J.; García , J. y Santiago, J. (eds.), *Estudios Filológicos en Homenaje a E. de Bustos Tovar.* Salamanca: Publicaciones Universidad, 519-530.

López Morales, H. (1992). *El español del Caribe.* Madrid: Mapfre.

López Morales, H. (1990). En torno a la "/s/" final dominicana: cuestiones teóricas. *Voz y Letra*, 1(1), 129-138.

Lüdtke, H. (1982). Explicación del doble resultado de los grupos "CL-", "PL-", "FL-" en la Península Ibérica. *Lletres Asturianes*, 21, 7-16.

Luján, M. (1978). Direct object nouns and the preposition *a* in Spanish. En Schmerling, S. & Smith, C. (eds.), *Texas Linguistic Forum* 10, 30-52.

Malkiel, Y. (1993). The problem of "The Old Spanish Sibilants": Three Consecutive New-Style Explanations. *Bulletin of Hispanic Studies*, 70(2), 201-212.

Maquieira Rodríguez, M. (1985). La sílaba en la teoría gramatical del siglo XVI. *Estudios Humanísticos: Filología*, 7, 99-127.

Maquieira Rodríguez, M. (1986). Revisión del sistema fonológico del español en el siglo XVI. *Contextos*, 8, 151-166.

Marques Abaurre, M. (1996). Acento frasal e processos fonológicos segmentais. *Letras de Hoje*, 104, 41-50.

Martín Butragueño, P. (1999). Hacia una fonología variacionista del español de México. *Español Actual*, 71, 21-32.

Martín Butragueño, P. (2002). Variación lingüística y teoría fonológica. México, El Colegio de México.

Martínez Casas, R. & Alcaraz Romero, V. (1998). La fonología de las primeras palabras del español de la ciudad de México: una relectura a lo propuesto por Roman Jakobson. *Función*, 18.

Martínez Celdrán, E. (1983). Distintividad y redundancia en los rasgos fónicos del castellano. *Patio de Letras*, 5, 45-63.

Martínez Celdrán, E. (1984). Cantidad e intensidad en los sonidos obstruyentes del castellano: hacia una caracterización acústica de los sonidos aproximantes. *Estudios de Fonética Experimental*, I, 73-129.

Martínez Celdrán, E. (1989). Fonología general y española. Barcelona: Teide.

Martínez Celdrán, E. (1991). Sobre la naturaleza fonética de los alófonos de /b, d, g/ en español y sus distintas denominaciones. *Verba*, 18, 235-253.

Martínez Celdrán, E. (1995). Nuevos datos sobre la dentalización de -s- en español. *Revista de Filología Española*, 75, 301-312.

Martínez Celdrán, E. (1996). Evaluación de los cuadros de fonemas. *Lingüística Española Actual*, 18(1), 5-16.

Martínez Celdrán, E. (1996). Sobre la dentalización de -s- en español. *Revista de Filología Española*, 76(3-4), 355-359.

Martínez Celdrán, E. (2000). Fonología funcional del español. En Alvar, M. (ed.), *Introducción a la lingüística española.* Barcelona: Ariel, 139-153.

Martínez Celdrán, E. (2001). Cuestiones polémicas en los fonemas sonantes del español. *Lingüística Española Actual*, 23(2), 159-172.
Martínez Celdrán, E. (2002). Continuidad, estridencias, semivocales. Cuestiones debatidas de la fonología española. *Lingüística Española Actual*, 24(2), 165-184.
Martínez Celdrán, E. (2003). Dos tendencias en la fonología funcional del español: dominancistas vs no dominancistas. *Verba*, 30, 59-80.
Martínez Gavilán, M. (1985). La sílaba en la teoría gramatical del siglo XVII. *Estudios Humanísticos: Filología*, 7, 125-144.
Martínez Gil, F. (1998). Word-final epenthesis in Galician. En Martínez-Gil, F. y Morales-Front, A. (eds.), *Issues in the Phonology and Morphology of the Major Iberian Languages*. Washington, DC: Georgetown University Press.
Martinez Gil, F. (2003). Consonant intrusion in heterosyllabic consonant-liquid clusters in Old Spanish and Old French: An Optimality theoretical account. *Amsterdam Studies in the Theory and History of Linguistic Science*, 4, 238, 39-58.
Martínez Gil, F.; Morales-Front, A. & Herrera, E. (1998). Issues in the Phonology and Morphology of the Major Iberian languages. *Nueva Revista de Filología Hispánica*, 46(2), 432-440.
Martínez Licona, A.; Vidal Cabrera, O. & Goddard Close, J. (2004). Estudio del efecto coarticulatorio en el habla, *Revista mexicana de ingeniería biomédica* 25 (1), 67-77.
Martínez Rivera, F. (1992). Consideraciones sobre la fonética de las consonantes: grupos cultos del español del s. XVI en México. En Ariza Viguera, M. (ed.), *Actas del II Congreso Internacional de Historia de la Lengua Española*, 2. Madrid: Pabellón de España, 449-457.
Matus Mendoza, M. (2004). Assibilation of /-r/ and migration among Mexicans. *Language Variation and Change*, 16, 17-30.
Medina Rivera, A. (1999). Variación fonológica y estilística en el español de Puerto Rico. *Hispania* 82(3), 529-541.
Méndez Dosuna, J. (1987). La aspiración de "/s/" como proceso condicionado por el contacto de sílabas. *Revista Española de Lingüística*, 17(1), 15-36.
Menéndez Pidal, R. (1966). *Manual de gramática histórica española*. Madrid: Espasa Calpe, S. A.
Montes, J. & Calderón Rivera, A. (1991). *Thesaurus*, Boletín del Instituto Caro y Cuervo XLVI (3): 383-424.
Montes, José Joaquín (1992): En Hernández Alonso, César (coord.) Historia y presente del español de América. Valladolid: Junta de Castilla y León; 519-542.
Montrul, S. (2004). Subject and object expression in Spanish heritage speakers: A case of morphosyntactic convergence. *Bilingualism: Language and Cognition* 7: 125-142.
Morales Front, A. & Holt, E. (1998). The interplay of morphology, prosody, and faithfulness in Portuguese pluralization. En Martínez-Gil, F. y Morales-Front, A. (eds.), *Issues in the Phonology and Morphology of the Major Iberian Languages*. Washington, DC: Georgetown University Press.
Moreno de Alba, J. (1993). *El español en América*. México: Fondo de Cultura Económica.
Moreno de Alba, J. (1994). *La pronunciación del español en México*. México: El Colegio de México, Centro de Estudios Lingüísticos y Leterarios.
Moreno Fernández, F. (1988). Despalatalización de "ñ" en español. *Lingüística Española Actual*, 10(1), 61-72.
Moreno Fernández, F. (2004). Cambios vivos en el plano fónico del español: variación dialectal y sociolingüística. En Cano Aguilar, R. (ed.), *Historia de la lengua española*. Barcelona: Ariel, 973-1009.
Morera Pérez, M. (1994). La función sintáctica "régimen preposicional". *Lingüística Española Actual*, XVI-2, 215-228.

Núñez Cedeño, R. & Morales-Front, A. (1999). Fonología generativa contemporánea de la lengua española. Washington, DC: Georgetwon University Press.

Núñez Cedeño, R. (1989). La /r/, único fonema vibrante del español: datos del Caribe. *Anuario de Lingüística Hispánica*, 5, 153-172.

Obediente Sosa, E. (1991). *Fonética y fonología*. Mérida: Universidad de Los Andes.

Obediente Sosa, E. (1998). Fonetismo segmental. *Español Actual*, 69, 11-18.

Olarrea, A. (1996). Pre- and Postverbal Subject Positions in Spanish: A Minimalist Account. Tesis Doctoral. Universidad de Washington, Seattle, Wash.

Oltra-Massuet, I. & Arregi, K. (2005). Stress-by-Structure in Spanish. *Linguistic Inquiry*, 36(1), 43-84.

Ouakrim, O. (1994). Sobre la distinción entre la geminación y la tensión consonántica. *Estudios de Fonética Experimental*, 6, 153-170.

Palmada Felez, B. (1998). Continuant spreading and feature organization. En Martínez Gil, F. y Morales Front, A. (eds.), *Issues in the Phonology and Morphology of the Major Iberian Languages*. Washington, DC: Georgetown University Press.

Pascual Rodríguez, J. (1988). Notas sobre las confusiones medievales de sibilantes. *Lingüística Española Actual*, 11(1), 125-131.

Pazukhin, R. (2002). El principio de actualismo y la historia de la /F-/ inicial española. En Echenique Elizondo, M. y Sánchez Méndez, J. (eds.), *Actas del V Congreso Internacional de Historia de la Lengua Española*, I, Madrid, Gredos, 375-385.

Penny, R. (1990). Labiodental /f/, aspiration and /h/-dropping in Spanish: the evolving phonemic values of the graphs <f> and <h>. En Hook, D. y Taylor, B. (eds.), *Cultures in Contact in Medieval Spain. Historical and Literary Essays Presented to L.P. Harvey*. Londres: King's College, 157-182.

Penny, R. (1991). *A History of the Spanish Language*. Cambridge: Cambridge University Press, 95-97.

Penny, R. (1993). Neutralization of voice in Spanish and the outcome of the Old Spanish sibilants: A case of phonological change rooted in morphology? En MacKenzie, D. y Michael, I. (eds.), *Hispanic Linguistic Studies in Honour of F.W. Hodcroft*. Llangrannog: Dolphin, 75-88.

Penny, R. (2002). Contacto de variedades y resolución de la variación: aspiración y pérdida de /H/ en el Madrid del siglo XVI. En Echenique Elizondo, M. y Sánchez Méndez, J. (eds.), *Actas del V Congreso Internacional de Historia de la Lengua Española*, I. Madrid: Gredos, 397-406.

Penny, R. (2004). Evolución lingüística en la Baja Edad Media: evoluciones en el plano fonético. En Cano Aguilar, R. (ed.), *Historia de la lengua española*. Barcelona: Ariel, 593-612.

Pensado Ruiz, C. (1982). Un intento de algoritmo para la reconstrucción de las interacciones "feeding" y "counterfeeding" en fonología histórica. *Verba*, 9, 77-104.

Pensado Ruiz, C. (1983). El *orden histórico de los procesos fonológicos*. Salamanca: Ediciones Universidad.

Pensado Ruiz, C. (1983). Sobre los resultados de las vocales velares latinas precedidas de yod inicial. *Revista de Filología Románica*, 1, 109-135.

Pensado Ruiz, C. (1984). *Cronología relativa del castellano*. Salamanca: Ediciones Universidad.

Pensado Ruiz, C. (1996). La velarización castellana [?] > [x] y sus paralelos romances. En Alonso González, A. (eds.), *Actas del III Congreso Internacional de Historia de la Lengua Española*, I. Madrid: Arco Libros, 153-170.

Pensado Ruiz, C. (1999). Frontera de prefijo, aspiración de /F/ y procesos de nasalización en la historia del español. *Romance Philology*, 52(2), 89-112.

Piera, C. (1987). Sobre la estructura de las cláusulas de infinitivo. En Demonte, V. y Fernández Lagunilla, M. (eds.), *Sintaxis de las lenguas románicas*. Madrid: Arquero, 148-166.

Piñeros, C. (2000). Foot-sensitive word minimization in Spanish. *Probus*, 12(2), 291-324.
Piñeros, C. (2000). Prosodic and segmental unmarkedness in Spanish truncation. *Linguistics*, 38(1), 63-98.
Piñeros, C. (2002). Markedness and laziness in Spanish obstruents. *Lingua*, 112(5), 379-414.
Piñeros, C. (2005). Syllabic-consonant formation in traditional New Mexico Spanish. *Probus*, 17(2), 253-302.
Prieto Vives, P. (1992). La organización de los rasgos fonológicos en la fonología actual. *ASJU*, 26, 583-611.
Prieto Vives, P. (2005). En torno a la asociación tonal en el modelo métrico-autosegmental. *Revista Internacional de Lingüística Iberoamericana*, 6, 9-48.
Prieto Vives, P. (2005). The phonology of tone and intonation. *Journal of Linguistics*, 41(3), 651-653.
Puentes Romay, J. (1997). Acento tonal en romance y en latín: algunas implicaciones. *Moenia*, 3, 503-518.
Quesada Pacheco, M. (1992). El español en Costa Rica. Historia de sus estudios filológicos y lingüísticos. San José: Editorial Fernández Arce.
Quesada Pacheco, M. (1996). Los fonemas del español de Costa Rica: aproximación dialectológica. *Lexis* 20 (1-2), 535-562.
Quilis, A. (1992). En Hernández Alonso, C. (ed.) *Historia y presente del español de América*. Valladolid: Junta de Castilla y León, 593-606.
Quilis, A. (1993). Tratado de fonología y fonética españolas. Madrid: Gredos.
Quilis, A. (1993). *Tratado de fonología y fonética españolas*. Madrid: Gredos.
Quilis, A. (1995). De nuevo sobre el alófono dental de /s/ en español. *Revista de Filología Española*, 75, 313-319.
Quilis, A. (1997): *Principios de fonética y fonología españolas*. Madrid: Arco/Libros.
Resnick, M. (1981). *Introducción a la historia de la lengua española*. Washington, DC: Georgetown University Press.
Rizzi, L. (1997). A parametric approach to comparative syntax: properties of the pronominal system. En Haegeman, L. (ed.), *The New Comparative Syntax*, 268-285. London: Longman.
Roca, I. (1988). Theorical Implications of Spanish Word Stress. *Linguistic Inquiry*, 19(3), 393-424.
Roca, I. (1989). Diachrony and Synchrony in Word Stress. *Journal of Linguistics*, 26(1), 133-164.
Roca, I. (1990). Morphology and Verbal Stress in Spanish. *Probus*, 2(3), 321-350.
Roca, I. (1991). Stress and syllables in Spanish. En Campos, H. y Martínez-Gil, F. (eds.), *Current Studies in Spanish Linguistics*. Washington, DC: Georgetown University Press, 599-635.
Roca, I. (1998). On the role of accent in stress systems: Spanish evidence. En Martínez-Gil, F. y Morales-Front, A. (eds.), *Issues in the Phonology and Morphology of the Major Iberian Languages*. Washington, DC: Georgetown University Press.
Salvador Plans, A. (1986). Algunas manifestaciones de aspiración y seseo en un texto latino del s. XVII. *Anuario de Estudios Filológicos*, 9, 275-278.
Samper Padilla, J. (1991). El proceso de debilitamiento de la nasal implosiva en el Caribe y en Canarias. En Hernández Alonso, C. (ed.), *El español de América*, 2. Salamanca: Junta de Castilla y León, 1075-1083.
Samper, J. (1996). El debilitamiento de la -/d/- en la norma culta de Las Palmas de Gran Canaria. En *Actas del X congreso internacional de la Asociación de Lingüística y Filología de la América Latina*, 791-796. Veracruz: UNAM.
Sánchez Álvarez, M. (1985). En torno a "d" oclusiva y "d" fricativa del español medieval, *Actas del XVI Congreso Internacional Lingüística y Filología Románicas*, II. Palma de Mallorca: Moll, 53-59.
Suñer, M. (1986). Los pronombres nulos. *Revista Argentina de Lingüística* 2, 151-166.
Suñer, M. (1988). The role of agreement in clitic-doubled constructions. *Natural Language and Linguistic Theory* 6, 391-434.

Suñer, M. 1995. Negative elements, island effects and resumptive no. *The Linguistic Review* 12, 233-273.
Teschner, R. (2000). *Camino Oral*. Boston, Mass.: McGraw-Hill.
Toledo, G. (2005). Modelo autosegmental y dialecto: el español de Tenerife. *Revista Internacional de Lingüística Iberoamericana*, 6, 67-84.
Torreblanca, M. & Blake, R. (2002). De morfofonología histórica española: la apócope de /-E/ en la época medieval. En Echenique Elizondo, M. y Sánchez Méndez, J. (eds.), *Actas del V Congreso Internacional de Historia de la Lengua Española*, I. Madrid: Gredos, 431-443.
Torreblanca, M. (1986). Omisión de grafemas en los documentos medievales de Castilla. *Journal of Hispanic Philology*, 10(3), 229-236.
Torreblanca, M. (1987). Sobre la evolución de las sibilantes implosivas en español. *Journal of Hispanic Philology*, 11, 151-173 y 223-249.
Torreblanca, M. (1989). De fonosintaxis histórica española: la ausencia de diptongación de /È/ y /Ò/ latinas no condicionadas por palatal. *Journal of Hispanic Philology*, 14(1), 61-77.
Torreblanca, M. (1989). La /s/ implosiva en español: sobre las fechas de su aspiración. *Thesaurus*, 44(2), 287-303.
Torreblanca, M. (1989). La evolución "/KL-, PL-, FL-/" > "/ʎ/" en español. *Revista de Filología Española*, 70, 317-327.
Torreblanca, M. (1992). Sobre la palatalización de consonantes latinas en español e hispanorromance. *Journal of Hispanic Philology*, 26(3), 281-328.
Torreblanca, M. (1992). Sobre los orígenes de la distinción fonológica /f/:/h/ en el castellano medieval. *Romance Philology*, 45(3), 369-409.
Torreblanca, M. (2002). El sistema gráfico-fonológico del castellano primitivo: las consonantes palatales. En Echenique Elizondo, M. y Sánchez Méndez, J. (eds.), *Actas del V Congreso Internacional de Historia de la Lengua Española*, I. Madrid: Gredos, 417-429.
Torrens Álvarez, M. (1998). ¿Ensordecimiento de las consonantes finales? El caso de "-t" y "-d". En García Turza, C.; González Bachiller, F. y Mangado Martínez, J. (eds.), *Actas del IV Congreso Internacional de Historia de la Lengua Española*, I. Logroño: Universidad de La Rioja, 303-317.
Torres, L. (2002). Bilingual discourse markers in Puerto Rican Spanish. *Language in Society* 31, 65-83.
Uruburu Bidaurrázaga, M. (1994). El tratamiento del fonema -/d/- en posición intervocálica en la lengua española hablada en Córdoba, España. *La Linguistique*, 30(1), 85-104.
Vaquero de Ramírez, M. & Guerra de la Fuente, L. (1992). Fonemas vocálicos de Puerto Rico. *Revista de Filología Española*, 72(3-4), 555-582.
Vaquero de Ramírez, M. (1990). Estudios fonológicos en Puerto Rico: revisión crítica. *Voz y Letra*, 1(1), 111-128.
Vaquero de Ramírez, M. (1996). *El español de América I. Pronunciación*. Madrid: Arco Libros.
Veiga Arias, A. (1988). Reaproximación estructural a la lenición protorromance. *Verba*, 15, 17-78.
Veiga Arias, A. (1994). Un pretendido monofonematismo del grupo [gw] en español. *Anuario de Lingüística Hispánica*, 10, 389-406.
Veiga Rodríguez, A. (1984). Dos unidades del sistema fonológico del español: el fonema africado y el archifonema interrupto. *Verba*, 11, 157-179.
Veiga Rodríguez, A. (1985). Consideraciones relativas a la actuación y límites de las oposiciones fonológicas interrupto/continuo y tenso/flojo en español. *Verba*, 12, 253-286.
Veiga Rodríguez, A. (1993). En torno a los fenómenos fonológicos de neutralización y distribución defectiva. *Verba*, 20, 113-140.

Veiga Rodríguez, A. (1994). Problemas de clasificación de alguinos fonemas consonánticos en español: /b, d, g/ ante oposición continuo/interrupto, *Études Hispaniques*, 22, 109-122.
Veiga Rodríguez, A. (1995). Los fonemas de realización nasal en español. *Moenia*, 1, 345-366.
Veiga Rodríguez, A. (2000). Del fonema castellano /j/. *Hesperia*, 3, 97-156.
Veiga Rodríguez, A. (2000). Las unidades fonemáticas líquidas en español. En Cahuzac, P. y Cousquer, Y. (eds.), *Miscellanées des Langues et Cultures Romanes et Celtiques*. Brest: Université de Bretagne Occidentale, 81-97.
Veiga Rodríguez, A. (2001). Las unidades fonemáticas de realización fricativa en español. *Moenia*, 7, 293-330.
Vicente Lozano, J. (2000). Esbozo de un estudio diacrónico de los sistemas fonológicos del español y del francés. El caso de la yod contemporánea. *Revista Española de Lingüística*, 30(2), 397-426.
Walsh, T. (1985). The Historical origin of syllable-final aspirated /s/ in dialectal Spanish. *Journal of Hispanic Philology*, 9(3), 231-246.
Wheatley, K. (2006). *Sintaxis y morfología de la lengua española*. Prentice Hall.
Widdowson, K. (1995). In defense of Amado Alonso's views on Old Spanish sibilant unvoicing. *Romance Philology*, 49(1), 25-33.
Wolf, C. & Jiménez, E. (1979). El ensordecimiento del yeísmo porteño: un cambio fonológico en marcha. En Barrenechea, A. (ed.), *Estudios lingüísticos y dialectológicos. Temas hispánicos*. Buenos Aires: Hachette, 115-144.
Zagona, K. (2002). *The Syntax of Spanish*. Cambridge: Cambridge University Press.
Zamora Munné, J. & Guitart, J. (1988). *Dialectología hispanoamericana*. Salamanca: Publicaciones del Colegio de España.
Zubizarreta, M. (1992). El orden de palabras en español y el caso nominativo, *Nueva Revista de Filología Hispánica*.